AF609043

V&R

Andreas Lampert

Die sprachlose Seite der Gewalt

Von Gewalt betroffene Männer in der Beratung

VANDENHOECK & RUPRECHT

Mit 11 Abbildungen

Bibliografische Information der Deutschen Nationalbibliothek:
Die Deutsche Nationalbibliothek verzeichnet diese Publikation in der Deutschen Nationalbibliografie; detaillierte bibliografische Daten sind im Internet über https://dnb.de abrufbar.

© 2023 Vandenhoeck & Ruprecht, Robert-Bosch-Breite 10, D-37079 Göttingen, ein Imprint der Brill-Gruppe
(Koninklijke Brill NV, Leiden, Niederlande; Brill USA Inc., Boston MA, USA; Brill Asia Pte Ltd, Singapore; Brill Deutschland GmbH, Paderborn, Deutschland; Brill Österreich GmbH, Wien, Österreich)
Koninklijke Brill NV umfasst die Imprints Brill, Brill Nijhoff, Brill Schöningh, Brill Fink, Brill mentis, Brill Wageningen Academic, Vandenhoeck & Ruprecht, Böhlau und V&R unipress.

Alle Rechte vorbehalten. Das Werk und seine Teile sind urheberrechtlich geschützt. Jede Verwertung in anderen als den gesetzlich zugelassenen Fällen bedarf der vorherigen schriftlichen Einwilligung des Verlages.

Umschlagabbildung: © vchalup/Adobe Stock

Satz: SchwabScantechnik, Göttingen
Druck und Bindung: ⊕ Hubert und Co, Göttingen
Printed in the EU

Vandenhoeck & Ruprecht Verlage | www.vandenhoeck-ruprecht-verlage.com

ISBN 978-3-525-60021-4

Inhalt

Wege aus der Sprachlosigkeit

Struktur dieses Buches

»Kann es sein, dass mich Angst vor einer alles auf den Kopf stellenden Antwort stumm gemacht hat?«
(Grass 2007, S. 17)

Es geht um das Ende der Kindheit, das Ende der Unschuld, das Erfassen und das Angefasst-Sein von der eigenen Biografie, so könnte das Werk von Günter Grass »Beim Häuten der Zwiebel« abstrakt und verknappt überschrieben werden. Darin schwingt bereits eine Entschuldigung von der Hybris mit, sich in einer fremden Biografie bewegen zu wollen, dieser gar etwas voranzustellen. Es bleibt immer ein Blick von außen und damit eine Entfremdung.

Was hat dieser kurze Auftakt mit dem Inhalt dieses Buches zu tun? Um es kurz zu halten: Die Dimension der Thematik der Sprachlosigkeit gewaltbetroffener Männer wird unterschätzt! Ich selbst habe unterschätzt, in welchem Ausmaß Macht und Gewalt sozialisatorisch in die Biografien von Männern eingeschrieben sind. Ich habe unterschätzt, dass Männer als Gewalttäter und gleichzeitig als Opfer statistisch betrachtet die häufigste Personengruppe der von Gewalt betroffenen Menschen darstellen. Darin zeigt sich eine gewisse Janusköpfigkeit der Thematik. Fast scheint es so, als ginge es um einen weitgehend verweigerten Blick in den Spiegel der Geschlechter. Verweigert deshalb, weil das Spiegelbild die Auseinandersetzung mit dem Gesehenen erzwingt. Eine Flucht ist dann nur noch schwer möglich. Das Spiegelbild kratzt am Mythos der Männlichkeit. Unterschätzt blieb vorab ebenso die Dimension dessen, wie intensiv Themen der Männlichkeit oder besser der Maskulinität mit gesellschaftlich-ökonomischen Prozessen verflochten sind, und dahingehend Änderungsbestrebungen nicht nur subjektiv, sondern auch strukturell greifen sollten. Zu guter Letzt habe ich auch unterschätzt, dass Themen der Männlichkeit, der

Maskulinität, der Zugehörigkeit oder auch der Entfremdung in jeder männlichen Sozialisation mehr oder weniger reflektiert Orte für die Suche nach der eigenen geschlechtlichen Identität bilden.

Die Recherchen zu diesen Themen führten zu der Erkenntnis, dass Gewalt und die damit verbundene männliche Sprachlosigkeit unter zwei Prämissen zu verstehen sind. Es handelt sich einerseits um die Makroebenen der gesellschaftlichen und kulturellen Einbettung, in der Geschlechterbilder produziert und auch reproduziert werden. Gesellschaftlich-ökonomische Zusammenhänge tragen dazu bei, dass traditionelle Männlichkeitsbilder strukturell aufrechterhalten und verstärkt werden. Dies geschieht in der sekundären Sozialisation in Institutionen wie Kindertagesstätten und Schulen noch zu oft zu wenig reflektiert. Die Einmündung von Männern in den Arbeitsmarkt komplettiert maskuline Deutungsmuster der Verfügbarkeit, der Leistungsbereitschaft und auch des Wettbewerbs in der Konkurrenz auf den Märkten, die immer auch eine zwischenmenschliche Auseinandersetzung von partiellen Verlierern und Gewinnern ist.

Andererseits resultiert aus der gesellschaftlichen Reproduktion von Geschlechterbildern die Frage nach wissenschaftlichen Erklärungen für das immer wieder neue Hervorbringen von Maskulinität auf den Mikrosystemebenen in der primären Sozialisation in Familien, in Peer-Groups oder auch in partnerschaftlichen Beziehungen. Mikrosoziale Ebenen des unmittelbar zwischenmenschlichen Kontakts sind die modernen und verborgenen Orte der Gewalt. Gewalt ereignet sich eben dort, wo Menschen aufeinandertreffen. Dabei lässt sich zeigen, dass sich Maskulinität sowohl in homosozialen als auch in heterosozialen Kontexten Bahn bricht. Die Befundlage in Studien zeigt, dass Gewalt in Vergleichen über Be- und Abwertungen durchaus eine Rolle spielt und darin Männlichkeit zugerechnet oder abgesprochen wird. Männer sind somit nicht einfach da. Männlichkeitsauffassungen werden in einem Zirkel aus gesellschaftlichen Erwartungen und zwischenmenschlichen Zurechnungen an geschlechtsspezifisches Verhalten sozial hergestellt.

Das Vorgehen in diesem Buch ist daran angelehnt. Im ersten Teil geht es um die aus Statistiken hergeleitete Prävalenz der Thematik. Diese gibt Antwort darauf, inwiefern sich homo- oder heterosoziale

Gewaltbetroffenheit zeigt, und macht deutlich, wie dünn die Studienlage zur männlichen Gewaltbetroffenheit ist. Darauf folgt eine Erläuterung des Vorgehens, für die ein Modell methodischen Handelns in der Sozialen Arbeit für die Beratung adaptiert und anhand dessen der Zusammenhang zwischen makro- und mikrosozialen Ebenen verdeutlicht wird.

An die Überlegungen zur männlichen Sozialisation schließt die Erläuterung der Bedeutung von Gewalt an. Entsprechend des hier mit Schubert et al. (2019, S. 39–110) angelegten Beratungsbegriffes, welcher als zentrale Gegenstände von Beratung die Daseinsbewältigung und die Lebensführung von Menschen in Interaktion mit ihrer sozialen Umwelt benennt, wird es auch um Normalität als jenes weitgehend unreflektierte Gebilde aus Routinen gehen, auf dessen Boden sich Männlichkeit entfaltet, produziert und reproduziert wird. In diesem Sinne wird das ökosoziale Verständnis von Person-Umwelt-Verhältnissen innerhalb des gesamten Buches verstanden. Dieser interaktionistisch geprägte Zugang wird gewählt, damit keine einseitige Reduktion auf das Individuum oder ausschließlich auf gesellschaftliche Ebenen erfolgt. Beide Seiten bedingen einander und sind maßgebend für Männlichkeitspraxen im Alltag.

Daran anschließend werden der Gewaltbegriff und Darstellungsakte von Gewalterfahrungen im Kontext der Beratung diskutiert. Der Gewaltbegriff selbst bleibt in der wissenschaftlichen Rezeption diffus und entzieht sich aus guten Gründen einer einheitlichen Definition. Gewalt zeigt sich vielmehr gepaart mit Macht und hängt kontextspezifisch eher damit zusammen, wie die Beteiligten die Situation deuten und welche Konsequenzen zutage treten. Damit wird keine Verschleierung von Gewalt angestrebt. Vielmehr soll Gewalt nicht auf sichtbare Effekte reduziert werden. Zahlreiche Gewalthandlungen zeigen sich unsichtbar im psychischen Leiden an unerträglichen Situationen oder Beziehungen. Diese werden der Öffentlichkeit von den Betreffenden lange Zeit hinter geschlossenen Fenstern und Türen verborgen, wie ein Beispiel aus dem Beratungskontext zeigt. Nicht selten geht es um die Unterordnung in Geschlechterverhältnisse, um die Feststellung dessen, was als männlich gilt oder als unmännlich abgewertet wird. Beide Facetten ziehen für alle Beteiligten gewalttätig einzuordnende Konsequenzen nach sich.

Männlichkeit wird in diesem Sinne nicht als einmalig biologisch erworbene geschlechtsspezifische Eigenschaft betrachtet. Obgleich Geschlechtlichkeit in den Leib eingeschrieben ist, werden deren Ausdrucksformen sozial angeeignet. Die soziale Aneignung von Geschlecht, von Geschlechterbildern und Mythen trägt zu Ausgrenzungsprozessen, zur Machtausübung und auch zur Gewalt bei. Gezeigt wird, dass die soziale Zurechnung von Männlichkeit permanenten Beweisführungen ausgesetzt und die Vergleiche um die Zurechnung von Maskulinität tief in männliche Biografien eingeschrieben sind. Sie befördern Verdrängungsleistungen und erschweren die Reflexion im Beratungskontext, weil sich niemand abschließend als »ganzer Mann« beweisen kann.

Die aufgegriffenen Punkte zeigen, dass eine gewisse Komplexität zu bewältigen ist, die über konkrete Vorgänge im Beratungsraum hinausweist beziehungsweise von außen in diesen hineingetragen wird. Der Beratungsraum selbst wird zur Arena der Aushandlung geschlechtlicher Zurechnungen. Es wird darum auch um Dimensionen der Verantwortung des Spannungsfeldes zwischen der Freiheit als Raum subjektiver Handlungsoptionen und der Bindung in sozialen Beziehungen gehen, die subjektive Handlungsmöglichkeiten beschränken. Ruth Cohn drückte diese Dialektik einmal bezeichnend durch die mit dem Grad an Autonomie verbundene Einsicht in die Abhängigkeiten des Lebens aus. Nach ihrer Ansicht kann sich Freiheit ausschließlich in der reflektierten Abhängigkeit entfalten (Faßauer 2010). Daher wird es im Beratungsraum um die Reflexion gesellschaftlicher Bedingungen, konkreter Handlungen in Interaktionen und der Konsequenzen gehen.

Der Transparenz geschuldet, werden bereits im theoretischen Teil zur Veranschaulichung der Diskussion Beispiele eingeflochten. Anhand dieser wird gezeigt, wie sich makro- und mikrosoziale Prozesse in der jeweiligen Situation und Biografie der Zu-Beratenden miteinander verschränken und Verdrängungsleistungen, zu denen auch die Sprachlosigkeit zählt, als typisch männliche Bewältigungsmechanismen zutage treten.

Die beratene gewaltbetroffene Männlichkeit wird im Hinblick auf Zugänge, Zielsetzungen und methodische Wege aus der Sprachlosigkeit diskutiert. Ein Fokus liegt dabei auf der Reflexion makrosozialer

Bedingungen und deren mikrosozialer Bewältigung. Als wesentliche Aspekte werden Muster der Reproduktion von Maskulinität im Kontext der Beratung sichtbar gemacht und Möglichkeiten des produktiven Umgangs eröffnet. Es wird also darum gehen, strukturelle Kreisläufe zu reflektieren und Alternativen auszuloten. Davon ausgehend, dass sich Verhaltensänderungen im Alltag als hilfreich und praktikabel erweisen müssen, weist die in diesem Sinne verstandene Beratung über den Beratungsraum hinaus. Sie wird über gemeinsam erarbeitete Handlungsalternativen in den privaten Raum hinein erweitert, damit Rückmeldungen in Bezug auf deren Umsetzung und die Neujustierung von Interventionen möglich sind. Dafür eröffnen Beispielfragen in den jeweiligen Kapiteln Möglichkeiten des Zugangs zur Reflexion und für Alternativen zu maskulinen Bewältigungsformen.

Methodisches Vorgehen

»Die Zwiebel hat viele Häute. Kaum gehäutet, erneuert sie sich. Gehackt treibt sie Tränen. Erst beim Häuten spricht sie wahr.« (Grass 2007, S. 10)

Für das methodische Vorgehen legen Karlheinz Geißler und Marianne Hege (2001) mit dem integrierten Methodenbegriff ein inzwischen zum Klassiker avanciertes Modell für pädagogische Kontexte vor. Der Charme dieses Modells liegt darin, dass Makro-, Exo-, Meso- und Mikrosystemebenen unmittelbar aufeinander bezogen werden und das pädagogische Handeln keinem unzulässigen Reduktionismus anheimfällt. Mit der Makroebene ist die gesellschaftliche und kulturelle Dimension angesprochen, in der sich Geschlechterbilder manifestieren. In der Makroebene wird vorausgesetzt, was auf den darunter angesiedelten Ebenen als typisch männlich und weiblich gilt oder weiteren geschlechtlichen Ausdrucksformen zugerechnet wird. Auf den Exo- und Mesosystemebenen werden Geschlechterbilder in Institutionen, wie in beruflichen Zusammenhängen, in der Schule oder auch in Kindertagesstätten mehr oder weniger bewusst reproduziert. Die Mikrosystemebenen schließen geschlechtliche Zuschreibungen in unmittelbar zwischenmenschlichen Beziehungen ein. Der Spannungsbogen zwischen den Ebenen der gesellschaftlichen Einbettung und des individuellen Handelns bleibt diesem Modell folgend auch im Beratungsraum reflexiv erhalten und spiegelt das ökosoziale Beratungsverständnis in pädagogischen Handlungsfeldern wider (Schubert et al. 2019, S. 39–110). Das Häuten der Zwiebel bildet dafür eine treffende Metapher. Zarte Häutchen bilden Abgrenzungen zwischen den verschiedenen Schichten. Sie sind jedoch durchscheinend, sodass umgebende Schichten erkennbar bleiben und nicht rigide gegeneinander abgegrenzt sind. Wer sich jedoch zum Kern, zur Zwiebelachse hinarbeitet, trägt Schicht um Schicht ab, kommt dadurch immer tiefer und nicht immer geht es ohne Tränen. So wird die Metapher der Zwiebel für die Darstellung des methodischen Vorgehens in diesem Buch und im Beratungsraum adaptiert und im Sinne miteinander verwobener mikro- und makrosozialer Ebenen in dem hier angesprochenen integrierten Methodenbegriff aufgegriffen (Galuske 2011, S. 21–72). Bezogen auf das Thema der Beratung gewaltbetroffener Männer handelt es sich dabei um

- kulturell gesellschaftliche Männlichkeitsbilder als thematische Rahmung,
- die Verflechtung von Themen der Ökonomie, der Märkte, des Wettkampfs, des Spiels, der Gewalt und der Subordination mit Männlichkeitsauffassungen,
- die soziale Aneignung von Männlichkeit in Prozessen der Sozialisation,
- die tiefer gelegenen maskulinen Bewältigungsmechanismen, die unter anderem in männlicher Einsamkeit und Sprachlosigkeit ihre Ausdrucksformen finden, sowie
- um das reflexive Zugänglichmachen von maskulinen Bewältigungsformen als weitgehend unhinterfragt geltende männliche Normalität.

In der Pflicht zur Abschichtung von außen nach innen bewahrt das Zwiebelmodell die Relevanz dafür, dass Einflüsse der unterschiedlichen Ebenen auf dem Platz des jeweiligen Abstraktionsniveaus gehalten werden. Darüber hinaus wird der Blick dafür geweitet, dass Probleme auf tieferliegenden Ebenen mit gesellschaftlichen oder institutionellen Einflüssen verbunden sind, mitunter auch durch diese erst entstehen. Dennoch sind die jeweiligen Ebenen nicht exklusiv und ausschließlich, sondern in ihrer Verflechtung miteinander zu betrachten. Makrosoziale Probleme werden durch Interventionen, welche auf individuelles Verhalten abzielen, allenfalls begrenzt behoben, weil diese den gesellschaftlichen Rahmen kaum oder gar nicht beeinflussen. Wenn in der Beratung ausschließlich subjektive Möglichkeiten zur vollkommen freien Entscheidung und umfassenden Veränderung unterstellt werden, dann geraten strukturelle Beschränkungen aus dem Blick. Es kommt dann zur Überforderung und zur Unterstellung einer Non-Compliance (»fehlende Kooperation«). Die Motivation Zu-Beratender wird als mangelhaft aufgefasst, obgleich diese durch übermächtig wahrgenommene Bedingungen in ihren Handlungen gehemmt sind. Es ist eben nicht jeder ausschließlich seines Glückes Schmied. Werden hingegen strukturelle Einflüsse überbetont, resultiert daraus ein Invalidenmodell. Eine einzig unter strukturellen Beschränkungen wahrgenommene Person adaptiert dann gute und manifeste Gründe dafür, dass Veränderungen unmöglich erscheinen und sich ein Versuch unter diesen Bedingungen nicht lohnt. Vielmehr müssen sich die Umstände ändern, weil das Problem außerhalb der eigenen Handlungsmöglichkeiten zu suchen ist. Keiner der beiden etwas rigoros vorgetragenen Perspektiven ist eine alleinige Geltung zuzusprechen. Das hier anhand der Zwiebelmetapher herangezogene Modell des integrierten Methodenbegriffs verdeutlicht hingegen, dass Autonomie nur in der Beschränkung zu haben ist (Hildenbrand 2007, S. 7–15). Geißler und Hege (2001, S. 28–29) bezeichnen die Verschränkung der Perspektiven im methodischen Vorgehen als gegenstandsadäquat und machen darauf aufmerksam, dass die auch in ihren tieferen Dimensionen ausgeleuchtete Fragestellung darüber entscheidet, welche theoretische Rahmung und welches methodische Setting anzulegen sind. Dann können sowohl strukturelle als auch subjektive Veränderungsmöglichkeiten dahingehend ausgelotet und mit dem Ziel zur Disposition gestellt werden, dass reflektierte Entscheidungen auch im Aushalten von Konsequenzen möglich sind.

Der Metapher der Zwiebel folgend geht es zunächst darum, den Blick makroskopisch auf das Thema zu werfen, um den allgemeinen Rahmen zu verstehen, innerhalb dessen Männlichkeit sozial zugerechnet wird. Dieser gesellschaftliche Rahmen ermöglicht erste Einsichten für die Erkenntnis der Dimension der Thematik und der anzustrebenden Interventionsziele. Diese sind im Kontext der Beratung zwar eher auf den mikrosozialen Raum gerichtet, stehen jedoch mit den weiteren in den Blick genommenen Ebenen in enger Verbindung.

Abb. 1: Modell des Vorgehens im Kontext des integrierten Methodenbegriffs

Übertragen auf die Thematik finden sich in den äußeren Schichten theoretische Reflexionsfiguren, welche gesellschaftliche und institutionelle Prozesse in den Blick nehmen. Dies erscheint insofern relevant, als subjektive Ansätze der Veränderung von Verhalten nicht zwangsläufig dazu führen, dass strukturelle Bedingungen des Arbeitsmarktes, der Ökonomie oder auch der Zusammenarbeit in Organisationen davon beeinflusst werden. Vielmehr können rein subjektiv angestrebte Veränderungen zu einer Retraumatisierung beitragen, weil häufig erstmals die Verflechtung mit hindernden Rahmenbedingungen wahrgenommen wird. Auf das Thema dieses Buches bezogen bedeutet das: Wird Männlichkeit im Beratungsraum in den Blick genommen, dann geraten ebenso makrosoziale Wettbewerbsformen der wirtschaftlichen Konkurrenz und darin eingelassener Vergleiche in den Fokus. Die Zwiebelmetapher hilft dabei, sämtliche Ebenen reflexiv verfügbar zu halten. So kann in der Beratung über die Facetten vorgetragener Schwierigkeiten in privaten Beziehungen ebenso nachgedacht werden wie über deren Sichtbarkeit im Beruf, in Sorge- und Erziehungsarrangements oder im Freizeitverhalten. Zu-Beratende formulieren in diesem Kontext häufig erstmalig bewusst die Dysfunktionalität ihrer Arbeitsbedingungen oder auch gesellschaftlicher Rahmungen.

Beratungsbeispiel: »Katrin«
Katrin, eine alleinerziehende Mutter, nimmt von ihrer Krankenversicherung refinanzierte Physiotherapien zur Bearbeitung ihrer körperlichen Überlastung und Erschöpfung in Anspruch. In einem Beratungsgespräch äußert sie ihr Unverständnis darüber. In Folge der Beratung werde ihr erstmals bewusst, dass die Therapien von einer ökonomischen Zwängen geschuldeten Gehetztheit und einer damit verbundenen Unpersönlichkeit des Personals geprägt seien. Das laufe jeglicher physiologischen Bearbeitung ihrer körperlichen Überlastung zuwider. Das Therapieziel einer gesundheitsfördernden Körperwahrnehmung und eines entsprechenden Umgangs mit körperlichen Schmerzsymptomen sei so für sie nahezu unerreichbar. Selbst im Therapieraum werde im Accord gearbeitet. Sie sei also bei der Physiotherapie genau der Belastung ausgesetzt, die sich bei ihr körperlich niederschlage und wegen der sie die Physiotherapie eigentlich aufsuche.

Vermutlich hätte ein Mann diese Geschichte anders erzählt. Es wäre ihm eher auf die Frequenz therapeutischer Sitzungen, die Gesamtdauer der Therapie und entsprechende Tools zur handlungsorientierten Wiederherstellung der körperlichen Funktionalität angekommen. Was jedoch darin zum Ausdruck gelangt, ist der Zusammenhang zwischen der makrostrukturellen Rahmung gesellschaftlich-ökonomischer Zwänge, welche das Erreichen eines Therapieziels individualisieren. Wer, mit anderen Worten, das Therapieziel trotz der gehetzten Intervention nicht erreicht, ist letztlich selbst schuld und gilt möglicherweise als zu wenig motiviert.

Für den sozialpädagogisch-beraterischen Zusammenhang bedeutet dies, dass eine auf subjektiver Ebene verharrende Reflexion der Situation und ihrer Umstände mit einem professionellen Kunstfehler gleichzusetzen ist. Gesellschaftliche Bedingungen umrahmen das Handeln der Subjekte und setzen diesen vor, welche Verhaltensäußerungen in welchen Kontexten akzeptabel erscheinen. Dem Zeitdruck geschuldet reagieren Fachleute nicht selten mit vorgefertigten (Lösungs-)Tools auf die vorgetragenen Schwierigkeiten. Seitens der Zu-Beratenden wird dies zunächst gern angenommen. Reflexiv betrachtet wird damit jedoch die Möglichkeit der Begleitung einer eigenen Suche nach Handlungsmöglichkeiten weitgehend ausgeschlossen. Zu-Beratende lernen die Adaption von Ratschlägen und Tools und die Suche nach professionellen Kontexten, die ihnen diese vorgefertigt bieten. Sie werden nicht krisenkompetent. Sie bleiben anfällig für stellvertretende Problemlösungen, die auf ihre Schwierigkeit mehr oder weniger gut passen. Auf diese Weise wird der »stumme Zwang der Verhältnisse« im Beratungsraum reproduziert (Mau 2019, S. 18). Der zweifelhafte Charme liegt im zeitlich wenig aufwendigen Erwerb unterschiedlicher Tools, deren unproblematischer Anwendung und der Faszination kurzfristiger Wirkungen (Walther 2018, S. 30; Geißler/Hege 2001, S. 30). Im Hinblick auf die hier verhandelte Thematik der Beratung gewaltbetroffener Männer wäre dann von einer Gegenübertragung auszugehen (Bettighofer 2022). Sowohl Beratende als auch Beratene bewältigen ihre Hilflosigkeit durch Externalisierung im Heranziehen von Lösungstools. Sie nehmen Zuflucht zu männlichen Bewältigungsstrategien, die häufig ursächlich für die Beratungs- und Veränderungsbestrebungen sind. Die subjektiven Kosten der männlichen Verfügbarkeit, der Funktionalität in der Situation und auch des eigenen Körpers, die Machbarkeit und der Zwang zu schnellen Ergebnissen geraten erst gar nicht in den Blick. Die Subjekte leiden weiterhin an den Verhältnissen. Sie hängen dann nur der Illusion oder Ideologie des passgenauen Tools zur individuellen Bewältigung an. Sie richten sich darin resigniert und notgedrungen unter Inkaufnahme des Preises subjektiver Folgen ein. Bei erneuten Problemen deckt dann vielleicht ein anderes Tool die strukturelle Hilflosigkeit zu.

Eine Beratung, welche für sich pädagogische Professionalität in Anspruch nimmt, setzt daher nicht an Methoden und Tools, sondern an den Zielen im Zusammenhang mit thematisch fokussierten gesellschaftskritischen Analysen und der damit korrespondierenden Umsetzung der praktisch konkreten methodischen Interventionen an (Geißler/Hege 2001). Dadurch wird das Handeln nicht auf einen ökonomisch geforderten Pragmatismus heruntergebrochen und Zu-Beratende werden nicht zum Gegenstand der Anwendung von Tools degradiert. Das methodische Bemühen gilt vielmehr der Einsicht in die

Verhältnisse, der Möglichkeiten für Veränderungen und der Chancen, Risiken und auch Grenzen der praktischen Umsetzung konkreter Schritte. Der Fokus liegt auf einer Verbesserung der Situation in einer Zunahme der Handlungs- und Entscheidungsfähigkeit, damit einhergehend in der Autonomie des beratenen Subjekts, welches eingebettet in soziale Kontexte betrachtet wird. Eine rein auf das einzelne Subjekt fokussierte Intervention individualisiert Probleme und verstärkt Maskulinität als Chance zur machbaren Durchsetzung von Zielen. Die einsame, sprachlose und entgrenzte Männlichkeit wäre das Paradebeispiel für individualisierende Interventionen. Mit entsprechenden Tools kommen einsame Helden selbst zurecht. Sie setzen sich durch und kooperieren nicht. Sie bleiben einsam und in dem Mythos gefangen, ihre individuelle Heldenhaftigkeit unter Zuhilfenahme passender Tools fortwährend unter Beweis stellen zu können.

Die im Fokus stehende soziale Einbettung rückt hingegen Beziehungen in den Kern der Betrachtung. In diesem Sinne kann es nicht mehr um Subordination, Durchsetzungsmacht oder den Kampf der Geschlechter gehen. Im Zentrum stehen die Kooperation und die wechselseitige Unterstützung als Möglichkeit für zwischenmenschliche Gemeinschaften, in denen die Anerkennung der Unterschiedlichkeit des Menschseins als Prinzip gilt.

Was hier nahezu als Manifest der themenbezogenen Professionalität pädagogischen Handelns vorgetragen wird, findet seine Entsprechung in der Symbolik des Zwiebelmodells. Es gibt keinen Beobachtungsstandpunkt außerhalb gesellschaftshistorischer Einflüsse. Alle Menschen sind Produkte und Produzierende der gesellschaftlich anerkannten Wirklichkeit, weil sie vor dem Hintergrund unhinterfragt geltender Annahmen in ihrem Alltag handeln (Berger et al. 2021). Auch aus diesem Grund erscheint eine reine Methodendebatte unfruchtbar, weil diese ohne die Reflexion der Umstände der Thematik auf eine Technik verkürzt wird.

Dies bedeutet für das Thema der männlich gewaltbetroffenen Sprachlosigkeit, dass diese zunächst gesellschafts- und sozialisationstheoretisch eingebettet wird. Dadurch werden Möglichkeiten der Reflexion gesellschaftlicher Rahmungen eröffnet, die anderenfalls fortwirkend eine Hilflosigkeit Zu-Beratender verstärken, während diese ihre Dilemmata auf subjektiver Ebene längst erkannt haben. Erst die Einsicht in die Dimensionen an Möglichkeiten und Verweigerungen in Bezug auf gesellschaftliche Bedingungen eröffnet die Chance zur Autonomie durch die reflektierte Entscheidung zum Handeln und Aushalten von Konsequenzen.

Im Sinne der Zwiebelmetapher gilt somit zunächst die professionelle (Selbst-)Vergewisserung der Thematik. In diesem Zusammenhang geht es um die Möglichkeiten und Grenzen des Umgangs mit der männlich gewaltbetroffenen Sprachlosigkeit, mit den Kopplungen zwischen Männlichkeit, Gewalt und Macht in der Beratung. Das Verständnis der Dimension des Themas gibt den theoretischen Rahmen vor. Dieser ist in die Beratung reflexiv einzubeziehen. In der Konsequenz zählen dazu auch Überlegungen, wie sich männliche Bewältigungsmuster im Beratungsraum abbilden.

In dieser umfassenderen Dimension eines Beratungsverständnisses wird deutlich, dass Männlichkeit und Gewalt auf unterschiedlichen Ebenen unheilvoll korrespondieren. Maskuline Bewältigungs- und Verdrängungsmechanismen sind tief in die ökonomische Reproduktion kapitalistischer Gesellschaften eingewoben. Die soziale Aneignung einer geschlechtsspezifischen Identität zeigt sich ökonomisch betrachtet als nützlich. Sie trägt dazu bei, dass schwer körperlich belastende Berufe ohne administrativ gesellschaftlichen Status typischerweise Männer ansprechen und von diesen erledigt werden. So wird ein Mitarbeiter eines Entsorgungsunternehmens gesellschaftlich erst dann im Kontext öffentlicher Beschwerden wahrgenommen, wenn die Abholung des Mülls ausbleibt. In diesen Bereichen bleibt die Forderung nach der beruflichen Gleichstellung der Geschlechter verhalten. Damit ist keine Rechtfertigung für Gewalt oder eine geschlechtliche Polemik, sondern lediglich ein empirischer Befund verbunden, welcher deutlich macht, dass es gute ökonomische Gründe zu geben scheint, die für eine geschlechtsspezifische Zurichtung auf die Erfordernisse der Ökonomie sprechen. Dafür werden ungleich hohe Folgen in Kauf genommen. Diese erstrecken sich über den mikrosozialen Bereich privater Beziehungen bis hin zu makrosozial gesamtgesellschaftlichen Kosten (Heesen 2022a).

Auch statistisch betrachtet stellt männliche Gewalt den überwiegenden Teil von Gewalthandlungen, aber auch von Gewaltbetroffenheit dar. Gewalt wird in männlich homosozialen Kontexten häufig gar nicht als Übergriff gedeutet, sondern erscheint, eingebettet in soziale Situationen, im Hinblick darauf normal, dass Männer sich wie Männer verhalten. So zeigt sich Gewalt auch weitgehend unreflektiert als legitimes Mittel dafür, sichtbar maskulin zu wirken, sodass eine männliche Geschlechtszugehörigkeit nicht mehr infrage gestellt werden kann. Auch diese Aspekte korrespondieren mit den Rahmenbedingungen, in denen die menschliche Verletzbarkeit insoweit in Kauf genommen wird, solange daraus keine ökonomischen Folgen resultieren. Im folgenden Kapitel zur Relevanz dieser Thematik geht es zunächst um die öffentlichkeitswirksame Darstellung von Gewaltakten in den Medien und die statistische Prävalenz.

Relevanz der Thematik

»Männer sind Täter – Frauen sind Opfer.«
(BMFSFJ 2004, S. 13)

In der öffentlichen Berichterstattung wird bei Gewalttaten kaum nach dem Geschlecht gefragt. Implizit wird davon ausgegangen, »Es waren Männer«, schreibt Margarete Stokowski (2016) in der Zeitschrift *Der Spiegel.* Männlichkeit und Gewalt scheinen untrennbar miteinander verknüpft und dies gilt nicht nur in medialen Darstellungen, sondern auch in wissenschaftlichen Diskursen als Konsens (BMFSFJ 2004, S. 13). Daher erscheint die Zitation »Männer sind Täter« in der bislang umfangreichsten Studie zur Thematik männlicher Gewalterfahrungen mit 266 quantitativen und 32 qualitativen Befragungen sowie 21 Befragungen von professionell Tätigen im Feld der Unterstützung gewaltbetroffener Männer einerseits zugespitzt und andererseits sicher etwas polemisierend, jedoch treffend gewählt (BMFSFJ 2004, S. 32). Bereits in dieser kurzen Formulierung lässt sich eine verborgene Tragik erkennen, die männlicher Täterschaft einen Subjektstatus unterstellt. Den weiblichen Opfern hingegen wird im Hinnehmen und Aushalten männlicher Täterschaft eher ein Objektstatus zugeschrieben. Im Kern werden Frauen damit wiederholt gedemütigt und eine geschlechtsdichotome Welt in Gut und Böse aufgeteilt (Engels 2021, S. 10).

Gewalt ist hingegen in nahezu allen Kontexten vertreten. Darstellungen in den Medien zeigen allerdings in zwei von drei Fällen die männliche Täterschaft bei schweren Gewalttaten wie Mord – beispielsweise in der Fernsehserie »Tatort« (Statista 2021). Kunczik (2017) zeigt in seiner medienanalytischen Diskussion zu Gewaltdarstellungen, dass

- Gewalt in der Regel personalisiert dargestellt wird,
- die Qualität und nicht die Quantität der wahrgenommenen Gewalt darüber entscheidet, wie das Geschehen in der Rezeption eingeordnet wird (z. B. als Selbstverteidigung oder als hinterhältiger Mord),
- die Menge rezipierter Gewalthandlungen dann Auswirkungen auf Alltagspraxen zeigt, wenn diese als normales Handeln dargestellt werden,
- strukturelle Gewalt an Einzelschicksalen verhandelt wird (z. B. sind Erfolg oder Misserfolg, Wohlstand, Macht, Prestige vom Individuum abhängig),
- Gewalt typischerweise mit maskulinen Rollen verknüpft ist und
- dass Gewalt bis zur Bestrafung des Protagonisten am Ende des Films als erfolgreiche Handlungsoption gilt, mittels derer sich zu »Übermenschen« stilisierte Akteure in einer morbiden Umgebung behaupten.

Personale Gewalt wird demnach mit maskulinen Deutungsschemata verbunden und gilt unter männlicher Perspektive weitgehend als akzeptiert. Nicht mehr ausschließlich, aber überwiegend Männer werden soldatisch ausgebildet. In Konfliktsituationen gilt es als begründungsbedürftig, wenn Männer die Gewaltanwendung verweigern (Lenz 2007a). So kommentiert Juliane Frisse (2022) im Magazin der *ZEIT* den ausbleibenden Aufschrei auf das Ausreiseverbot für Männer im wehrfähigen Alter seit Beginn der kriegerischen Auseinandersetzung zwischen Russland und der Ukraine kritisch mit der Frage: »Ist nur ein kämpfender Mann ein guter Mann?« Im Krieg sind Soldaten weiche Ziele. Sie sind als konkrete Personen sinnlich nicht wahrnehmbar. Sie verschwinden als Soldaten hinter der Kategorie des gegnerischen Kriegers. Unbeabsichtigt geschädigte Zivilpersonen gelten als in Kauf zu nehmende Kollateralschäden. Trotz des dargestellten Grauens bleibt die Betroffenheit überschaubar, weil das empathische Eintauchen in eine abstrakte Kategorie des Krieges und der darin hinzunehmenden Opfer schwerfällt (Heesen 2022b, S. 124–128). Anders wäre es, wenn Opfer mit Gesichtern, eigenen Geschichten, Verwandtschaftsverhältnissen, Lebensplänen nicht länger abstrakt, sondern ganz konkret in individueller Gestalt zum Vorschein treten. Eine Wahrnehmungsverweigerung fällt dann ungleich schwerer.

In medialen Darstellungen wird Gewalt als absichtsvolles, auf die physische oder psychische Schädigung gerichtetes Handeln dargestellt (Kunczik 2017, S. 7–13). In einer früheren geschlechtsspezifischen Medienrezeption und Gewaltanalyse von Aufenanger (1994) wird verdeutlicht, dass in nahezu allen Genres Männer als Täter und Frauen zu etwa einem Viertel als Opfer dargestellt werden. Männliche Täterschaft bedarf in der Regel keiner Begründung. In den Nachrichten wird, wenn es um Krieg, Terror und Naturkatastrophen geht, angesprochen, dass unter den Opfern auch Frauen und Kinder sind (Deutschlandfunk Kultur 2018, 2017). Vor welchem Hintergrund werden Frauen und Kinder zwar explizit aber wie in einem Anhang »auch« unter anderen erwähnt? Weshalb bleiben Männer unerwähnt? Was bedeutet dies im Hinblick auf die generelle Wahrnehmung von Gewaltopfern? Inwiefern legen medial präsentierte Gewaltdarstellungen eine Bagatellisierung von gewalttätigen Handlungen nahe und verstärken bereits vorhandene Heuristiken, dass eine geschlechtsspezifische Täterschaft nicht hinterfragt werden muss? Problematisch erscheint in diesem Zusammenhang die Verknüpfung von Gewalt und Geschlecht. Diese Verknüpfung trägt in der Konsequenz zu einer Objektivierung des Deutungsschemas männlicher Gewalt bei, obgleich die Studienlage zur Gewalt gegen Männer vergleichsweise gering ist und die männliche Gewaltbetroffenheit ausgeblendet oder verdrängt wird (Aufenanger 1994, S. 24; Schröttle 2017, S. 3; Bundeskriminalamt 2021, S. 31; Lenz 2007a, S. 22).

? Welche Gewaltwahrnehmung spiegelt sich in diesen Befunden?

? Wie lässt sich geschlechtsspezifische Gewalt in statistischen Daten rezipieren?

? Wenn die Täter geschlechtsspezifisch bereits festgestellt sind, wer sind die Opfer von Gewalt?

? Was trägt dazu bei, dass geschlechtsspezifische Verletzungen als Probleme von Frauen identifiziert und damit implizit Wertungen verbunden werden?

? Aus welchen Gründen wird Männern ihre Verletzbarkeit weitgehend abgesprochen (BMFSFJ 2004, S.13)?

Vordergründig zeigt der Blick auf die Datenlage, dass geschlechtsspezifisch von einer dichotomen Verteilung einer Täter-Opfer-Dynamik ausgegangen wird. Die aus den Daten extrahierte Statistik bezogen auf alle Deliktsarten zeigt folgendes Bild.

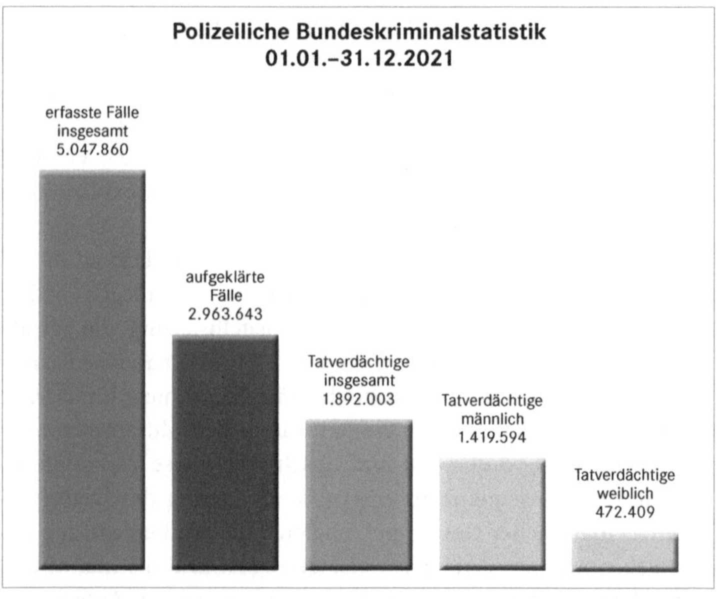

Abb. 2: Polizeiliche Bundeskriminalstatistik

Eine Zurechnung von Tathandlungen lässt sich dahingehend untermauern, dass männlich delikthaftes Verhalten in polizeilichen Kriminalstatistiken überproportional häufig erfasst wird. In weniger als zehn Prozent, gemessen an der Gesamtzahl erfasster Fälle, werden weibliche Tatverdächtige in der polizeilichen Kriminalstatistik (2022c) sichtbar, in der sämtliche Delikte auch über die Gewaltanwendung hinaus erfasst sind. In geschlechtsspezifisch ausgewiesenen Täter- und Opferprofilen überwiegen in der Bundeskriminalstatistik der erfassten Delikte statistisch betrachtet die männlichen Opfer (Bundeskriminalamt 2022c).

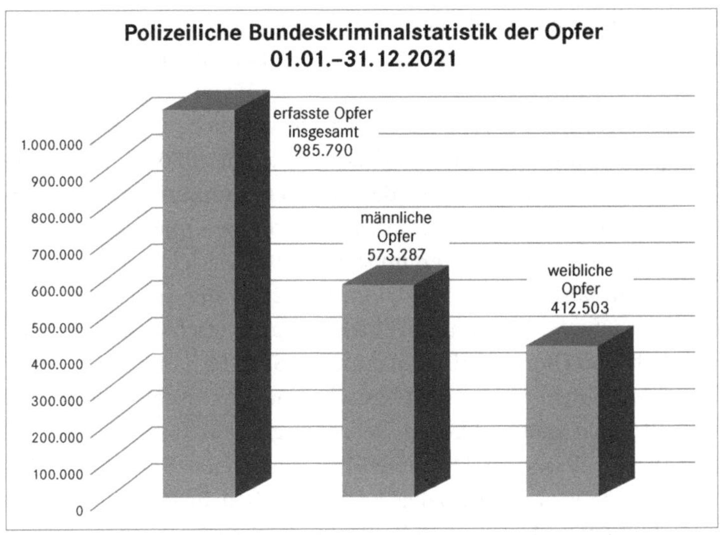

Abb. 3: Polizeiliche Bundeskriminalstatistik der Opfer

Die Statistik gibt keine Auskunft darüber, wie nah oder fern die Beziehung zwischen Tätern, Täterinnen und Opfern gestaltet ist. Als Opfer werden natürliche Personen kriminalitätsstatistisch erfasst, wenn sich eine mit Strafe bedrohte Handlung unmittelbar gegen sie richtete (Bundeskriminalamt 2022a, S. 8). Eine Erfassung als Opfer kann statistisch mehrfach erfolgen, sofern eine Person von mehreren Straftaten betroffen ist (Bundeskriminalamt 2021, S. 4). Die statistischen Daten zeigen einerseits die polizeiliche Relevanz von Delikten. Sie können daher auch als polizeilicher Tätigkeitsbericht interpretiert werden, der mit statistischen Unschärfen zurechtkommen muss. Dazu zählen beispielsweise bundeslandübergreifende Besonderheiten bei der Übertragung der nach Schlüsselzahlen erfassten Tathandlungen (Bundeskriminalamt 2022a, S. 5). Die Daten zeigen jedoch auch, wie Delikte in der gesellschaftlichen

Wahrnehmung geschlechtsspezifisch offenbar werden und dass Männer delikthaftes Verhalten eher als Option zur Regulation von Konflikten oder Spannungszuständen in Erwägung ziehen.

Einschränkend ist jedoch darauf hinzuweisen, dass die Daten aus Kriminalitätsstatistiken Näherungswerte an eine Realität abbilden, die vom Anzeigeverhalten und damit von der Sichtbarwerdung von Delikten gekennzeichnet ist (Bundeskriminalamt 2021, S. 30).

Im partnerschaftlichen Bereich werden weibliche Opfer deutlich überproportional erfasst (Bundeskriminalamt 2020a, S. 21, 2020b, S. 4–6). Wird der Fokus auf den sozialen Nahraum der Partnerschaften gerichtet, zeigt sich, dass die erfasste Opferzahl von Gewalttaten in Partnerschaften im statistischen Berichtszeitraum von 133.080 im Jahr 2016 auf 148.031 im Jahr 2020 anstieg und vier von fünf Gewaltopfer im Zusammenhang mit partnerschaftlicher Gewalt weiblich sind (Bundeskriminalamt 2021, S. 4). Es handelt sich dabei um eine Hellfeld-Studie, die physische und psychische Gewalt (z. B. Gewalt gegen Leib und Leben, Bedrohungen, Stalking, Nötigungen, Zuhälterei) einbezieht. Die Opfer-Tatverdächtigen-Beziehungen betreffen zu 38 Prozent ehemalige Partnerschaften, 32 Prozent eheliche Beziehungen und zu etwa 29 Prozent nichteheliche Partnerschaften. Etwa 79 Prozent der erfassten Fälle bezeichnen männliche Tatverdächtige. Der Anstieg der erfassten Fallzahlen macht deutlich, dass das Phänomen der Gewalt in Partnerschaften in den letzten Jahren in Deutschland an Bedeutung gewonnen hat (Bundeskriminalamt 2021, S. 3–8).

Ein wesentlich höherer Anteil männlicher Opfer wird in Dunkelfeldstudien ausgewiesen. Mit dem »Dunkelfeld« sind Handlungen angesprochen,

> *»welche von einem der Beteiligten, der Täter oder Opfer der Handlung ist, als kriminell bewertet [werden] und nicht in einem Strafverfolgungsverfahren gemeldet bzw. von diesem nicht statistisch erfasst wurde[n].« (Liebl 2019, S. 10)*

So lässt sich in Studien aus Sachsen und Hessen zeigen, dass schwere Körperverletzung von keinem Mann in Hessen (2016) zur Anzeige gelangte und von 14,3 Prozent der Männer in Sachsen (2014) nicht angezeigt wurde. Gründe dafür liegen mehrheitlich in den Erwartungen der Folgen, die mit »will nichts mit der Polizei zu tun haben«, »Angst« oder auch »Anzeige bringt keine Veränderung« erklärt und somit Gewalterfahrungen eher als gegeben hingenommen werden (Liebl 2019, S. 125–139).

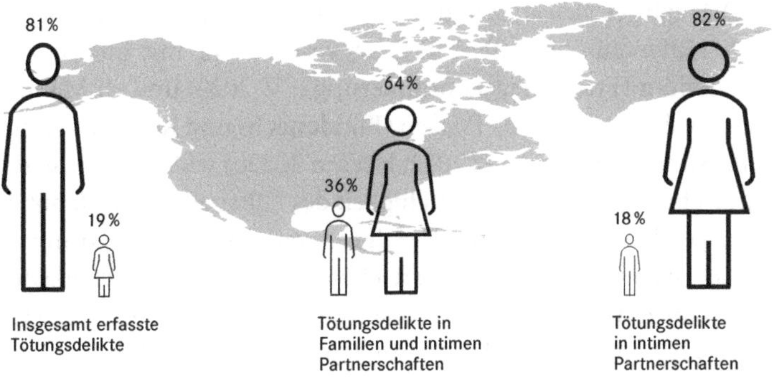

Abb. 4: Gender related killing (Datenquelle: United Nations Office on Drugs and Crime 2019, S. 11)

Auch im privaten Umfeld dürfte das Dunkelfeld nicht erfasster Tathandlungen erheblich größer sein. Aufgrund von Ängsten vor der Veröffentlichung partnerschaftlicher Probleme gelangen Taten nur selten zur Anzeige. So zeigt sich, dass die Zahl männlicher Opfer von Partnerschaftsgewalt von 24.124 im Jahr 2016 auf 28.867 männliche Opfer im Jahr 2020 anstieg (Bundeskriminalamt 2021, S. 30). In internationalen Studien wird von 87.000 weiblichen Opfern, darunter 50.000 weiblichen Opfern in intimen Partnerschaften, ausgegangen. Die globale Rate lag im Jahr 2017 bei 2,3 Opfern je 100.000 als weiblich gezählten Personen (United Nations Office on Drugs and Crime 2019). Außerhalb des privaten Raums und des sozial nahen Umfelds werden Männer im Vergleich zu Frauen vielfach häufiger als Opfer körperlicher Übergriffe erfasst, wie obige Grafik der Tötungsdelikte in internationalen Studien zeigt.

Der Studie der UNODC waren leider keine konkreten Zahlen der UN-Mitgliedsstaaten zur männlichen Gewaltbetroffenheit zu entnehmen. Dennoch ist festzuhalten, dass sich die eingangs getroffene Feststellung, dass Täter männlich sind, statistisch untermauern lässt. Statistisch lässt sich auch zeigen, dass der überwiegenden Zahl der Opfer eine männliche Geschlechtsidentität zugeschrieben wird (BMFSFJ 2004). Eine systematisch statistische Erfassung fehlt hingegen, weil männliche Opfer der statistischen Erhebung außerhalb sichtbarer Delikte weitgehend unzugänglich bleiben.

Dies spiegelt sich auch in der Trefferquote bei einer Google-Suche nach Hilfen für betroffene Frauen von Gewalt mit bundesweit 728 Treffern (Frauenhauskoordinierung e. V. 2022) und elf Männerschutzwohnungen mit 37 Plätzen (Bundesfach- und Koordinierungsstelle Männergewaltschutz 2022; Heesen 2022b) wider und zeigt die Unterschiede und die Ausbaufähigkeit des Hilfenetzes auf. Damit ist keine geschlechtsspezifische Wertigkeit verbunden. Jede Form von Gewalt ist zu verurteilen. Die Erreichbarkeit von Hilfemöglichkeiten zeigt jedoch die öffentliche Resonanz auf geschlechtsspezifische Gewalt im Hinblick auf verfügbare Hilfeoptionen. Was bedeutet dies für Beratungsgespräche mit gewaltbetroffenen Männern?

Statistische Daten zeigen die öffentliche Wahrnehmung von Gewaltdelikten im Hinblick auf deren geschlechtliche Zurechnung. Gleiches spiegelt sich im Ausbau des Hilfesystems. Wenn Männer nicht als Opfer wahrgenommen werden, ihre Verletzbarkeit auch nicht öffentlich artikulieren und zur Anzeige bringen, benötigen sie auch keine spezifische Unterstützung. Die Rahmenbedingungen erzeugen somit einen Zirkelschluss. Statistisch betrachtet steht die weibliche Gewaltbetroffenheit im Vordergrund. Dies lässt sich im sozialen Nahbereich durchaus zeigen. Generalisierend gilt dies hingegen nicht. Die männliche Gewaltbetroffenheit ist generell betrachtet ungleich höher, allerdings auch die männliche Täterschaft. Für Beratungsgespräche sind diese Befunde insofern relevant, als dass damit Deutungshorizonte für Männlichkeitsbilder zur Verfügung gestellt werden, an denen Männlichkeit gemessen wird. Diese Deutungshorizonte tragen dazu bei, dass Gewalterfahrungen in Bezug auf Männlichkeit weitgehend unsichtbar und ungesagt bleiben. Dies kann damit zusammenhängen, dass Täterschaft als männlich betrachtet wird. Gewaltbetroffenheit stellt Männlichkeit eher infrage und bedroht gesellschaftlich akzeptierte Bilder von Maskulinität. Gewalt wird in der männlichen Wahrnehmung oft normalisiert, lange ausgehalten und als typisches Verhalten von Männern akzeptiert. Gesellschaftlich geprägte Männlichkeitsbilder erscheinen daher als Norm, an der geschlechtsspezifische Unterschiede gemessen und sichtbar werden.

Aus diesem Grund geht es im folgenden Kapitel um gesellschaftliche Männlichkeitsmythen, die sich als Bezugspunkte für die eigene Männlichkeit in Beratungsgesprächen Bahn brechen und der Reflexion zugänglich sein sollten.

Die soziale Konstruktion von Männlichkeit

Wann ist Mann (k)ein Mann?

»How many roads must a man walk down
before they call him a man?«
(Bob Dylan, Blowin' in the Wind, 1963)

Herbert Grönemeyer fragt in seinem Lied »Männer« etwas spezifischer »Wann ist ein Mann ein Mann?« und fügt dem Mann-Sein unter anderem folgende Attribute hinzu:

> *»Männer weinen heimlich. […] Männer stehen ständig unter Strom. […] Männer haben's schwer, nehmen's leicht. Außen hart und innen ganz weich. Werden als Kind schon auf Mann geeicht. […] Männer sind einsame Streiter. […] Männer sind so verletzlich« (Herbert Grönemeyer, Männer, 1984).*

In diesem kurzen Ausschnitt aus dem Song »Männer« zeigt sich, dass Männlichkeit mit einer Fülle an Mythen aufgeladen ist. Damit gelingt bereits eine treffende Zeitdiagnose. Männliche Verletzlichkeit wird, wie bereits der Interpretation statistischer Daten folgend, unter die Oberfläche verlegt. Bereits im Kindesalter werden durch Eltern und das Umfeld Geschlechtsspezifika anerzogen, die einer langen Aneinanderreihung gesellschaftshistorischer Männlichkeitssymboliken folgen. Eine dieser Symboliken ist die Zumutung einer ständigen Verfügbarkeit, die gleichsam als eine permanente Anfrage an die mit Pragmatismus und Tatkraft gepaarte Männlichkeit gedeutet werden kann.

Anthropologisch betrachtet wird Kultur als Kunstgriff definiert, durch den Menschen ihr Zusammenleben gestalten und den natürlich gegebenen Bedingungen sozial organisierte Verhältnisse entgegensetzen. Kulturübergreifend gelten bis auf wenige Ausnahmen die Mythen »zeuge Nachwuchs«, »beschütze« und »versorge deine Gruppe« als Insignien von Männlichkeit (Gilmore 1991, S. 44–57). Kulturell gelingt damit der Versöhnungsakt zwischen individuellen Zielen und dem Vorankommen und Überleben der Gemeinschaft. Das Mann-Sein manifestiert sich in Erfüllungsakten, indem Männlichkeit immer wieder auf die Probe gestellt wird und zu beweisen ist. Deshalb wird von Kindesbeinen an durch Abhärtungsmaßnahmen auf das Mann-Sein vorbereitet. Wer ein Mann ist, oder was als männlich oder unmännlich gilt, erschließt sich in diesem Sinne nicht durch den Blick auf einen einzelnen Mann. Es erschließt sich vielmehr erst in der Relation zwischen kulturellen Geschlechterideologien, die immer auch kollektive Männlichkeitsvorstellungen repräsentieren und einen Anpassungsdruck dahingehend entfalten, sich innerhalb bestimmter Formen und Parameter geschlechtskonform zu verhalten. Männlichkeit lässt sich in einer doppelten Struktur beschreiben. Zum einen manifestiert sich Männlichkeit in einem Druck zur Anpassung an stereotype Geschlechterbilder. Emotionale Verhaltensweisen werden schnell als unmännlich betrachtet und Männlichkeitsbeweisen, wie der Selbstkontrolle, dem Ringen um den Sieg im Sport oder Beruf, geopfert. Zum anderen steht der Opferseite auch eine Täterseite gegenüber, die zur heldischen Verteidigung der Grenzen von Männlichkeit veranlasst. Ein typisches Beispiel dafür ist die Abwertung unmännlichen Verhaltens, wie fehlende Disziplin, mangelndes Selbstvertrauen oder Gefühlsäußerungen, in der Öffentlichkeit. Ein Ergebnis dieser scheinbar widersprüchlichen doppelten Struktur liegt in der Bedürftigkeit und deren gleichzeitiger Verleugnung. Einerseits soll die männliche Opferbereitschaft der Unterwerfung unter den Zwang der gesellschaftlichen und ökonomischen Verhältnisse gesehen und geachtet werden. Andererseits wird genau dies verleugnet, wenn Männer durch permanente Leistungsbereitschaft das damit verbundene Heldenhafte zur Schau tragen. Auch das Unmögliche erscheint so erreichbar, sofern sich dafür genug angestrengt wird. Männlichkeitsnormen sind dementsprechend auch als Modus zu verstehen, durch den Männer in die Gesellschaft integriert werden und darin ihren Platz finden. Je knapper die Ressourcen, umso nachdrücklicher wird Männlichkeit sozial erwartet und als Inspiration und Ziel (z. B. in Kriegen) hervorgehoben. Umgekehrt gilt auch, dass eine kulturelle Präferenz eines bestimmten Typus von Männlichkeit in gesellschaftlichen Praktiken maskuline Attribute verstärkt. Illustrationen dafür liegen beispielsweise in wirtschaftlichem Erfolg, in Führungsansprüchen oder in den geschlechtsspezifisch geprägten Zonen des Arbeitsmarktes, die öffentlich sichtbar als Männerdomänen gehandelt werden. Dabei zeigt Gilmore (1991, 1993, S. 46–61), dass Arbeit nicht als Selbstzweck, sondern als Mittel zur Beschaffung von Nahrung und Geld für die Familie und damit auch verbunden mit einer impliziten Moral für die Trennung der weiblichen und männlichen Sphären aufgefasst wird. Das männliche Ideal treibt die Männer aus dem Haus zu den Schauplätzen der Aktion. Dort geht es nicht darum, ein guter Mann in einem abstrakt gemeinten Sinn zu sein, sondern dass »man gut darin ist, ein Mann zu sein« (Gilmore 1993, S. 93).

So werden Männer gemacht und nicht geboren. Männlichkeit erscheint sozial herbeigeführt als geschlechtlich zugeschriebener Status, der nur durch Prüfungen und Unterweisungen erreicht wird. Männlichkeitsvorstellungen sind dabei mit den Metaphern der Machbarkeit und der Macht verknüpft. Dies gilt auch in Bezug auf den eigenen Körper, der im Sinne von Leistungsprinzipien funktionieren soll. Von diesen Idealisierungen werden in internationalen Vergleichen wenige Ausnahmen beschrieben, in denen Aggression als Tabu und Geschlechtergrenzen fließend erscheinen. Übergreifend lässt sich festhalten, dass die kulturellen Bedingungen für Männlichkeitsideale in ihrer historischen Entwicklung auf subjektives Handeln wirken und durch die individuelle Erfüllung der Männlichkeitsrolle in ihrer Geltung reproduziert werden. Wer dies verweigert, setzt sich dem Verdacht der Unmännlichkeit aus. Auf diese Weise werden Männlichkeitsnormen bestätigt, sodass diese als naturgegeben und der Reflexion nahezu unzugänglich erscheinen (vgl. Gilmore 1993). So stellt Brandes (2001) fest, dass das Herstellen emotionaler Nähe zwischen Männern immer mit den Tabus von Homosexualität und Homophobie und damit einer Angst einhergeht, von der gesellschaftlich präferierten heterosexuellen Männlichkeit abzuweichen. Damit verbunden ist die Furcht, dass der Männlichkeitsstatus aberkannt oder zumindest infrage gestellt wird. In dieser Hinsicht sind Stigmatisierungen, Vorurteile und verdeckte oder offene Ausgrenzungspraxen von Homosexuellen aus der gesellschaftlichen Historie bis in die Gegenwart hinein kognitiv verankert. Zärtliche und erotische Bindungen zwischen Männern können so unter den Verdacht der Homosexualität geraten und die Zugehörigkeit zu einem als heterosexuell markierten Männlichkeitsideal prekär erscheinen lassen. Damit wird ein als quasi naturgegebener Dualismus zwischen dem Männlichen und dem Weiblichen sozial nicht nur reproduziert, sondern manifestiert. Dennoch ist es der soziale Kontext, welcher die Wahrnehmung sexueller Präferenzen und daran angelehnte geschlechtliche Zurechnungen beeinflusst. In einer Studie der Universität von Sidney konnte gezeigt werden, dass soziale Bewertungen die Exklusivität des auf ein Geschlecht gerichteten sexuellen Begehrens infrage stellen und Sexualität eher als Kontinuum, statt als Festlegung zu betrachten ist (Morandini et al. 2021). Auch dies ist als Beleg für die Bedeutung sozialer Kontexte im Hinblick auf geschlechtliche Zuschreibungen zu verstehen.

Es zeigt sich, dass die gesellschaftlich als dominant bewertete sexuelle Praxis der Heteronormativität Männer und Frauenbilder erzeugt. Eine biologisch naturalistische Begründung greift diesbezüglich zu kurz. Mit unhinterfragten geschlechtlichen Normen lassen sich soziale Verhältnisse bequem rechtfertigen. Dazu zählen zum Beispiel die mit dem Typus der hegemonialen oder konservativ dominanten Männlichkeit verbundenen privilegierten Zugänge zu den mit Definitionsmacht ausgestatteten gesellschaftlichen Positionen und die Unterordnung jener, die sich nicht ohne Weiteres in diesem binär gedachten Geschlechterschema einordnen lassen. Hegemoniale Männlichkeit ist kein Charakterzug, sondern eher eine Form der Passung in einer auf Wettbewerb mit Gewinnern, Gewinnerinnen und Verlierern sowie Verliererinnen ausgerichteten Kultur. Maskulinität korrespondiert sehr gut mit den Leistungsprinzipien kapitalistischer Wirtschaftsformen, die auch dann auf Pragmatismus, den Sieg über die Natur und deren Kontrolle setzen, wenn an der Oberfläche eine größere Toleranz für unterschiedliche Männlichkeitsbilder präsentiert wird. Messerschmidt (2018, S. 135–140) hält eine unreflektierte Gläubigkeit an eine Zähmung der traditionellen oder auch hegemonialen Männlichkeit für einen Fehler, der analytisch für das blind macht, was einem täglich vor Augen ist. Hegemoniale Männlichkeit erzeugt nicht nur zwischen unterschiedlich wahrgenommenen Geschlechtern eine Unterordnung. Auch zwischen Männern geht es um Durchsetzungsmöglichkeiten. Connell (2015) macht darauf aufmerksam, dass die damit verbundenen Positionierungen zwischen Personen, Gruppen oder ganzen Gesellschaften strukturierend wirken. Sicher verändern sich Geschlechterbilder je intensiver das analytische Wissen Eingang in öffentliche Diskurse findet. Kulturell gewachsene Geschlechterkonzepte erweisen sich jedoch als widerständig, sodass nicht mit raschen Veränderungen zu rechnen ist. Das beschreibt bereits Margaret Mead (1958) in ihren ethnografischen Studien zu Geschlechterverhältnissen, indem sie Männlichkeit mit den Attributen der Leistung, des Sieges über die Natur und der Beherrschung sozialer Herausforderungen belegt. Konstitutiv dafür sind die über soziale Vergleiche hergestellten Gegensätze zwischen den Geschlechtern, durch die Gewinner, Gewinnerinnen und Verlierer sowie Verliererinnen hervorgebracht werden. Nach wie vor erhalten Männer und Frauen für ganz unterschiedliche Praktiken Aufmerksamkeit. Eine Dimension des sozialen Vergleichs ist der Sieg, in dem Männlichkeit immer wieder errungen und unter Beweis gestellt wird (Mead 1958, S. 208–217). Zu tief sind geschlechtliche Deutungen bis hin zu Produktionsweisen, Über- und Unterordnungsverhältnisse und politischen Entscheidungen gesellschaftlich eingeschrieben (Connell 2015, S. 129–135). So kann auch aktuell erneut zur Kenntnis genommen werden, dass die Tötungsbereitschaft von Männern nach wie vor politisch erzwungen werden kann (Lenz 2012a; Eifler 2004; Walter 2004). So wird in einer Bundestagsdrucksache im Jahr 2023 kritisch aufgezeigt, dass sowohl Russland als auch die Ukraine Ausreisemöglichkeiten und die Verweigerung des Kriegsdienstes für Männer zwischen achtzehn und sechzig Jahren erheblich erschwert haben, diese nahezu willkürlich einberufen, das Strafmaß für Verweigerungen drastisch verschärft haben und damit die Menschenrechte für Männer einschränken (Deutscher Bundestag 2023). Als soziales Konzept ist Männlichkeit auch öffentlich einem Bewertungsdruck ausgesetzt, sodass sich ein Blick auf die Inszenierungen von Männlichkeit lohnt.

Inszenierte Männlichkeit

In internationalen Studien zeigt Gilmore (1991), dass Männlichkeit nicht privat, sondern der Ort öffentlicher Aushandlungen mit einem gewissen Geltungsanspruch ist. Männlichkeit setzt sich damit auch der öffentlichen Beobachtung aus, in der das »Moralsystem soziale Kontrolle garantiert und sicherstellt, dass sich Männer richtig verhalten« (Gilmore 1991, S. 14–15). Männer werden dazu gebracht, idealtypischen Männlichkeitsbildern zu entsprechen, damit sie in öffentlichen und privaten Räumen anerkannt werden. Männlichkeitsdefinitionen werden damit zum Ort der Aushandlung in sozialen Vergleichen. Männlichkeit wird Prüfungen ausgesetzt, in deren Ergebnis die männliche Geschlechtszugehörigkeit zum Gegenstand der Beweisführung wird (Gilmore 1991, S. 9–16). Als Beispiele dafür können typisch männlich konnotierte Berufe mit körperlichem Einsatz im Baugewerbe, der Entsorgung oder in männlich zugeschriebenen Sportarten herangezogen werden. Männlichkeit steht mit all ihren Attributen als *Spieleinsatz* zur Disposition. Der Sieg wird bereits vorausgesetzt, weil mit der Zuerkennung oder dem Verlust der Geschlechtsidentität der Einsatz als enorm hoch gilt. Die Darstellung von Männlichkeit ist folglich in soziale Symboliken zwischen Ehrgefühl, Pflichten und Tugenden im Sinne dessen, was der Allgemeinheit und sich selbst geschuldet wird, eingebettet. Diese sozialen Konstruktionsprozesse der Männlichkeit lassen kaum Platz für die Thematisierung von Verwundungen, von Schwachheit und Verletzlichkeit. Mit Bourdieu (2012, S. 78–100) verstärkt dies eine Sprachlosigkeit in doppeltem Sinne:

1. *Kollektiv* werden gewalttätige Narrative als Bestätigung und deren quasi biologische Natur im Sinne eingeschriebener sozialer Gesetze als männlicher Habitus (z. B. in der Konkurrenz auf dem Arbeitsmarkt) kaum hinterfragt.
2. *Individuell* wird eine Pflicht zur Bestätigung der Männlichkeit vorausgesetzt, die im sozialen Reproduktionsvermögen (z. B. Fortpflanzung, Versorgung der Familie, Potenz, Vergleich mit anderen Männern) und der Bereitschaft zur Ausübung von Gewalt (z. B. zur Verteidigung von Männlichkeitsnormen), insbesondere auch in freundschaftlichen Beziehungen zwischen Männern, ihren Ausdruck findet.

Als männlich gelten die Möglichkeiten des Erwerbs von Ruhm und Auszeichnungen als sichtbare Insignien in öffentlichen Sphären, die in eine nahezu verbissene Investition in männliche Gewaltspiralen (z.B. im Sport) münden können. Die öffentliche Sichtbarkeit des Unterliegens gleicht einer zur Disposition gestellten Männlichkeit und geht mit Scham und Schuldgefühlen einher (Bourdieu 2012, S. 93–96). Als impliziter Vergleichsmaßstab gilt der berufstätige, heterosexuelle, gesunde Mann, der alles, was er nicht repräsentiert, als defizitär erscheinen lässt.

Ein Mann rechtfertigt nicht, er erklärt. Mit anderen Worten: »Entweder ist jemand ein Opfer oder er ist ein Mann« (Lenz 2000, S. 56; Bockshorn 2013, S. 21).

Die Unvereinbarkeit beider Facetten offenbart das Dilemma, in dem Männer stecken. Nehmen sie sich selbst als gewaltbetroffen wahr, so stellt dies ihre Männlichkeit und alle daran geknüpften Mythen infrage. Der männliche Wettbewerb stiftet gerade dadurch Gemeinschaft, dass man mit- und gegeneinander kämpft. Die Rivalität sichert, so paradox es klingt, Solidarität, weil es sich mit als unterlegen wahrgenommenen Personen nicht in den Ring zu steigen lohnt (Meuser 2008a, 2008b, 2001). Diese sind längst ihrer Männlichkeit beraubt.

Eine geschlechtliche Zugehörigkeit folgt damit den Modi struktureller Kategorisierungen im Hinblick darauf, was gesellschaftlich als geschlechterdifferent protegiert wird (Dölling 1999). Geschlecht ist einerseits biologisch körperlich markiert. Die Auseinandersetzung darum wird jedoch von Subjekten in den Arenen einer als geschlechtlich unterteilten sozialen Umwelt ausgetragen (Bereswill/Ehlert 2020; Connell 2015, S. 47, 237, 232, 336; Scholz 2004, S. 24). Mit dem Begriff der *Arena* wird mit Clarke (1991) die handlungsbeeinflussende Involviertheit in bestimmte Themen (z. B. der Männlichkeit) in der Überschneidung unterschiedlicher Lebenssphären (z. B. Beruf, Familie, Freizeit) und der historischen Einbettung der Thematik angesprochen, ohne dass es dafür einer formalen Mitgliedschaft bedarf. In diesen sozialen Welten bewegen sich Menschen ganz selbstverständlich, ohne aufgrund ihres implizit vorhandenen Hintergrundwissens viel darüber nachdenken zu müssen. Dabei gilt die Unterstellung, dass dieses Hintergrundwissen für alle verfügbar ist und mit allen teilnehmenden Personen geteilt wird. Als eine typische Arena maskuliner Männlichkeit gilt der Fußball. Im Spiel wird deutlich, worin es auch in zahlreichen anderen sozialen Welten für Männer geht. Im Zentrum stehen Kampf und Sieg, die Subordination der Gegner auf dem Platz, Kameradschaft und Loyalität zum eigenen Verein und die öffentliche Inszenierung der männlichen Agilität. Spiegelbilder dieser Praktiken finden sich in zahlreichen anderen Sphären, auf dem Arbeitsmarkt, in der Politik, wann immer es mit ganzem Einsatz um etwas geht (Bromberger 2006; Marschik 2006; Walter 2006; Zifonun 2016, S. 24–58). Die Betrachtung von Männlichkeit im Kontext *sozialer Welten und Arenen* hat den Vorteil, dass diese unhinterfragt in nahezu allen Lebenszusammenhängen sichtbar gemacht werden kann und darin deutlich wird, wie Menschen soziale Situationen organisieren (Clarke/Keller 2014). Geschlecht ist dabei eine wesentliche Dimension, anhand derer Personen den Umgang miteinander strukturieren. Auf den ersten Blick klingt dies komplex. Heruntergebrochen erfolgen nicht nur in privaten, sondern auch in öffentlichen Sphären geschlechtsbezogene Zurechnungen, mit denen Personen mehr oder weniger gut zurechtkommen.

Für den Beratungskontext bedeutet dies, dass ein Verständnis der Möglichkeiten und Grenzen des Handelns von Gruppen und Einzelnen der Gefahr von Missverständnissen ausgesetzt wird, wenn die jeweilige Zeit und die Involviertheit Zu-Beratender in soziale Räume als Bezugsrahmen ausgeblendet bleiben. Ein geschildertes Verhalten bleibt dann oft unverständlich. Vorgetragene Problematiken bedürfen der adäquaten Einordnung durch Profis, weil ansonsten die Handlungsmächtigkeit Zu-Beratender falsch bewertet wird und Verletzungen ungesehen bleiben, die in der jeweiligen Zeit einer anderen Dramatik und Schicksalhaftigkeit unterliegen. Dies zeigt sich allein darin, dass Männlichkeit in unterschiedlichen wissenschaftlichen Perspektiven diskutiert wird, in gesellschaftlichen Bereichen relevant erscheint und nahezu jede Person aus ihrem Alltagswissen etwas dazu beitragen kann. Für die professionelle Beratungspraxis eröffnen das Konzept der *sozialen Welt* und die Betrachtung von Männlichkeit in Arenen Möglichkeiten in mehrfachem Sinne. Zum einen können die von Zu-Beratenden vorgetragenen Themen um Männlichkeit und Gewaltbetroffenheit als Bestandteile alltäglicher Erfahrungen in öffentlichen und privaten Sphären Eingang in die Beratung finden, denn Geschlechtszugehörigkeiten werden übergreifend in verschiedenen Lebenszusammenhängen ausgehandelt. Im Umgang der Menschen miteinander finden – gesellschaftlich vorstrukturiert – geschlechtliche Zurechnungen statt. Dies zeigt sich unter anderem in den Sektoren der beruflichen Arbeitsteilung bei männlich markierten Berufen und familienbezogenen Care-Aufgaben, die nach wie vor überwiegend von Frauen erbracht werden (Bündnis Sorgearbeit – fair teilen 2022; Statistisches Bundesamt 2021). Zum anderen bildet professionelle Beratung selbst eine soziale Welt, in der Beratende mit ihren Konzepten immer auch wissenschaftlichen Communities und deren Fachdiskursen angehören, Fallkonstellationen in kollegialen Beratungen oder Supervisionen der Kritik zugänglich machen und damit das Fachgebiet weiterentwickeln (Schütze 2016a, 2016b).

Thematisierte Männlichkeit in der Beratung

Die vorangestellten Überlegungen scheinen zunächst noch nicht allzu viel mit einem Beratungsgespräch zu tun zu haben. Der Eindruck täuscht! Es ist durchweg sinnvoll, sich vor einer Beratung kulturelle Codes und Symboliken zu vergegenwärtigen, in die geschlechtliche Zurechnungen eingebettet sind. Denn neben jedweder vorgetragenen Problematik treten in Beratungsgesprächen auch geschlechtliche Perspektiven zum Vorschein. Nicht nur die Zu-Beratenden bringen ihre geschlechtliche Identität mit. Auch Beratungspersonen erfüllen Geschlechterrollen und ihre zugeschriebenen männlichen oder weiblichen Attribute entfalten in Beratungsgesprächen Bedeutungen. Dies sollte reflektiert werden.

In meiner Beratungspraxis für systemische Beratung, Therapie und Coaching werden Terminvereinbarungen Zu-Beratender auch dann nahezu vollständig von Frauen vorgenommen oder angeregt, wenn deren Partner seine Sorgen oder Probleme anspricht. Nicht selten wird dabei geäußert, dass eine männliche Beratungsperson gewünscht ist, weil ansonsten die Sorge bestünde, dass sich der Partner gar nicht auf eine Beratung einließe. So ist bereits vor einem ersten Kennenlernen das Geschlecht thematisch im Raum, ohne dass sich die Beteiligten jemals begegnet wären. Umgekehrt gilt oft die unausgesprochene Erwartung zu beratender Männer, eine Koalition mit einer männlich beratenden Person schließen zu können. Es geht um Bündnisse, deren Hintergrund homosozial bereits festgelegt scheint. Auch dies kann ein Grund für die männliche Sprachlosigkeit sein. Selbstverständlich Vorausgesetztes muss eben nicht thematisiert werden. Für den hier wichtigen Erkenntniszusammenhang erscheint relevant, dass Zu-Beratende und Beratungspersonen – symbolisch betrachtet – ihren Rucksack an geschlechtlichen Zuschreibungen, Rollenstereotypen und Erwartungen bereits in den Beratungsraum mitbringen, in dem meist erstmals die Chance besteht, auch diese Ebene tiefergehend zu reflektieren. Damit ist nicht gesagt, dass Geschlecht wie ein monolithischer Block in jedem Beratungsgespräch thematisiert werden muss. Wird jedoch nicht mitgedacht, vor welchem geschlechtlichen Hintergrund sich eine zu beratende Person auf bestimmte Art und Weise äußert, an anderen Stellen schweigt oder gefühlsbetonte Äußerungen delegiert, erschiene das Übergehen oder Nicht-Bemerken als professioneller Kunstfehler. Zu-Beratende werden dann der Chance beraubt, im geschützten Rahmen über sich in geschlechtlich strukturierten privaten und gesellschaftlichen Verhältnissen nachzudenken. Sicher sind Veränderungen ad hoc unwahrscheinlich, solange über gesellschaftliche Bewertungsmaßstäbe ausgetragene Geschlechterkonkurrenzen zu Auf- und Abwertungsprozessen beitragen. Jedoch kann das gemeinsame Nachdenken über Zusammenhänge zwischen dem Bemühen um Veränderungen auf subjektiver Ebene und die im Hintergrund wirkmächtigen Männlichkeitsmythen dabei helfen, die Arenen zu erkennen und zu benennen, in denen Frauen und Männer sich behaupten. Männlichkeit definiert sich nicht ausschließlich in Relation zur Weiblichkeit, sondern auch in den Beziehungen der Männer untereinander (Meuser 2008a, 2008b).

Dies könnte nun als Plädoyer für eine geschlechtshomogene Beratung beispielsweise von getrennten Männer- und Frauengruppen verstanden werden. Jösting (2008, 2005) stellt darauf bezogen kritisch fest, dass in geschlechtshomogenen Praxen einerseits bedeutsame Standards für die Herausbildung der geschlechtlichen Identität entwickelt und auch erprobt werden. Der Ausschluss anderer Geschlechter aus der Beratung birgt bei geschlechtshomogenen Gruppen allerdings die Gefahr, dass Geschlechterspielräume nicht erweitert werden. Exklusiv männlich dominierte Räume können abwertende Argumentationsfiguren für alles, was außerhalb der heterosexuellen Norm wahrgenommen wird, verstärken (Connell 2015, S. 223). Ähnlich stellt dies Brandes (2001, S. 152–169) dar, wenn sich in Männergruppen Konkurrenzbeziehungen und das strategische Warten darauf, dass jemand anderes sich zuerst äußert, als dominante Gestaltungsfiguren Bahn brechen. In geschlechtshomogenen Gruppen geht es folglich auch um Positionierungsakte, die darüber bestimmen, wer für sich die Deutungs-, Handlungs- und Entscheidungskompetenz in Anspruch nimmt. Als Vorteil für geschlechtshomogene Kontexte akzentuiert Kastein (2019) neben den Positionierungsakten jedoch auch die Möglichkeit, Erfahrungen mit gesellschaftlichen Erwartungshaltungen und dem wahrgenommenen Druck in einem sogenannten »Männerpalaver« mit dem notwendigen Raum für Versagensängste und Ohnmachtsgefühle thematisieren zu können. Dieser geschlechtshomogen aufgespannte Raum bietet die Option, geschlechtliche Bewertungsprozesse kritisch und nicht im Kontrast zu Frauen zu beleuchten (Kastein 2019, S. 117–127). Auch Brandes beschreibt aus seinen Erfahrungen als Berater in therapeutischen Männergruppen oder aus der Begleitung von Männerselbsthilfegruppen ähnliche Aspekte. Zunächst brechen sich gesellschaftliche Geschlechterpraktiken Bahn. Männer reden dann nicht über sich. Sie reden über Sachverhalte und bringen damit ihre habituelle Hilflosigkeit zum Ausdruck, die sie daran hindert, eigene Emotionen oder Verletzungen in den Fokus zu rücken. Es besteht jedoch auch die Chance, einen nicht an weibliche Erfahrungen gebundenen Zugang zu Gefühlen und Verletzlichkeiten zu lernen (Brandes 2001, S. 174–205). Geschlechtsbezogene Themen werden lange nicht angesprochen oder allenfalls symbolhaft angedeutet. Das hat damit zu tun, dass eine geschlechtliche Verankerung dadurch, dass sie angesprochen wird, bereits als in Schwierigkeiten geraten gilt. Dichotome geschlechtliche Zurechnungen als weiblich oder männlich werden im Umgang der Menschen miteinander interaktionsentlastend quasi unterstellt. Mit der Aufhebung der Dethematisierung wird ein Tabu gebrochen. Männer weisen im Zuge des Nicht-Erzählens über intime Bereiche darauf hin, dass Selbstverständliches nicht hinterfragt zu werden braucht, und positionieren sich damit als zur Welt der Männer, für die in der Regel Heterosexualität unterstellt wird, zugehörig (Scholz 2004, S. 215). Werden geschlechtliche Dispositionen explizit angesprochen, so werden damit Arenen der Aushandlung von Männlichkeit sichtbar, mit denen oft Verletzungen verbunden sind. Dazu zählen Marginalisierungen von Männlichkeit, durch die Männer in Bezug auf die vorherrschende Männlichkeitsnorm delegitimiert werden, weil sie dem gesellschaftlichen heteronormativen Ordnungsprinzip in unterschiedlichen Facetten nicht entsprechen. Es kann sich dabei um sexuelle Präferenzen, weiblich konnotierte Tätigkeiten oder auch Unterlassungen, wie die vermiedene Teilnahme an typisch männlichen

Unternehmungen oder Sport, handeln (Gottzén et al. 2021, S. 98–101; Messerschmidt 2018, S. 27–45; Connell 2015, S. 129–134). Männlichkeit steht in dieser Hinsicht unter Legitimationsdruck, der auch vor dem Beratungsraum nicht Halt macht.

Darüber hinaus ist für die Beratung von Männern eine weitere Perspektive relevant. Innerhalb des Beratungsraumes treten zwar Rollen miteinander in Interaktion, diese werden jedoch nicht außerhalb geschlechtlicher Stereotypen wahrgenommen. Lenz (2000) macht darauf aufmerksam, dass die Paradoxie männlicher Opfer in diesen Stereotypen eine Entsprechung findet. Das männliche Opfer wird von Profis zu wenig oder gar nicht wahrgenommen. Es handelt sich dabei um einen geschlechtsspezifischen blinden Fleck, der pädagogisches und therapeutisches Fachpersonal über männliche Verletzungen hinwegsehen lässt. Diese gehen als der Männlichkeitsnorm entsprechende Stereotypien durch. Brechen Männer im Beratungsraum von professioneller Seite unbeachtet ihr Schweigen, kann dies zu sekundären Traumatisierungen beitragen. Implizit werden damit hegemoniale Männlichkeitsnormen verstärkt, die den »Verrätern an der Dethematisierung männlicher Verletzlichkeit« deutlich macht, dass der Glaube an ihre Männlichkeit auch aus professioneller Perspektive in die Krise geraten ist. Das Verschweigen und das Übergehen der eigenen Verletztheit gelten für diese Männer dann als angebrachte Lösung. Worüber aus männlicher Perspektive nicht gesprochen werden kann, darüber muss *Mann* schweigen und die Dinge mit sich selbst ausmachen. Die doppelte Hilflosigkeit des Mannes, eigene Verletzungen und Bedürftigkeiten zu thematisieren sowie Unterstützung anzunehmen, ist in dieser Hinsicht auch dem Hilfesystem selbst geschuldet, in dem Opfer nicht gesehen oder gehört werden, weil sich insbesondere männliche Helfer dann selbst mit ihrer schwachen und möglicherweise unmännlich denunzierten Seite auseinandersetzen müssten. Genau darin liegt jedoch der professionelle Anspruch des Opfers an Beratungspersonen: Dass diese keine Angst vor dem Blick auf eigene Verletzungen, Kränkungen und vielfältige Facetten männlicher Identität haben.

Gerade im Hinblick auf das mythisch überhöhte Thema der geschlechtlichen Identität geht es auch um den Mut zum Blick in die Abgründe biografischer Erfahrungen, die für Beratungspersonen mit diesem Thema verbunden sein können. Lenz spricht in dieser Hinsicht die Berührung mit der dunklen Seite des Helfens an, innerhalb der sich Beratende mit ihren eigenen Erfahrungen zur Verfügung stellen. Auch Beratende wachsen mit kulturellen Geschlechtsstereotypen auf, in der Selbstreflexion und die Auseinandersetzung mit eigenen Gefühlen Männlichkeit verdächtig macht. Miller (2016) beschreibt, dass die männliche Dramatik um Bedürftigkeit und verweigerte Hilfe bereits im Kindheitsalter beginnen. Demütigungen des Ungenügens in systematischen Vergleichen mit anderen Jungs und Männlichkeitsnormen fördern die Verdrängung unsichtbarer Verwundungen, die sich im Erwachsenenalter fortsetzen und zur Wahrnehmungsverweigerung in der Helferbranche beitragen. Fachmännern fällt es leichter, weibliche Betroffenheiten anzuerkennen und zu thematisieren, als sich engagiert und solidarisch für verletzte Jungen und Männer einzusetzen (Enders 1998; Lenz 2000, S. 57–69). In der fehlenden Unterstützung für Projekte, die sich männlichen Opfern in der professionell helfenden Beziehung explizit solidarisch zuwenden, reproduzieren sich blinde Flecken. Diesen wird kein medialer Unterhaltungswert zugeschrieben. So bleiben sie auch aus der öffentlichen Wahrnehmung weitgehend ausgeblendet, weil mit dem männlichen Opfer als Normalfall gerechnet wird. Die Spirale des Schweigens, der männlichen Unfähigkeit, eigene Bedürftigkeiten und Verletzungen zu thematisieren und schließlich Hilfe anzunehmen oder gar darum zu bitten, setzt sich fort. Der Preis ist der vermeintlich starke Mann, der gefühlsbetonte Wahrnehmungen verdrängt oder als Gerede von Frauen entsorgt. Infragestellungen der männlichen Vorherrschaft werden unter die Oberfläche verbannt, damit etwas von einem idealtypischen Männlichkeitsbild bleibt, dass es in Reinform niemals geben wird und das als Ideologie allen große Opfer abverlangt (Connell 2015, S. 55; Hollstein 2017; Heesen 2018; Horlacher 2018; Behrensen 2020). Obgleich der Kontakt zwischen den Beteiligten in der Beratung durch die jeweils eingenommenen Rollen als Beratende und Zu-Beratende zum Ausdruck gelangt, wird damit kein geschlechtsfreier und von Stereotypen abgehobener Raum eröffnet, wie das Beispiel »Robert« im folgenden Unterkapitel illustriert.

Evaluierte Männlichkeit

Im Vorfeld und innerhalb von Beratungsgesprächen spielen geschlechtliche Zuschreibungen durchaus eine Rolle, sei es implizit durch nichtthematisierte Vorannahmen oder explizit in angesprochenen Fragestellungen. Es geht stets um Hoffnungen und manchmal auch um Wünsche, die nicht selten konkret mit dem Geschlecht oder auch dem Familienstand der Beratungsperson verbunden werden. Gelegentlich stehen sie auch in Form von kurzen Äußerungen begleitet von Zustimmung herausfordernden Gesten zur Disposition, wie »Sie sind doch auch eine Frau/ein Mann?« oder »In welchem Alter sind Ihre Kinder?«, »Wie lange sind Sie schon mit Ihrer Frau zusammen?«. Erhofft wird dadurch ein stillschweigend vorausgesetztes Verständnis für bestimmte Situationen, die dann dethematisiert bleiben und wie der sprichwörtliche *rosa Elefant* im Raum das Thema hinter dem Thema verdecken. Natalia Ginzburg (1995, S. 39–46) beschreibt in der Erzählung ihrer Psychoanalyse entlarvend, wie implizite Annahmen und die nicht-thematisierte Diskrepanz zwischen ihrer Erwartung von Barmherzigkeit und die im Agieren ihres Psychoanalytikers wahrgenommene Distanz zum Abbruch des Beratungsprozesses führen. Auch in den Beratungen von Männern geht es häufig stillschweigend um projizierte Erwartungen, die an die Beratungsperson gerichtet sind. Die folgenden Fragen helfen Beratenden in und nach den Gesprächen bei der Reflexion.

? Wird in der Beratung implizit eine männliche Komplizenschaft erhofft, die bei einer Paarberatung in eine Koalition gegen die anwesende Frau mündet?

? Werden Beratungspersonen in eine Schiedsrichterfunktion gerückt, die Marginalsierungen glättet und Männlichkeit attestiert?

? Wird die Thematisierung von Gefühlen in Paarberatungen an die anwesende Frau delegiert und dadurch Weiblichkeit unter bestimmten Attributen betrachtet?

? An welcher Stelle und wenn überhaupt lassen sich durch Fragestellungen Reflexionen über geschlechtliche Dispositionen im Kontext vorgetragener Schwierigkeiten eröffnen?

? Kann es in einem weiten Sinne gar um Alternativen zu rigiden Geschlechtszuschreibungen gehen, die zu gleichberechtigten partnerschaftlichen Verhältnissen anregen?

Ein Beispiel aus der Beratung soll den reflexiven Zugang zur impliziten Geltung kultureller Männlichkeitsmythen sowie deren subjektiver Wahrnehmung illustrieren. In dem Beispiel wird auch die Relevanz der theoretischen Sensibilität für die Deutung und Einordnung des zur Sprache gebrachten Sachverhaltes nachvollziehbar. Die folgende Schilderung ist den Notizen aus Beratungsgesprächen mit dem 28-jährigen Robert (Name pseudonymisiert) entnommen.

Beratungsbeispiel: »Robert«
In Roberts Beratung ging es ursprünglich um Aspekte der beruflichen Neuorientierung, die einen Bruch mit der Tradition des Elternhauses und der seit Generationen geführten Handwerksfirma und damit familiäre Konflikte heraufbeschwor. Nachdem Interessen, Begabungen und berufliche Wünsche ausgelotet waren, zeigte sich, dass Robert in eine künstlerische Richtung tendierte. Zu den Beratungsgesprächen brachte Robert öfter Skizzen und kleinere Texte mit biografischen Bezügen mit. In den Gesprächen wurden auch immer gute Gründe gefunden, aus denen eine berufliche Weiterentwicklung in künstlerischen Bereichen zurzeit oder auch generell der falsche Weg sei. Vorgetragene Gründe waren häufig rationaler Natur, beispielsweise dass die Verdienstmöglichkeiten prekär seien, dass ein Kunststudium mit seinem Lebensalter wohl nicht mehr so ganz zusammenpasse, die Familie ohnehin dagegen sei und vieles andere mehr. Es schien mehr gegen den künstlerischen Bereich zu sprechen als dafür. Am Ende der vierten Beratungssitzung brachte Robert das Gespräch auf eine Begebenheit, die ihm als 16-jährigem Jugendlichen widerfuhr und die auch die ursprüngliche Thematik in neuem Licht erscheinen ließ. Er war mit Freunden bei einer Tanzveranstaltung in seinem Heimatort. Üblicherweise trafen sich zu Tanzveranstaltungen nahezu alle Jugendlichen aus der Gegend des ländlich geprägten Raumes. Gemeinsam am Tisch sitzend wurde geredet und gelacht. Mehrfach legte ihm ein anderer Mann, der trotz seiner Verletzung aus einem Fußballspiel als Prototyp des Männlichen mit

Partnerin an ihm vorbeitanzte, seine Hand auf die Schulter und sagte immer wieder den einen Satz: »Sei ein Mann!«

Im Beratungsgespräch brachte Robert seine Verunsicherung darüber zum Ausdruck, weil diese Geschichte ihn verfolge, er sich seiner Männlichkeit nie sicher sei. Zum damaligen Zeitpunkt erfolgte die Äußerung »Sei ein Mann« im Beisein seiner Freunde. Er schämte sich dafür. Seinen Schilderungen folgend begann damit ein problematischer Abend, an dem Robert fortwährend überlegte: Was macht mich eigentlich *nicht* zum Mann? Obgleich alle biologischen Attribute vorhanden sind, schien ein Kontrast wahrnehmbar zu sein. Zahlreiche Begebenheiten wurden von ihm als Beleg dafür herangezogen, dass mit seiner Männlichkeit etwas nicht stimmen könne. Alle seine Freunde spielten im Fußballverein. Er tat das nicht, obgleich sein Vater, ein begeisterter Fußballfan, ihm Fußballschuhe schenkte. Bei den Gesprächen, die sich häufig um den Verein und die Spiele drehten, blieb er außen vor. Er habe auch nicht die gleichen Hobbies geteilt, oft gelesen oder gezeichnet, während gleichaltrige Jungs an ihren Mopeds schraubten. Er mache es sich auch sonst schwer. Die meisten Jungs wären heute KFZ-Mechaniker oder würden in den Firmen ihrer Eltern arbeiten, seien verheiratet und mehrere hätten bereits Kinder. Nur er wisse nicht so recht, wohin es mit ihm gehen könne. Diese Überlegungen erzeugten für Robert gedanklich eine Distanz zu allen anderen Männern. Seit jener Zeit habe er sich immer wieder mit den aus seiner Sicht prototypischen Männern verglichen. Er habe sie beobachtet und überlegt, wie er sein Aussehen, sein Verhalten und seine Kommunikation an die für ihn bis zu jener Begebenheit reflexiv gar nicht zugänglichen Männlichkeitsnormen angleichen könne. Die initiale Situation, die er in mehrfacher Weise krisenhaft erlebte, warf Schatten auf sein weiteres Leben, welches er als enttäuschend für seine Eltern und sich selbst wahrnahm. Im fortlaufenden Beratungsprozess verdichtete Robert dies folgendermaßen:

- »Wenn mir von einem anderen Mann gesagt wird, ›Sei ein Mann!‹, dann werde ich nicht als Mann und damit auch nicht als zugehörig zur Welt der Männer wahrgenommen.
- Gleichzeitig fühle ich mich in der Welt der Frauen fremd und finde auch keinen Zugang dazu. Frauen reden über Männer und ich weiß dann nicht, welche Perspektive ich im Umfeld von

Frauen darauf einnehme, und spüre dennoch, dass eine Position von mir erwartet wird. Ich werde als Mann gesehen, der mit Frauen außerhalb sexueller Begierden befreundet ist. Wahrscheinlich macht mich das auch unmännlich.

- Das alles versetzt mich in das Dilemma, dass ich mich, ganz gleich wie ich mich auf meine Männlichkeit beziehe, keiner der beiden Welten zugehörig fühle.«

Er fuhr folgendermaßen fort:

»Ich nehme mich als nicht zugehörig und damit als minderwertig wahr, weil ich darüber nachdenke, was mich unmännlich erscheinen lässt. In der Konsequenz weiß ich also gar nicht mehr, wohin ich gehöre. Rede ich mit Frauen über Männer, bin ich unmännlich. Bewege ich mich in der Welt der Männer und mir wird so etwas gesagt, bin ich auch unmännlich. Wer bin ich? Wohin gehöre ich? Wo kann ich damit hin?«

Diese Sequenz aus Beratungsgesprächen mit Robert zeigt, dass die Herstellung männlicher Identität im Kontext der Einordnung in eine geschlechtlich organisierte Welt und deren sozialer Verkörperung erfolgt. Von außen wahrnehmbar ist zunächst der Körper, der einerseits als Akteur und andererseits als Objekt geschlechtsbezogener Praxen sichtbar wird. In dem hier eingebrachten Beispiel wird die knappe Äußerung eines anderen Mannes als Irritation erfahren, die Robert an seiner Zugehörigkeit und seiner geschlechtlichen Identität zweifeln lässt. Der verbale Übergriff wird mit der auf die Schulter gelegten Hand begleitet. Die Widersprüchlichkeit der Situation äußert sich in einer physischen Geste der Vertrautheit, der mit einer verbalen Äußerung Distanz entgegengehalten und durch die ein hierarchisches Verhältnis hergestellt wird (Messerschmidt 2018, S. 27; Connell 2015, S. 131–135). Abgewertet wird eine angesprochene prekäre Männlichkeit, welche von der hegemonialen Maskulinität abweicht (Javaid 2021). Bezogen auf das Fragment der Beratung wird damit angesprochen, dass Männlichkeit als Akt der Leistung gilt. »Sei ein Mann« meint, tu etwas dafür, es liegt in deiner Hand. Die mit dem Geschlecht verbundene Intimität wird verbal in die Öffentlichkeit gebracht. Robert irritiert die in der öffentlichen Sphäre vorgenommene

Diskreditierung als Mann auch in privaten Lebensbereichen. An zahlreichen Beispielen illustriert er die Verunsicherung über seine eigene Geschlechtsidentität. Dies äußert sich dahingehend, dass er zur Beobachtung stereotyp wahrgenommener Männlichkeitsmodelle und zur Aneignung entsprechender Attribute neigt. Er tut dies deshalb, um durch maskulines Verhalten eine hinreichend akzentuierte Geschlechtsidentität zu präsentieren und dadurch im öffentlichen Raum weiterer Begründungsverpflichtungen enthoben zu sein. Bemerkenswert daran ist, dass Männlichkeit durch die Negation dessen, was sie nicht ist, zum Vorschein tritt. In Roberts Schilderungen wird Männlichkeit in abwertenden bis hin zur Selbstabwertung reichenden Vergleichen all dessen erschaffen, was als unmännlich erscheint, und definiert sich dann als der trennscharf sichtbare Gegensatz. Dahingehend zeigt sich die hier thematisierte geschlechtliche Identität als *evaluierte Männlichkeit,* die im öffentlichen und privaten Raum Vergleichen ausgesetzt und in diesem Sinne von außen definiert beziehungsweise zugesprochen oder aberkannt wird.

Deutlich wird hier, dass Männlichkeit eine auszuhandelnde Praxis und eben kein verkörpertes Eigentum darstellt. Diese auszuhandelnde Männlichkeit stellt auch im Spiegel der Fachliteratur im Kern eine Praxis des Vergleichs bis hin zur Körperlichkeit dar, die im besten Falle maskulin ausdrucksstark präsentiert wird und sich in Spielen der Männer markanten Sprüchen ausgesetzt sieht (Walter 2006; Meuser 2008a; Bockshorn 2013, S. 21–34; Benson 2013; Connell 2015, S. 108). Mit der Aufforderung »Sei ein Mann« ist eine Leistungsanforderung (»Sei ein ganzer Mann«) gemeint, deren Verweigerung begründungsbedürftig erscheint (Süfke 2010, S. 79–84). Der hier zur Sprache kommende Protagonist verweigert stereotype männliche Hobbies wie das Fußballspiel in seiner Jugend. Er bewertet dies im Nachgang als Makel. Dennoch bleibt ihm die Äußerung seines Gegenübers unverständlich, weil er dahinter verräterische Symboliken des eigenen Körpers vermutet. Der männliche Körper offenbart neben der Geschlechtszugehörigkeit auch die Verwundungen, die als Insignien eingegangener Risiken und des Handelns im Kontext der männlichen Sozialisation gedeutet werden (Connell 2015, S. 319; Böhnisch 2015, S. 33–60; Bourdieu 2012, S. 90–96). Dazu zählen unter anderem die beim Fußballspielen zugezogenen Verletzungen. Diese werden dann als männliche Begründungsfigur dafür herangezogen, weshalb auch unter Schmerzen weiterhin agiert wird oder – sofern es gar nicht geht – entschuldigend etwas langsamer vorangeschritten wird. Ganz gleich in welche Richtung das Pendel ausschlägt, die körperlichen Zeichen momentaner Wunden oder bleibender Narben gelten als Insignien geschlagener Schlachten um die Zugehörigkeit zur Welt der Männer und damit als sichtbare Beweise männlicher Praxis.

Überdies zeigt sich, dass jene Person, die mit »Sei ein Mann!« zu einer spezifischen gezeigten Geschlechtsidentität auffordert, für sich selbst die Definitionsmacht für die Unterscheidung zwischen männlich und unmännlich in Anspruch nimmt und mit letzterem eine Abwertung verbindet. Diese Äußerung wertet ihn kollektiv geschlechtsbezogen im Spiegel der anwesenden Partnerin gegenüber Frauen und im Spiegel der anwesenden Freunde Roberts auch anderen Männern gegenüber auf. Augenscheinlich ist, wie lange der Zu-Beratende in einer fortwährenden Sprachlosigkeit darum bemüht war, die Angelegenheit mit sich selbst auszumachen, und die dahinterliegende Scham der infrage gestellten Männlichkeit verborgen hat. Jede Form einer damaligen Erwiderung erschien ihm wie eine Rechtfertigung von Männlichkeitsattributen, die dadurch nicht weniger zur Disposition gestellt werden. So widersprüchlich es erscheint, wird mit der stigmatisierenden Anfrage an die Männlichkeit unseres Protagonisten diese nicht nur infrage gestellt, sondern erst sichtbar und damit Vergleichsmaßstäben zugänglich gemacht. Der Stigmatisierungsakt liegt darin, dass Männlichkeit unhinterfragt und damit unsichtbar, quasi als fraglos gegeben und aus männlicher Sicht nicht diskutabel erscheint (Huxel 2008; Benson 2013, S. 108). Die *Dethematisierung* des Geschlechts dient mit Scholz (2004) als Modus der Selbstvergewisserung von Männlichkeit und deren struktureller Verankerung. Was als selbstverständlich wahrgenommen wird, bedarf keiner Erläuterung. Eine Thematisierung der geschlechtlichen Zugehörigkeit verweist auf eine prekäre geschlechtliche Disposition – nicht nur in Bezug auf die Adressaten, sondern auch bezugnehmend auf jene, die geschlechtliche Positionierungen ansprechen. Wie bedrohlich die Situation auf den Protagonisten wirken muss, zeigt Gilmore. Er formuliert in seinen anthropologischen Männerstudien:

»Ein echter Mann lässt keine Abwertung seiner selbst, noch wichtiger seiner Familie oder Sippe zu« (Gilmore 1993, S. 51).

Böhnisch (2019, S. 33) zufolge wird durch eine Thematisierung eine prekäre Geschlechtszugehörigkeit nicht nur auf Seiten des Adressaten, sondern auch auf Seiten des Sich-Mitteilenden deutlich, in der sich die Tragik des Männlichen in einer doppelten Distinktionslogik Bahn bricht. Diese doppelte Unterscheidung bedeutet, dass eine Abgrenzung gegenüber dem Weiblichen durch die anwesende Frau als Zeugin und *schmeichelndem Spiegel* des Männlichen sowie gegenüber dem Männlichen im Hinblick auf die neben dem Adressaten anwesenden Freunde vorgenommen und zu diesem Zweck mit der öffentlichen Äußerung eine Bühne gewählt wird (Connell 2015, S. 10, 13; Bourdieu 2012; Meuser 2008a, 2006, S. 121–134, 2003, S. 39–41). Männlichkeit zeigt sich im Kontext eines immer wieder neu anzutretenden Beweises, dessen Ausgang öffentlich sicherzustellen und zu bezeugen ist. Virginia Woolf spielt in ihrem Essay *A Room of One's Own* darauf an, dass der Beweis von Männlichkeit dann brüchig wird, wenn diesem der zweigeschlechtlich heterosoziale Spiegel der Frauen abhandenkommt (Woolf 2020). Es wird dann fraglich, wogegen die geschlechtliche Abgrenzung als Männlichkeitsbeweis geführt werden soll.

Weshalb springt unserem Protagonisten aus dem Kreis seiner Freunde niemand beiseite? In diesem Vermeidungsverhalten lassen sich zwei Aspekte identifizieren. Zum einen geht es um die Furcht, in einer Auseinandersetzung selbst marginalisiert, auf wenige Merkmale degradiert und damit abgewertet zu werden. Zum anderen zeigt dieses Verhalten Facetten einer *Komplizenhaftigkeit von Männern,* die weitergedacht auch deshalb zu Übergriffen schweigen, weil sie dadurch geltende Männlichkeitsnormen verstärken oder zumindest nicht infrage stellen. Dies gilt abgewerteter Weiblichkeit und auch marginalisierter Männlichkeit gegenüber. Es kann als Akt der stillschweigenden Selbstvergewisserung verstanden werden, aus dem sich schließlich ergibt, wie Männlichkeit sozial hergestellt und reproduziert wird. Mit der Solidarität von Geschlechtsgenossen kann, so tragisch es anmutet, nicht zwingend gerechnet werden. Schweigende Männer sind sekundär am Gewinn beteiligt, ohne dafür etwas einsetzen und sich eines sichtbaren Verlustes aussetzen zu müssen. Die von Connell so bezeichnete *patriarchale Dividende* kann auf Zuschauerrängen erworben werden – und dort spielen sich, wie in einer Fankurve beim Fußball, die maskulinen Melodramen ab (Connell 2015, S. 129–141; Lehnert 2006; Spitaler 2006).

All dies ereignet sich ungeachtet der Tatsache, dass beide Protagonisten bereits zum Opfer und Täter rigider Deutungen von Männlichkeit geworden sind. Mit der Aufforderung »Sei ein Mann!« unterwirft sich der Redner selbst der Deutung, was an einer Person und wann jemand als männlich gilt. Er wird damit selbst zum Opfer eines als wirkmächtig stilisierten stereotypen Deutungsschemas, von dessen Präsentation nicht abgewichen werden darf. Die Person ist Täter, weil sie geschlechtliche Vergleichsdimensionen aufruft, ohne die Bezugspunkte konkret zu benennen. Die Kenntnis maskuliner Männlichkeitscodes wird stillschweigend vorausgesetzt. Was die diffusen Vergleichsmaßstäbe bei Robert auslösen, legt dieser mit der jahrelang aufgeschobenen Berufswahlentscheidung offen. Dies hindert ihn daran, seine künstlerischen Begabungen weiterzuentwickeln. Dahinter liegen die von ihm offengelegten Vergleichsdimensionen, die Eltern und insbesondere den Vater nicht noch mehr zu enttäuschen, sich selbst versorgen zu können, beruflich in seinem Umfeld anerkannt zu sein und möglicherweise auch die handwerkliche Tradition der Familie fortzuführen. Welche Hintergrunddimension von Robert auch immer herangezogen wird, der Vergleich fällt negativ aus. So verwundert es nicht, dass er zum Zeitpunkt der Beratung auch darunter litt, bislang keine längerfristige Beziehung mit einer Frau gehabt zu haben. Die von ihm dafür herangezogene Begründung war, er habe ja nichts oder nur wenig zu bieten. Er fühle sich deshalb auch gar nicht attraktiv. Dies versuchte er mit regelmäßigen Besuchen in einem Fitnessstudio zu bewältigen und damit zumindest an einer wohlgefälligen Fassade zu arbeiten. Das männliche Dilemma ist an dieser Stelle nicht umfassend ergründet. Eine kleine Facette soll noch beigetragen werden, die mit der Vokabel des *Strebens nach Autonomie* umschrieben wird. Damit ist keine plakativ maskulin hegemonial ausgerichtete Autonomie der Unterwerfung all dessen angesprochen, was dem eigenen Willen zuwiderläuft. Mit Arno Gruen (1992) wird Autonomie als Grunddimension des menschlichen Daseins betrachtet, die ein Leben in Übereinstimmung mit den eigenen Gefühlen und Bedürfnissen und auch mit der Wahrnehmung eigener Bedürftigkeiten beschreibt. Wird das Streben nach Autonomie in dieser Hinsicht gedeutet, dann geht es auch um die Frage nach der Ablösung von den Eltern und die Kompetenz, einen eigenen Lebensentwurf zu verwirklichen. Die Ambivalenz unseres Protagonisten kann in diesem Zusammenhang auch als verspätete Adoleszenz verstanden werden. Nahezu bildlich ordnen sich darin die künstlerischen Begabungen ein. Oft sind es Künstler, die sich einen distanzierten Blick in der Verfremdung stereotyper Praktiken der jeweiligen Kultur bewahren. Hinter dem Fortführen der Familientradition und dem damit angetretenen Beweis, Männlichkeit in der Achtung der handwerklichen Berufswahl zu erlangen, kann unter dieser Perspektive betrachtet auch die Unterordnung unter einen deutungsmächtigen Mythos der von außen definierten Männlichkeit erkannt werden. Dann würde mit dieser Entscheidung die Heteronomie als das Gegenteil der von Gruen propagierten Autonomie in der Übereinstimmung mit den eigenen Gefühlen und Bedürfnissen erreicht. Robert würde möglicherweise in ein Leben einsteigen, in dem der dafür zu entrichtende Preis nicht nur einmal, sondern fortwährend fällig wird. Arno Gruen (1992, S. 63–100) identifiziert hinter dieser abgewehrten Bedürftigkeit das Streben nach Macht, um die eigene Hilflosigkeit nicht spüren zu müssen. Diese wird durch den Beifall von außen überdeckt, der zu kühneren Taten anspornt und häufig in destruktive Spiele mit Gewinnern und Verlierern mündet. Diese psychoanalytisch orientierte Deutungsfigur hilft dabei, den Kreis aus Macht und Unterwerfung besser zu verstehen. So wird deutlich, dass es in der Verkörperung einer zunächst pragmatisch vorgetragenen Berufswahlentscheidung um tiefere Dimensionen männlicher Existenz gehen kann, die sich erst dann Bahn brechen, wenn die Belastbarkeit der Vertrauensbeziehung zur beratenden Person hinreichend durch das Abschichten von Oberflächenthematiken erprobt ist. Geduld eröffnet die Chance, den Gefühlen des Protagonisten in weiteren Beratungsgesprächen zur Sprache zu verhelfen, damit er sich nicht außerhalb seiner selbst in sozialen Beziehungen an der Verleugnung von Schmerz, Trauer oder Wut abarbeitet.

Wie ging es mit Robert weiter? Im Verlauf der Gespräche fand Robert einen Kompromiss zwischen seiner künstlerischen Begabung und den Anforderungen des elterlichen Betriebs. Er studierte Architektur mit Schwerpunkt Holzbau. Auf diese Weise gelingt es ihm, seine künstlerische Begabung mit betrieblichen Anforderungen zu überlappen. Der elterliche Betrieb wird von seiner Partnerin geführt. Roberts Eltern haben sich bis auf gelegentliche Besuche auf dem Firmengelände beruflich zurückgezogen.

Dieses versöhnliche Ende eines Beratungsprozesses illustriert diesen Einzelfall. Es zeigt einerseits, wie lange und intensiv infrage gestellte Männlichkeit biografisch Einfluss nimmt. Unberücksichtigt blieb bisher, wie evaluative Dispositionen von Männlichkeit überhaupt zustande kommen.

? Weshalb kommt Gewalt häufig in männliche Gewänder gehüllt, mit männlichen Rhetoriken und Symboliken angereichert daher?

? Wie lässt sich dieses nahezu geheimnisvolle Bündnis zwischen Männlichkeit und Gewalt analytisch für Beratungsprozesse zugänglich machen?

Männlichkeit ist nicht statisch. Sie ist als dynamischer Prozess zu verstehen, der sich individuell in verschiedenen Altersphasen und interaktionell auch in sozialen Kontexten ausdifferenziert. Die im Beispiel aus der Beratung herausgeforderte Männlichkeit gerät in Dilemmata. Die von anderen nachzuweisende Männlichkeit ist insofern auch als Selbstschutz eigener Männlichkeitspräsentationen zu verstehen. Wenn andere gefordert werden, liegt die Beurteilungsmacht zunächst auf der Seite des- und derjenigen, die Nachweise einfordern. Männlichkeit wird in dieser Hinsicht zu einem handlungsorientierten Konzept, dessen diffuse Erfolgsdimensionen der Beurteilung zugänglich sind. Ein Dilemma zeigt sich bereits an dieser Stelle. In Abhängigkeit von Rahmenbedingungen wird Männlichkeit unterschiedlich bewertet. Die Diskrepanz besteht zwischen öffentlichen und privaten Kontexten, in denen Männlichkeit unterschiedlich gefordert ist. Die Crux liegt in den herangezogenen Bewertungsmaßstäben und den jeweiligen Kontexten, in denen diese zur Beurteilung herangezogen werden. In dieser Hinsicht erscheint es sinnvoll, einerseits den Druck zum Nachweis geschlechtlicher Zugehörigkeit, andererseits die Zusammenhänge, in denen dies geschieht, etwas genauer zu beleuchten und in Verbindung zu Praktiken der Gewalt zu rücken.

Der Heldenmythos als Ursprung der Dynamik zwischen Männlichkeit und Gewalt

In einer Spurensuche wird in den folgenden Kapiteln nachgezeichnet, wie die Kopplung von Männlichkeit und Gewalt in ihren Ursprüngen sichtbar gemacht und wissenschaftlich erklärt werden kann. Für eine transparente Nachvollziehbarkeit der folgenden Diskussion ist es zunächst bedeutsam, drei Begriffe zu unterscheiden.

Der Begriff der *Männlichkeit* wird auf soziale Praktiken und die soziale Konstruktion im Kontext gesellschaftlicher Anforderungen bezogen, durch die männliche Geschlechtsidentität zugerechnet wird. Dazu zählen typische Berufe oder Verhaltensweisen, die im gesellschaftlichen Kontext als männlich betrachtet werden. Mit *Männlichkeit* ist daher ein gesellschaftliches Konstrukt gemeint. Aus gesellschaftlicher Perspektive reproduziert sich diese Geschlechterordnung durch die Aneignung typisch männlicher oder weiblicher Attribute.

Der Begriff des *Junge-Seins* oder *Mann-Seins* findet seine Ausdrucksformen in der Lebenswelt männlicher Protagonisten. Er bezieht sich auf leibseelische Empfindungen und rückt in den Vordergrund, wie der einzelne Junge oder Mann mit den gesellschaftlichen Anforderungen an Männlichkeit umgeht oder fertig wird. In den Begriffen der *Männlichkeit* in Abgrenzung zum *Junge-* oder *Mann-Sein* liegt demnach ein Spannungsverhältnis zwischen Struktur und Prozess. Mit der Struktur ist das Allgemeine, das Auferlegte oder gesellschaftlich Vorgegebene gemeint, in dem eine Geschlechterdualität von männlich oder weiblich als selbstverständlich und nahezu naturgegeben erscheint. Das *Junge-* und *Mann-Sein* rückt Bewertungskriterien in den Fokus, anhand derer bemessen wird, inwiefern ein Junge oder Mann gesellschaftlichen Männlichkeitsindikatoren entspricht. Mit dem Prozess sind die Handlungsweisen angesprochen, in denen sich die Aneignung gesellschaftlich präferierter Geschlechtsmerkmale vollzieht. So ist der Umfang aller zur Wahl stehenden Berufe strukturell vorgegeben. Die spezifisch getroffene Entscheidung reflektiert hingegen auch geschlechtliche Präferenzen, z. B. durch das Erlernen eines männlich markierten Bauberufes.

Mit dem Begriff der *Maskulinität* wird idealtypisch zum Ausdruck gebracht, dass es Jungen oder Männer gibt, welche gesellschaftlichen Männlichkeitsanforderungen auch auf subjektiver Ebene prototypisch entsprechen. Dabei handelt es sich um das implizite Wissen, wie jemand sein, sich verhalten oder aussehen soll, der in lebensweltlicher und gesellschaftlicher Hinsicht als maskulin angesehen wird. Maskuline Bilder werden insbesondere durch Medien vermittelt. Dabei zeigt sich jene angesprochene Dopplung zwischen dem lebensweltlichen Junge- und Mann-Sein und situativen Herausforderungen, denen männlich begegnet wird. Beide Facetten gerinnen in der Figur des »Helden in der Welt« zur Maskulinität. Dieser rettet Schwächere ungeachtet eigener Verletzungen. Der angesprochene Heldenmythos kann so weit gehen, dass auch das eigene Leben zur Disposition gestellt wird. Sowohl im Erleiden als auch im produktiv pragmatischen Umgang entspricht der männliche Protagonist medial vermittelten Maskulinitätsanforderungen.

Maskulinität und *traditionelle Männlichkeit* werden gleichbedeutend verwendet. Reinhard Winter (2013) zeigt, dass die Darstellungsform der maskulinen Bewältigung situativer Anforderungen von Jungen als attraktiv empfunden wird. Dabei geht es um die sichtbaren Handlungen, durch die Menschen gerettet oder Gefahren gebannt werden. Es kommt dabei weniger darauf an, ob es sich um verlust- oder siegreiches Heldentum handelt. Wichtig ist der produktive Aspekt, mit dem sich männliche Protagonisten mit ihrer Umwelt auseinandersetzen und dadurch zu jener Figur avancieren, zu der Jungen aufblicken. Ein Bezug zur Heldenparadoxie findet sich in der Aufarbeitung der Anschläge am 11. September 2001 in New York. Farrell und Gray (2018, S. 85) verdeutlichen dies so:

> »*After 9/11, our first responders were on a pedestal. Of those emergency workers who lost their lives, 99 percent were male, and if your son was watching the news, it might have been the first time he saw men as a praiseworthy gender. The message? The more survival is at stake, the more boys are valued to risk death so others*

> *might live. Your son learns the ›hero paradox‹: to value himself by not valuing himself.«*[1]

Auf diese Weise lernen Jungen, dass öffentliche Wertschätzung mit der Verachtung seiner selbst einhergehen kann. Kulturelle Männlichkeitsbilder transportieren die Paradoxie der Opferbereitschaft des männlichen Helden. Sich selbst als Held zu achten, bedeutet im Umkehrschluss oft, sich bis hin zur Selbstaufgabe zu missachten. Die Entwicklungspfade moderner Gesellschaften sind gepflastert mit sichtbaren, entthronten und unsichtbaren Helden, die eigene Bedürfnisse für höhere Ziele zurückstellen. Die Schwierigkeit liegt in der geschlechtlichen Kopplung von Heldenmythen. Das implizit gegebene Versprechen lautet, dass Helden der Arbeit oder in Kriegen der Verpflichtung zum Nachweis von Attributen der Männlichkeit enthoben sind. Dies geschieht nicht selten erst dann, wenn der männliche Held für den Preis sozialer Achtung bereits sein Leben ließ. Familienväter werden in der sozialen Öffentlichkeit weit weniger für ihre Heldenhaftigkeit geehrt (Farrell/Gray 2018, S. 82–88).

Jungen nehmen Attribute der Heldenhaftigkeit und damit umkleidete Heldenfiguren medial und in öffentlichen Debatten wahr. Sie binden sich nicht an die Figur, sondern an deren Epos im Spannungsfeld zwischen produktiver Bewältigung und der Resonanz aus der sozialen Umwelt. Sie gehen mit Heldenfiguren mit und nicht in ihnen auf. Winter (2013) bezeichnet dies als »Aufgaben-Beziehung«. Der Umgang mit der Aufgabe ist elementarer Bestandteil der Heldenreise. In dieser Dynamik findet sich eine medial verstärkte Form des Männlichkeitsmythos, welche sozialisatorische Effekte verstärkt. Es geht dabei um den Umgang mit Aggression, mit Aspekten gesellschaftlicher Krisen, des Scheiterns oder auch Versagens und im

1 Deutsche Übersetzung: »Nach dem 11. September wurden unsere Rettungskräfte auf ein Podest gestellt. Von den Rettungskräften, die ihr Leben verloren, waren 99 Prozent männlich, und wenn Ihr Sohn die Nachrichten gesehen hat, war es vielleicht das erste Mal, dass er Männer als lobenswertes Geschlecht sah. Die Botschaft? Je mehr das Überleben auf dem Spiel steht, desto mehr werden Jungen geschätzt, die den Tod riskieren, damit andere leben können. Ihr Sohn lernt das ›Heldenparadoxon‹: sich selbst wertzuschätzen, indem man sich selbst nicht wertschätzt.«

Kern auch um Aspekte einer Auseinandersetzung mit Vaterfiguren (Winter 2013). Der zuletzt genannte Aspekt bezeichnet den Unterschied zwischen dem männlich erfahrenen Menschen, der als Vater faktisch in Erscheinung tritt, und seinem Mythos an Kühnheit, Mut, Risikobereitschaft, Tatkraft, nachgewiesener Intelligenz oder Fleiß. Mythen sprechen als Idealisierungen eher für eine gebrochene Beziehung, in der abwesende Männer als Väter in idealisierten Erzählungen und weniger als Person im realen Leben auftauchen.

Eine Spurensuche muss daher tiefer in die Sozialisation von Jungen und Männern eintauchen. Ansonsten bleibt die Dramatik der Männlichkeit als Thema in der Arena des Beratungsraums verborgen und die Wahrscheinlichkeit liegt nahe, dass unter der Oberfläche maskulin geprägte Geschlechterdichotomien reinszeniert werden. In dieser Hinsicht ist das Spannungsfeld zwischen strukturell gesellschaftlichen und lebensweltlichen Männlichkeitsdynamiken für die weitere Erhellung beratener Männlichkeit und des männlichen Opfers zwingend beizubehalten.

Ambivalenzen der Männlichkeit zwischen Lebenswelt und gesellschaftlichen Anforderungen

Das Versprechen moderner Gesellschaften liegt im Autonomiegewinn durch Prozesse der Individualisierung und Pluralisierung von Lebensformen und nährt die Hoffnung auf vielfältigere Geschlechterbilder. Menschen können eigenständiger entscheiden, wie und mit wem sie ihr Leben bestreiten. Andererseits tragen beide Aspekte auch zur Überforderung bei, weil jedes gewählte Leben unendlich viele alternative Lebensentwürfe ausschließt. Jede Entscheidung wird im Kontext zahllos anderer Möglichkeiten getroffen. So könnte immer auch anders entschieden werden. Diese Vielzahl an Optionen strengt an, weil die Randbedingungen für Autonomie unscharf formuliert oder unüberschaubar weit gesteckt sind (Gross 2016). In der Unendlichkeit an Wahlmöglichkeiten geraten gesellschaftliche Normen für die Verbindlichkeit, Berechenbarkeit und die Erwartbarkeit von Entscheidungen zunehmend in den Hintergrund. Wichtiger wird daher die Wahrnehmung eigener Gefühle und Bedürfnisse als Kompass, damit eine Selbststeuerung auch unter weitgesteckten

Rahmenbedingungen möglich ist, die zwar eine Orientierung vorgeben, eigene Entscheidungsspielräume aber nahezu unbegrenzt erscheinen lassen. Das in diesem Zusammenhang diskutierte Konzept der Individualisierung ist für die Geltung von Männlichkeitsnormen ambivalent. Individualisierte Lebensverhältnisse konstituieren sich im Umgang mit Ambivalenz, im Spiel mit den Möglichkeiten, in dem Rationalität als Entscheidungsgrundlage oft erst nach den eingetretenen Folgen zugerechnet werden kann. Mit dem Konzept der *Individualisierung* werden der Strukturwandel der Industriegesellschaft, des Arbeitsmarktes und die Verlagerung von Risiken auf das einzelne Subjekt beschrieben (Junge 2010). Damit werden Refugien der Maskulinität brüchig. Als Versprechen eines Zusammenhangs zwischen Berufswahl und Karriere stehen diese zur Disposition. Im Konflikt dazu stehen die auf der lebensweltlichen Ebene selbst zu setzenden Normen, wie die Übernahme von Care-Aufgaben. Diese folgen einer gänzlich anderen Logik. Lebensweltliche Entscheidungen werden in der Diffusität von Emotionen getroffen. Sie verlangen den Handelnden ab, sich selbst durch die Ambivalenzen von Beziehungen zu navigieren und Situationen auszuhalten, die nicht kausal oder rational zu kontrollieren sind. Dennoch sind lebensweltliche Entscheidungen von harten ideellen Sanktionen bedroht. Beziehungen können brechen, familiäre Anforderungen zur Neujustierung von Lebensplänen herausfordern oder Krankheiten berufliche Karrieren beenden.

Das Versprechen auf Entscheidungsautonomie zeigt im Gewand der Individualisierung eine männliche Falle. Im öffentlichen Raum bestätigt das Erfüllen marktwirtschaftlicher Rationalität männliche Paradigmen der Verfügbarkeit, der Machbarkeit, der Planbarkeit von Entscheidungen und damit auch der Kontrollierbarkeit in den rollenförmig organisierten Arenen des Arbeitsmarktes. Auf lebensweltlicher Ebene fordert die berufliche Verfügbarkeit ihren Tribut in Form der Unverfügbarkeit des Mannes in der Familie und dem daraus resultierenden Verlust an Zugehörigkeit.

So zeigt sich in der gesellschaftlichen Anforderung an Autonomie die Janusköpfigkeit der Individualisierung. Autonomie wird einerseits verlangt. Andererseits wird diese institutionalisiert infrage gestellt. Institutionelle Regeln schränken die Bandbreite an Autonomiespielräumen auf geforderte Parameter ein. Gesellschaftlich nachgefragt ist ein unternehmerisch agierendes Subjekt, welches einem rationalen Kalkül folgend nutzenmaximierend Entscheidungen trifft. Die Verweigerung verwertbarer Leistungen widerspricht der Logik des Marktes und ist sanktionsbedroht (Junge 2010). Unschwer zu erkennen ist die darin zum Vorschein tretende männlich konnotierte Verfügbarkeitslogik, die in einem dauerhaften Spannungsverhältnis zu lebensweltlichen Anforderungen an die Selbststeuerung, die Zugehörigkeit zu Freundschaften, einer Partnerschaft und Familie steht. Das Versprechen der Autonomie wird für das einzelne Subjekt auf die Dimension der Verantwortung für das eigene Scheitern reduziert und bei aller Offenheit im Hinblick auf das Freiheitsversprechen in tradierte und institutionalisierte Anforderungskategorien nach ökonomisch bewertbarer Leistung, Kontrolle und Machbarkeit eingeengt. So werden traditionelle Männlichkeitsbilder entgegen aller Modernisierungsbestrebungen relativ stabil gehalten. Heiner Keupp (2010) identifiziert darin eine neue Verwundbarkeit. Mit dem Autonomiegewinn geht gleichermaßen der Kontrollverlust einher, weil gesellschaftliche Rahmenbedingungen weniger zuverlässig Berechenbarkeit und Eindeutigkeit für die Folgen getroffener Entscheidungen herstellen. Diese unsicheren Rahmenbedingungen treffen auf Männlichkeitskonstruktionen, deren ökonomische Verfügbarkeit im Hinblick auf die Herstellung geschlechtlicher Identität abhängig von einem wirtschaftlichen Wohlstand ist. Durch den Erfolg in der Erwerbsrolle wird die männliche Geschlechtsrolle mit den Attributen der Durchsetzungs- und Konkurrenzfähigkeit aufgeladen, nach außen hin sichtbar und evaluierbar. Dennoch fällt es zunehmend schwerer, Handlungsfolgen anhand äußerer Kriterien abzuwägen. Die männliche Gegentendenz und damit eine Form der Bewältigung ist die Flucht in traditionelle Bindungen und Regelkontexte, die vermeintlich Sicherheit im Sog der Haltlosigkeit versprechen.

Insbesondere bei männlichen Bewältigungsformen zeigen sich Immunisierungstendenzen gegenüber den Veränderungsanforderungen. Diese gehen damit einher, dass Veränderungen im gesellschaftlichen Rahmen sicher geglaubte Konzepte der Männlichkeit bedrohen. Das Erfolgsversprechen des Funktionierens innerhalb industriegesellschaftlich geforderter Parameter von Machbarkeit und Kontrolle gerät angesichts der Dynamik zunehmend unter Druck. Die Fallentendenz äußert sich darin, dass auf den Märkten männlich konnotiertes Verhalten institutionell abverlangt wird, daraus der Erfolg als sichtbares Zeichen des Männlichen jedoch nicht kausal abgeleitet werden kann. Da das männliche Selbstverständnis eng an Leistung und Machbarkeit geknüpft ist, gehen mit dem zugefügten Kontrollverlust entwertende und demütigende Erfahrungen einher. Im öffentlichen Raum gerät Männlichkeit über die unkalkulierbaren Formen der Anerkennung von Leistung auf dem Arbeitsmarkt in Schwierigkeiten, obgleich institutionell nach wie vor die potenziell vielfältigen Möglichkeiten des Junge- oder Mann-Seins ignoriert oder denunziert werden (Böhnisch 2015, S. 21–25; Wimbauer/Motakef 2020, S. 30–55).

Auf Männlichkeitsentwürfe, die mit Handlungsstrategien der Machbarkeit und Verfügbarkeit auf herausfordernde Situationen antworten, treffen nun Lebensrealitäten, in denen das Mann-Sein im Hinblick auf Gefühle, das Aushalten von Spannungen oder auch das Eingeständnis, keinen Handlungsplan zu besitzen, gefordert ist. Dies geschieht in einer gesellschaftlichen Realität, in der Geschlechterrollen nach wie vor traditionell normiert und weitgehend unwissend in patriarchale Strukturen hineinsozialisiert werden (Süfke 2010, S. 43–47). Süfke bezeichnet Resultate dessen als traditionelle Männlichkeit, der gesellschaftlich betrachtet nach wie vor ein hoher Wert beigemessen wird. Traditionelle Männlichkeitsentwürfe sorgen unter anderem dafür, dass typische Männerberufe typischerweise auch Männer ansprechen und somit nicht unerledigt bleiben. Durch immer noch geltende *Gebote der traditionellen Männlichkeit* wird dies ein Männerleben lang pointiert zum Ausdruck gebracht. Dazu gehören unter anderem Sprüche wie: »Stell dich nicht so an! Bist du ein Mann oder eine Memme?« Darüber hinaus gelten auch unausgesprochene Gebote: »Be a big wheel!« (Habe Erfolg!) »Mache nichts, was mit Frau-Sein assoziiert werden könnte!« »Begehre keine Männer!« Dies zeigt sich beispielsweise in Schulhofsprüchen: »Bist du schwul oder was?« »Tue keine Dinge, für die Männer nicht gemacht sind« (Süfke 2010, S. 43–47). Diese Regeln zielen auch auf Berufswahlentscheidungen wie fürsorgende oder pflegende Tätigkeiten, in denen Männer unterrepräsentiert sind, ab. Die Aufnahme einer solchen Tätigkeit stellt Männlichkeit infrage, weil gefühlvolle und auf Verständigung gerichtete Seiten des Mensch-Seins gefordert sind. *Versage nicht!* Auch wenn Tätigkeiten stupide und aufgrund ihrer Unsichtbarkeit gesellschaftlich mit wenig Anerkennung versehen sind, gilt es, durchzuhalten. Als Beispiele dafür können einsame Tätigkeiten wie Lasttransporte, technisch überwachende Tätigkeiten oder Entsorgungsdienstleistungen gelten. »Es ist verboten, nicht Erster zu sein!« »Sei nicht unterlegen!« Diese Gebote deformieren jede Situation zu einem Wettkampf. So geht es selbst in Partnerschaftsauseinandersetzungen um Sieg oder Niederlage. Hinter jedem Sieger stecken Facetten des Versagens. Auch der Zweite hat nicht gewonnen, weil der Sieg alles überstrahlt. In etablierten Sportarten sowie einer Vielzahl beruflicher Tätigkeiten, die Siege erfordern und das Unterlegen-Sein abwerten, wie Berufen mit Steuerungs- und Leitungsanteilen und hohem Prestige, wird dies zum Ausdruck gebracht. Weitere Regeln traditioneller Männlichkeit sind: »Habe keine Gefühle und, falls doch, zeige sie nicht!« Die Empfindung von Schmerz und Leid gilt als unmännlich (Süfke 2018, S. 50–108; David/Brannon 1976). Soldaten werden ausgemustert, wenn ihre Wahrnehmung eigener oder fremder Leiden und Schmerzen zu stark an die Oberfläche tritt.

Beratungsbeispiel: »Was soll ich tun?«
In meinen Beratungsgesprächen fragen in der Regel die Männer, inwiefern das vorgetragene Problem das schlimmste sei, welches jemals zu Gehör gebracht wurde. Kurz darauf folgt die Frage, was jetzt zu tun sei. Eine Antwort darauf erzeugt bei mir aus professioneller Sicht starke Ambivalenzen. In der Frage scheint unmittelbar das Leistungsmotiv auf, sich auch aus der widrigsten Situation siegreich emporzuarbeiten und auch die größte Widrigkeit durch Aktionismus bewältigen zu können. Die dahinterliegende Struktur muss nicht beleuchtet werden. Ein passgenaues Tool zur Bewältigung des Unbehagens reicht aus und taugt im Freundeskreis für Heldenerzählungen. Das Misslingen, körperliche Einschränkungen, Schwäche oder auch das Aushalten widersprüchlicher Gefühle, die unter anderem mit Trennungssituationen einhergehen, sollen sofort wieder unter die Oberfläche verbannt werden. Das Narrativ verdichtet sich auf: Weiter geht's wie bisher!

Dies spiegelt auch eine gesellschaftliche Ambivalenz wider. Einerseits lässt der gesellschaftliche Rahmen eine große Bandbreite unterschiedlicher Männlichkeitsinterpretationen zu. Insofern wäre es besser, im Plural von »Männlichkeiten« zu sprechen, die sich in wandelbaren Facetten äußern. Andererseits zeigen sich hergebrachte Belohnungs- und Sanktionsmuster, die auf gesellschaftlicher Ebene mit den Attributen der Maskulinität, wie Funktionalität, Verfügbarkeit, Machbarkeit und Rationalität, traditionell männlich konnotiert sind und einen Druck zur Konformität erzeugen. Dies wird beispielsweise immer dann deutlich, wenn Jungen mit unterschiedlichem Milieuhintergrund in ähnlicher geschlechtstypischer Weise auf Herausforderungen reagieren (Böhnisch 2015, S. 11–14). Traditionelle Männlichkeit driftet in ein Normalitätsdilemma zwischen herausgeforderter Emotionalität und dem Druck zur Maskulinität. Die vordergründige Pluralität ist ein Oberflächenphänomen, in deren Tiefen Männlichkeit nach wie vor traditionell angefordert ist und daher im Singular als abstrakte Beschreibung für gesellschaftliche Erwartungen an das Mann-Sein taugt. Für die Einordnung gesellschaftlicher Anforderungen an Männlichkeit hilft es, die Widersprüchlichkeit durch einen Blick zurück im Kontext sozialer Welten und Arenen zu betrachten.

Soziale Welten und Arenen hegemonialer Männlichkeit

»Die Vergangenheit ist ein fremdes Land;
dort gelten andere Regeln.«
(Pinker 2018, S. 23)

Jede Zivilisation ist auf Triebverzicht sowie dem Versuch aufgebaut, Gewaltausübung institutionell zu legitimieren und nicht-legitimierte Praktiken der Gewalt unter Strafe zu stellen. Die menschliche Historie ist gefüllt mit Gewalt, sodass es schwerfällt, sich eine gewaltfreie Zeit oder Normalität überhaupt vorstellen zu können. Auch der tröstlich klingende Teilsatz der Bestrafung nicht-legitimierter Formen der Gewaltausübung täuscht wenig darüber hinweg, dass es zivilisatorisch betrachtet nunmehr um transparentes Wissen in Bezug auf Gewalttaten aber auch um Praktiken des Verdeckens und Verbergens von Gewalthandlungen aus Furcht vor Strafe geht

(Pinker 2018, S. 106–203). Hinweise darauf finden sich bereits im Kapitel zur Relevanz der Thematik. Die Vergangenheit kann zwar beerdigt werden, sie lässt sich jedoch nicht so einfach zur Ruhe betten, weil sie das Zusammenleben der Menschen mit ihren in die Gegenwart reichenden Schatten beeinflusst.

Der lange Arm der Vergangenheit zeigt sich darin, dass Gewalt historisch und auch gegenwärtig männlich geprägt ist. Damit wird die Grundannahme manifestiert, dass die Existenz von zwei Geschlechtern eine Naturtatsache und Gewalt als männliche Praxis möglicherweise geschlechtlich bedingt sei. Eine wesentliche Schwierigkeit dieser Auffassung liegt darin begründet, dass der kulturell vorgeprägte Blick auf geschlechtliche Identität nicht ausgeklammert werden kann und somit ein Kontinuum zwischen männlich, weiblich und darüber hinaus kaum in den Blick gerät. Das spezifische Merkmal der einander wechselseitig ausschließenden Geschlechter ist eine kulturelle Setzung. Beispiele dafür finden sich über den deutschsprachigen Raum hinaus in internationalen Forschungsergebnissen. Katherine Hanson berichtet als eine der Forscherinnen an der National Science Foundation im Senat der USA als wissenschaftliche Expertin im Feld der Themen um Gewalt, insbesondere von deren sichtbarer Form der Amokläufe in Schulen. Sie unterstreicht die Forderung nach einem früh angelegten Fokus auf emotionale Beziehungen in der männlichen Sozialisation. Für die öffentlichen Arenen der Reproduktion von Männlichkeit weist sie darauf hin:

> *This »culture of violence stem[s] from cultural norms that socialize males to be aggressive, powerful, unemotional, and controlling. And just as honestly and lovingly, we must help our young people develop new and more healthful models. One of the most overlooked arenas of violence training within schools may be the environment that surrounds athletics and sports. Beginning with Little League games where parents and friends sit on the sidelines and encourage aggressive, violent behavior.«*[2] *(Sommers 2013, S. 38)*

2 Deutsche Übersetzung: Diese Kultur der Gewalt rührt von kulturellen Normen her, die Männer zu aggressiven, mächtigen, emotionslosen und kontrollierenden Menschen machen. Und genauso ehrlich und liebevoll müssen wir

Diese geschlechtlich zugeschriebenen Attribute sind in einem kulturellen und gesellschaftlichen Umfeld historisch gewachsen. Sie weisen eher auf die Definitionsmacht biologischer, politischer, ökonomischer oder sozialer Begründungen hin, durch die den Subjekten geschlechtsspezifische Eigenschaften zugewiesen und in deren Folge Verhaltensäußerungen eingeordnet, bewertet und quasi als naturgegeben betrachtet werden. Zur Natur gemacht wird auch das soziale Konfliktpotenzial geschlechtlich gedeuteter Widersprüche. Es wird als biologisch vorausgesetzt begriffen. Einmal als naturgegeben begründet, erscheint es damit aber auch sozial als unlösbar. Anthropologische Studien verdeutlichen, dass Mann und Frau eher als kulturelles Symbolsystem zu betrachten sind, durch das Verhalten im öffentlichen Raum geordnet wird (Hagemann-White 1984, S. 78–86; Baur/Luedtke 2008, S. 7–13; Bereswill/Ehlert 2020). Die folgenden Fragen führen reflexiv weiter.

- ? Welcher Zusammenhang kann zwischen öffentlichen und privaten Räumen im Hinblick auf männliche Identitäten hergestellt werden?
- ? Wie kommt es zustande, dass Männlichkeiten veröffentlichte Identitäten sind und die subjektive Seite für männliche Geschlechtsidentitäten als unerforschtes Gebiet gilt?

Eine Begründung für diesen Zusammenhang lässt sich daraus herleiten, dass die Zurechnung von Männlichkeit in öffentlichen und privaten Sphären weitgehend identischen Regeln folgt und sich die beiden Sphären in der männlichen Bewältigung von Anforderungen folglich vermischen. Sozialwissenschaftlich lässt sich dies auf eine Verwobenheit und wechselseitige Beeinflussung sozialer Welten zurückführen (Clarke 1991; Strauss 1993, S. 225–244). Auf die Besonderheiten des Eingebettet-Seins in soziale Kontexte macht Anselm Strauss (1974) mit dem Begriff der bereits angesprochenen

---

unseren jungen Menschen helfen, neue und gesündere Lebensweisen zu entwickeln. Einer der am meisten übersehenen Bereiche der Gewalterziehung in Schulen ist vielleicht das Umfeld von Sport und Spiel. Angefangen bei den Spielen der Little League, wo Eltern und Freunde am Spielfeldrand sitzen und aggressives, gewalttätiges Verhalten fördern.

Arena aufmerksam. Strauss weist darauf hin, dass soziale Situationen und die darin entfalteten Beziehungen relevant für die Deutung angemessenen Verhaltens sind. In Arenen werden auf der Grundlage implizit geteilten und historisch gewachsenen Hintergrundwissens Fragen der Zugehörigkeit und der Identität verhandelt. Solche Arenen können das Wohngebiet, die Schule oder auch die Arbeitsstelle sein. In sozialen Arenen werden auch die Grenzbereiche und die Durchlässigkeit für geschlechtliche Identität sichtbar. Dies zeigt sich beispielhaft offensichtlich in der im Jahr 2022 medial geführten Debatte um die Sicherheit von Personen mit homosexuellen Präferenzen während der Fußballweltmeisterschaft in Katar. Die präsentierte Offenheit einer Weltmeisterschaft und lokal praktizierte geschlechtliche Deutungsmuster stehen hier in einem Konflikt (Süddeutsche Zeitung 2022). Bezogen auf die Beratungsbeispiele betrifft dies die Grenzmarkierungen und deren Sichtbarkeit in Bezug auf Männlichkeit. Strauss (1974, S. 80–94) hebt hervor, dass gesellschaftlich betrachtet ein *Statuszwang* inklusive der sozialen Kontrolle in konkreten Handlungsabläufen besteht, durch den Degradierungen auch in Bezug auf die geschlechtliche Zugehörigkeit erst ermöglicht werden. Soziale Arenen konstituieren sich also immer dann, wenn es um Aushandlungsprozesse geht. Wird an dieser Stelle auf die im Kapitel »Ambivalenzen der Männlichkeit zwischen Lebenswelt und gesellschaftlichen Anforderungen« sichtbare Männlichkeitsattribute zurückgegriffen, dann zeigt sich, dass der Druck zur Aushandlung in den Gegenwartsgesellschaften zunimmt.

Ein Rückzug auf gesellschaftlich vorgegebene Regeln trägt nicht zur Lösung alltäglich vielgestaltiger Situationen bei. Männer sind primär in ihrem Mann-Sein gefordert. Dies hat den Preis, dass traditionelle Männlichkeit zur Disposition steht. Die mit Männlichkeit assoziierte Konkurrenz, der Kampf um Sieg oder Niederlage und das Spannungsfeld zu jenen Menschen, dem geschlechtlich Männlichkeitsattribute zugerechnet werden, lässt den Begriff der Arena semantisch treffend erscheinen, weil Männlichkeit in allen sozialen Sphären der Beweisführung und damit auch der Aushandlung ausgesetzt ist. Verdichtet lässt sich dies in Abbildung fünf auf der Folgeseite zeigen.

Dies tritt in der sozialen Konstruktion männlicher Dominanz im Beispiel des Protagonisten Robert bereits hervor. Arenen werden im Zusammenwirken der Anforderungen von Organisationen, des Arbeitsmarktes und politischer oder ökonomischer Bedingungen strukturiert. Darin werden kulturell gesellschaftliche Makroebenen mit den Mikroebenen des Handelns verbunden. Strukturell-historische Bedingungen wirken auf das gegenwärtige Verhalten in Interaktionen, die angestrebten Ziele in der Zukunft und die Motivation, diese auf bestimmte Art und Weise zu erreichen. So wird verdeutlicht, dass soziale Beziehungen sowie das konkrete Verhalten von Akteuren nur im Kontext ihrer sozialen Rahmenbedingungen betrachtet werden können und ein Blick zurück lohnt. Arenen bezeichnen den Dissens, die Auseinandersetzung zwischen unterschiedlichen Positionen, Meinungen, Strategien und den Ebenen der Auseinandersetzung. Es gibt keine sozialen Welten ohne Arenen der Auseinandersetzung, in denen Interaktionen zu Konsequenzen führen (Strauss 1993, S. 47–80). Wird die soziale Aneignung von Geschlecht als Möglichkeit der Strukturierung sozialer Ordnung und hegemoniale Männlichkeit als tief verwoben mit kapitalistischen Prinzipien der Reproduktion betrachtet, dann tragen die Begriffe der sozialen Welten und Arenen der Auseinandersetzung als analytische Figuren für die Beratung von Männern zur Reflexion bei. Dann leuchtet unmittelbar ein, dass auf der Makroebene als sinnvoll deklarierte ökonomische Gründe alternative Handlungskonzepte auf der Mikroebene erschweren. So schränken historische Bedingungen nahezu naturgegeben Handlungsoptionen in unmittelbaren sozialen Beziehungen ein und tra-

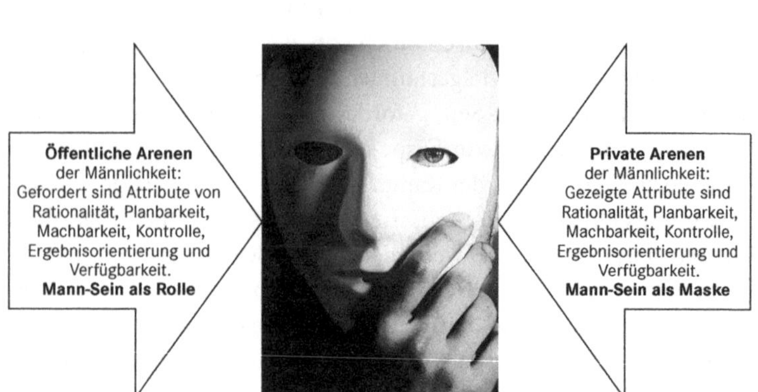

Abb. 5: Arenen der Männlichkeit

gen dazu bei, dass das Mann-Sein bei aller Modernität aus guten ökonomischen Gründen eng mit den Attributen der traditionellen Männlichkeit verflochten bleibt. In Abbildung fünf wird verdeutlicht, dass in den öffentlichen und privaten Arenen gleiche Bewältigungsmuster die in der Gegenwart angeforderte Männlichkeit absichern.

Arenen der Männlichkeit in einem Beispiel aus der Beratung

Ein Beispiel aus der Beratung soll den Zusammenhang zwischen historisch wirksamen Bedingungen auf der Makroebene der Gesellschaft und der lebensweltlichen Wirklichkeit als Herausforderung für das individuelle Handeln auf den Mikroebenen sozialer Beziehungen illustrieren.

Beratungsbeispiel: »Lorenz«
Im Zuge der betrieblichen Wiedereingliederung wurden Lorenz, einem männlichen Vorstandsmitglied einer Gewerkschaft, nach einem berufsbedingten Burnout Beratungsleistungen nahegelegt. In der Beratung schilderte Lorenz wortreich, dass er über viele Jahre hinweg wiederholt zum Vorsitzenden gewählt worden sei. Zahlreiche Vorstandsitzungen, die Treffen mit anderen Gewerkschaften, die Verhandlungen mit Vertretungen der Unternehmen, betriebliche Arbeitskämpfe und vieles mehr schließen auch die Arbeit an Wochenenden ein. Das Privatleben sei so schwer planbar. Eine Arbeitswoche zwischen sechzig und achtzig Stunden wäre für ihn normal. Auch im Urlaub sei er erreichbar gewesen und habe E-Mails beantwortet. Die Gewerkschaft, der er sein gesamtes Berufsleben lang eng verbunden war, stand immer schon in starker Konkurrenz. Er besuchte Betriebe, warb um Mitgliedschaften und hob in diesem Rahmen natürlich auch die besonderen Leistungen seiner Gewerkschaft hervor, zu denen auch die unmittelbare Ansprechbarkeit des Vorstands zählt. »Wir sind für euch da, zeitlich unbegrenzt und nahezu für alle Themen«, so lautete sein Credo. Die familiäre Beziehung zu seiner Ehefrau und den beiden Söhnen habe darunter stark gelitten. Er sei nun fast ein Jahr erkrankt, habe eine stationäre Rehabilitation abgeschlossen und es gehe nun um seine Rückkehr

in die Vorstandsetage. Gezielt fragte er nach einem Rat oder einer Übung, die ihm den Wiedereinstieg erleichtern könne. Auf Rückfrage, wer denn seine berufliche Rückkehr wolle und wer welchen Preis dafür zahle, tat sich eine eklatante Kluft zwischen Familien- und Privatleben und den Anforderungen der Organisation auf. Sowohl in der Familie und der Organisation würden alle auf seine Entscheidung und auf ihn warten. Auf die Frage, mit wem er eigentlich verheiratet sein wolle, mit seiner Frau oder der Organisation, brach sich männliche Trauer Bahn. Lorenz äußerte, er habe familiär betrachtet alles versäumt. Das Aufwachsen der Söhne habe er nicht mitbekommen. Als die Schwiegermutter starb, war er nicht da. Er habe alle in seiner Familie alleingelassen und mittlerweile auch keine Bekannten mehr außerhalb seines beruflichen Kontextes. Auf die laut geäußerte Überlegung der beratenden Person, dass Organisationen nur jene Teile von Menschen beanspruchen, die für ihren Erfolg taugen, sich um die komplexe Welt der Gefühle nicht scheren und Organisationen deshalb weder als Eheleute noch für Freundschaften taugen, weil der Verrat und das Verlassenwerden bereits eingebaut seien, flossen Tränen. In der Beratung kommt das Gespräch darauf, dass Organisationen eine Beziehung sehr schnell aufkündigen, wenn das individuelle Verhalten nicht mehr zum Unternehmenskanon passt. Dann werden selbst verdiente, auch mit Urkunden gelobte Mitarbeitende sehr schnell der Kategorie der verwalteten Überflüssigen überantwortet. Diese etwas drastisch und polemisch vorgetragene Überlegung trug zu einer Neubewertung der Prioritäten von Lorenz dahingehend bei, dass die Zeit des versäumten Familienlebens nicht nachgeholt werden könne. Fortan sei dieser Preis jedoch zu hoch. Lorenz erzählte von seinen kleinen Enkelkindern, mit denen er viel vorhabe. Er wolle mehr Zeit mit seiner Frau, mit den Söhnen, in Haus und Garten verbringen, mehr auf sich selbst achtgeben und klang, wie in alten Zeiten, kämpferisch. Er beantragte nicht lange nach den Beratungsgesprächen das vorzeitige Ausscheiden aus dem Beruf und ging mit deutlichen Abschlägen in den vorgezogenen Ruhestand.

In der Gesellschaftsform des Kapitalismus gilt die Anforderung, dass Männer funktionieren müssen. Wer nicht funktioniert, braucht dafür nach außen und vor sich selbst legitimierende Gründe, zu denen insbesondere Krankheiten zählen. Die Konkurrenz als Prinzip der Durchsetzung organisatorischer Interessen und wirtschaftlichem Wohlstand gilt als Motor, dem nahezu alles untergeordnet wird. Verhängnisvoll ist damit die stets wiederkehrende Rückmeldung für Männer verbunden, dem sich immer wieder gleichenden Regelkanon der historisch gewachsenen Auffassung von Männlichkeit entsprechend hegemonial zu verhalten und ihre Geschlechtsidentität durch wirtschaftlichen Erfolg und Unterordnung unter die Interessen von Organisationen zu beweisen. So besteht ein männlicher Bewältigungsmodus darin, in öffentlichen und privaten Sphären auf ähnliche Verhaltensstrategien zurückzugreifen (Böhnisch 2018, 2000; Süfke 2018, S. 50–108). Im Beispiel zeigt sich dies darin, dass familiäres Leben den Interessen der Organisation nachgeordnet wird. Subjektiv betrachtet erscheint dies als männliches Opfer, welches unhinterfragt auch unter unbotmäßig hohem persönlichen Einsatz zum Nutzen der Organisation erbracht wird. Die Opferbereitschaft unter vermeintlich höhere Interessen stilisiert männliches Heldentum. Der männliche Zugehörigkeitsnachweis wird über Leistung sichtbar erbracht. Für die Familie bleibt kaum Zeit und die eigene Verletzbarkeit wird erst dann wahrgenommen, wenn sie nicht mehr hinter einer Fassade verborgen werden kann. Traditionell orientierte Männer gehen vielfach toxisch mit sich selbst und ihrer Umgebung um (Süfke 2018, S. 117–153; Urwin 2017; Böhnisch 2015, S. 24–33; Scheub 2010, S. 185–199; Meuser 2006, S. 187–224). Im Beispiel werden die maskulinen Bewältigungsmuster der Subordination des Privatlebens, der Verfügbarkeit und Funktionalität in der Familie und im beruflichen Leben sichtbar. Daher trifft es die Metapher der »ehelichen Beziehung« aus der Beratung in dieser Hinsicht gut. Sie zieht eine Parallele zwischen beiden Sphären, in denen Lorenz einander gleichende Bewältigungsmuster des Kampfes zeigt. Dies stellt infrage, inwiefern gleichermaßen aktivierte Verhaltensmuster für eine Bewältigung von Anforderungen auf beiden Ebenen tatsächlich taugen. Während jede zwischenmenschliche Beziehung auf einer Vertrauensbasis der wechselseitigen Unterstützung gründet, verfolgen Organisationen Zwecke. Nur innerhalb dieses zweckmäßigen Rahmens kann menschliches Verhalten sinnvoll in die Organisationen eingebracht werden. Die darüberhinausgehenden Folgekosten werden privatisiert. Der im Beispiel über die Jahre gezeigte männliche Bewältigungsmodus legt eine Vermischung beider Ebenen in Form der Unterordnung des Privatlebens unter organisatorische Interessen mit enormer Leistungsaffinität und Opferbereitschaft offen. Männlichkeit ist auch in diesem Beispiel eine öffentliche Figur, die in Vergleichen der Über- und Unterordnung ihre geschlechtliche Kontur erhält. Der im Rückgriff auf Strauss (1993) eingeführte Begriff der Arena eignet sich als analytischer Rahmen einander beeinflussender sozialer Welten der beruflichen Tätigkeit und des Privatlebens daher sehr gut, weil männliche Modi der Bewältigung aufeinander bezogen bleiben und darin sichtbar wird, wie sich die männliche Bewältigung von Krisen in öffentlichen und privaten Sphären gleicht.

Wird in der Beratung an den einzelnen leidenden Mann appelliert, sich neu und anders aufzustellen, dann eröffnet das Aufeinander-Beziehen öffentlicher und privater Perspektiven Möglichkeiten der Reflexion. Das Dilemma zwischen Struktur und dem Verhalten in zwischenmenschlichen Bereichen wird darin sichtbar, weil für jeden einzelnen Mann mehr als eine Verhaltensänderung auf privater Ebene zur Disposition steht. Es geht dabei um die Zurechnung männlicher Geschlechtsidentität in den öffentlichen und privaten Arenen der Männlichkeit. Eine Verhaltensänderung des Einzelnen verändert nicht den Rahmen, in dem zeitübergreifend in historischen Bedingungen gewachsene Konkurrenzverhältnisse reproduziert werden. Als soziale Seinsweise ist die Zurechnung von Männlichkeit stets ein Produkt historischer Umstände (Theweleit 2019; Connell 2000). In der Beratung geht es demnach auch um das Eröffnen von Entscheidungsmöglichkeiten, in welcher der Sphären die Konsequenzen individueller Verhaltensänderungen ausgehalten werden. Burkhard Müller (2012, S. 133; Müller 2017) folgend sind Interventionen auf unerwünschte Nebeneffekte hin zu prüfen und diese in der Beratung reflexiv zugänglich zu machen. Erst dann ist eine informierte Entscheidung auf der Grundlage der einbezogenen Reflexionsebenen möglich.

Im Diskurs bleibt bislang offen, wie die angesprochenen Dilemmata sozialisatorisch Eingang in die Kindheit, die Jugend und das Erwachsenenleben von Männern finden. Bislang vermitteln die dargestellten Themen eher den Eindruck von Fakten, denen die Prozesshaftigkeit im Konzept Sozialer Welten und darin eingeschlossener Arenen vorenthalten wird. Ist der für männlichkeitsbezogene Beratungsansätze gewählte Analyserahmen zutreffend, dann sollten sich Spuren in der Entwicklung und der Herausbildung von Männlichkeit finden lassen, die in der Konsequenz jene männlich-stereotypen Bewältigungsmuster, die Externalisierung und evaluierte Männlichkeit als soziale Seinsweisen präferiert hervorbringen. Dafür lohnt ein Blick in die männliche Sozialisation.

Geschlechtsbezogene Sozialisation

Wie lassen sich Prozesse der Entäußerung männlicher Geschlechtsidentität verstehen, wenn diese im Gegenzug aufgrund zugeschriebener Merkmale zugerechnet und über deren Grenzbereiche entschieden wird? Bereits in der Fragestellung wird der Zirkelschluss sichtbar. Jede Zurechnung von Geschlecht bedarf historisch gewachsener und benennbarer Attribute. Die geschlechtliche Zurechnung gerät in Schwierigkeiten, sobald die Attribute nicht zu einem gezeigten Verhalten oder körperlichen Ausprägungen zu passen scheinen. Infrage gestellt werden dann jedoch nicht die zugerechneten Attribute, sondern das Verhalten einer Person oder die Person an sich. Von daher erscheint es alles andere als irrelevant, sich mit dem Zustandekommen und den Konsequenzen von Zurechnungen auseinanderzusetzen.

Männlich, weiblich oder was?

Carol Hagemann-White (1984) zeigt in ihrer Metastudie zu männlichem und weiblichem Verhalten, dass sich dieses aus biologischen Merkmalen heraus nicht erklären lässt. Biologische Merkmale werden im Hinblick auf geschlechtstypisches Verhalten allenfalls als Begründung, nicht als Ursache betrachtet. Kinder betreten bei der Geburt – mit biologischen Geschlechtsmerkmalen versehen – soziale Welten, deren Beteiligte sich ihnen gegenüber auf geschlechtsspezifische Weise verhalten. Das im Kontext Sozialer Welten angesprochene historisch gewordene Konzept der Zurechnung von Attributen auf die Herausbildung geschlechtlicher Identität wirkt unmittelbar auf sie ein (Connell 2000). Geschlechtstypisch zugerechnetes Verhalten erscheint vor diesem Hintergrund sozial induziert.

Mädchen und Jungen, Frauen und Männer erhalten unterschiedliche Rückmeldungen aus der sozialen Umwelt für ihre Verhaltensäußerungen. Diese werden ihnen in der Folge dann als geschlechtsspezifische Merkmale zugerechnet. Mit anderen Worten: »Wer Männlichkeit sucht, der findet sie auch« und gerät damit in die Gefahr der Essentialisierung und Objektivierung (Tietge 2019, S. 49). Kultur- und gesellschaftsspezifisch zeigt sich darin ein blinder Fleck im Hinblick auf das Geschlecht, welcher auch in wissenschaftlichen Studien reproduziert wird. Studien zu Geschlechtstypiken tragen diese bereits über die herangezogenen Items in das jeweils angelegte Forschungsdesign hinein, weil zunächst bestimmt werden muss, was kulturell auch in biologischer Hinsicht betrachtet als männlich und weiblich herangezogen und dann als Merkmal eines Typus betrachtet wird. Geschlecht wird damit als eine bestehende Kategorie mit bestimmbaren Merkmalen bereits vorausgesetzt, obgleich dies erst durch die angelegten Studien im Hinblick auf gezeigtes Verhalten und biologische Merkmale analytisch festgestellt werden soll. Für Männlichkeit als Typus gelten in der Regel Autonomie, Individualität, Erfolg, Stärke, Aktivität, Sichtbarkeit und Öffentlichkeit als typische Attribute, die in der Folge als Merkmale des Männlichen gedeutet werden.

Vorreflexiv bleibt die kulturelle und gesellschaftliche Praxis, welche dazu beiträgt, dass bestimmte Phänomene als männlich bestimmt werden (Tietge 2019, S. 49–66). Zirkelschlüsse liegen daher nahe, weil Forschende die Items ihrer Studien an bereits etablierten gesellschaftskulturell spezifischen Maßstäben orientieren. Werden geschlechtliche Spezifika individualisiert dem einzelnen Mann oder der einzelnen Frau zugeschrieben, dann wird forschungspraktisch eine Blindheit für institutionelle Einwirkungen, Machtbeziehungen oder auch soziale Ungleichheiten reproduziert. Die bisherige Diskussion zeigt jedoch, dass Männlichkeit als begriffliche und analytische Kategorie tief mit öffentlichen Sphären der Gesellschaft und Kultur verwoben ist. So wird ein raumexpansives Verhalten eher männlich konnotiert, obgleich Mädchen exploratives Verhalten gleichermaßen an den Tag legen. Letztere werden in dieser Hinsicht jedoch seltener positiv ermutigt. Parallelen zeigen sich in Bezug auf das Spielverhalten und die herangezogenen Spielsachen, die männlich ausgerichtet eher handlungsorientiert und weiblich ausgerichtet eher beziehungsorientiert gestaltet sind. Hagemann-White (1984) kommt in der Rezeption internationaler Studien zu geschlechtsspezifischem Verhalten zu dem Schluss, dass dies biologisch nicht begründet werden kann. In psychosozialen Erklärungsansätzen wird die Bedeutung der Einflüsse auf geschlechtsspezifisches Verhalten aus Rückmeldungen primärer Bezugspersonen und aus der sozialen Umwelt hervorgehoben, durch die männliche oder weibliche Verhaltensanteile entweder sanktioniert oder positiv verstärkt werden (Kasten 2003, S. 37–90). Gesellschaftlich betrachtet wird damit Komplexität reduziert und Eindeutigkeit durch die Zurechnung geschlechtsspezifischen Verhaltens an das einzelne Subjekt hergestellt, welches dann mit den Konsequenzen umgeht (Bereswill/Ehlert 2020).

Analytisch betrachtet zeigt sich Geschlecht als eine Kategorie, mit der soziale Ordnung hergestellt wird. In wissenschaftlichen Studien werden diese Effekte weitgehend reproduziert, weil darin geschlechtliche Kategorisierungen bereits als gegeben aufgegriffen werden. Wer über Männlichkeit spricht, handelt sich den historisch gewordenen Prozess männlicher Geschlechtsidentität gleichsam unter der Hand ein. Mit anderen Worten gibt es auch wissenschaftlich betrachtet keinen Beobachtungsstandpunkt außerhalb der Gesellschaft und Kultur, vor deren Hintergrund biologische Merkmale und Verhaltensäußerungen beleuchtet werden. Von vornherein gelten daher gesellschaftliche und kulturelle Einflüsse, die letztlich auch den Rahmen für sozialisatorisch generierte Erfahrungen bilden. Geschlechtsspezifisches Verhalten erscheint in der Rezeption wissenschaftlicher Studien sozial induziert und bedeutet *geschlechtsspezifisch zugerechnetes und sozial angeeignetes Verhalten.* Im Hinblick auf die Studienlage und die wissenschaftliche Rezeption zeigt sich folglich eine Umkehrung in der Interpretation geschlechtsspezifischen Verhaltens dahingehend, dass gesellschaftliche Kategorisierungen für männliches oder weibliches Verhalten in der Folge biologisch als Eigenschaften deklariert werden, obgleich sich diese in Kleinkindstudien auch im internationalen Kontext durch keinen einzigen Forschungszugang hinreichend belegen lassen. Eigenschaftstheoretische Begründungen deuten vielmehr auf eine Naturalisierung sozialer Phänomene hin, deren Komplexität auf Kausalzusammenhänge reduziert wird (Hagemann-White 1984; Bereswill/Ehlert 2020). Diese Umkehrung findet sich auch in sozialisationstheoretischen Begründungsfiguren wieder, die gleichermaßen auf die Bedeutung sozialer Verstärkungsmechanismen in den Interaktionen zwischen Eltern und Kindern im Hinblick auf die Zuweisung geschlechtsspezifisch zugerechneten Verhaltens hinweisen. So lässt sich zeigen, dass Jungen bereits im Kindergartenalter verstärkt Druck von väterlicher Seite erfahren, sich endlich »wie ein richtiger Junge« zu verhalten und wahrgenommene Abweichungen »vom männlichen Pfad der Tugend« sanktionieren (Kasten 2003, S. 73). Von Eltern werden zudem sichtbare Unterschiede zwischen den Geschlechtern geschaffen, die durch die Kleidung oder auch durch geförderte Hobbies ausgedrückt werden. Was bedeuten diese Befunde für die männliche Sozialisation?

Männliche Sozialisation

In tiefenpsychologischen Erklärungsansätzen wird mit Böhnisch (2019) bezugnehmend auf Hagemann-White (1984) auf eine *Umwegidentifikation* in der männlichen Sozialisation hingewiesen. Im Alltag von Jungen sind enge Beziehungsintensitäten mit Frauen dominant. Aus der primären Beziehung zur Mutter wechseln kleine Jungen in institutionelle Erziehungsarrangements in Kindertagesstätten und später in die Schule. Neben der Mutter rücken dann weitere Frauen als alltagspräsente Identifikationsfiguren und häufig auch geschlechtsstereotype Erwartungen in den Vordergrund (Böhnisch et al. 2013, S. 204–212). Die partielle oder auch faktische Abwesenheit männlicher Identifikationsfiguren verstärkt die Intensität sozialisatorisch weiblich dominanter Beziehungen. Der kleine Junge lernt so das Junge- und Mann-Sein durch den weiblichen Blick und in weiblich geprägten Narrativen aus Erzählungen über oft abwesende Männer kennen. Wie sollen Jungen, außer durch Beobachtungen und Verhaltensrückmeldungen aus der Umwelt, feststellen, wie sie sich situativ männlich verhalten?

»Nun sei doch kein Mädchen« (Neumann/Süfke 2004, S. 31). Diese oder ähnliche Aussagen tragen bereits früh eine bewertende Komponente mit unklaren Indikatoren in die sozialisatorischen Beziehungen. Auf der Suche nach männlicher Geschlechtsidentität gerät die enge Beziehung zwischen Sohn und Mutter in eine Ambivalenz. Das Kind lernt, dass die Mutter nicht immer verfügbar ist. Es beginnt, sich psychisch abzutrennen und selbst zu einem *Ich* zu werden, während die bedürfniserfüllende Mutter zum *Du* wird. Identität erscheint in dieser Hinsicht als ein dialektischer Prozess von *Gleich-Sein* und

Anderssein, mithin als abgrenzender oder auch begrenzender Dialog. Auch die Mutter lebt in einem gesellschaftlich symbolischen System der Zweigeschlechtlichkeit. Sie nimmt den Jungen als das andere Geschlecht wahr. Einerseits will sie den kleinen Jungen dazu ermutigen, männliche Verhaltensmuster zu erproben und sich gegen sie zu behaupten. Andererseits kann sie diese in der Beziehung zu sich selbst nicht zulassen. Frühe männliche Beziehungsbestrebungen, die in der Mutter auch eine Partnerin suchen, werden von ihr verstärkt und gleichermaßen zurückgewiesen. Die Ich-Werdung des Jungen kann daher als Abgrenzung gegen die erste primäre weibliche Bezugsperson und das Streben nach Autonomie durch das Aufbegehren gegen die mit der Fantasie nach der unbegrenzten Bedürfnisbefriedigung ausgestattete Macht der Mutter verstanden werden. Der Junge ist darauf angewiesen, männliches Verhalten an den Männern seiner Umgebung zu beobachten, aus weiblichen Gesprächen über Männer männliches Verhalten abzuleiten und sich in Verhaltensformen auch mit jenen biologischen und sozialen Aspekten zu vergleichen, welche die Mutter und andere Frauen nicht haben und auch nicht an den Tag legen. Öffentlich sichtbar und für Jungen wahrnehmbar ist häufig maskulines Verhalten anderer Männer, die als mächtige Autoritäten für das Entkräften der mit primärer Beziehungsmacht ausgestatteten Mutter attraktiv erscheinen (Hagemann-White 1984, S. 86–90). Bereits in dieser frühen Zeit der Sozialisation erscheint maskuline Sichtbarkeit als relevante Identifikationsfigur. Dabei geht es nicht um konkrete Männer, sondern um eine Typik, welche die zugeschriebene Männlichkeit ideal verkörpert.

Die Mutter und andere Frauen werden durch diesen Umweg als *Nicht-Männer* erkannt. Die in der Sozialisation partiell abwesenden Männer verstärken Effekte der männlichen Mythenbildung. Sie erscheinen für den kleinen Jungen als übermächtige Idole, die auch oder gerade durch ihre Abwesenheit wirken. Sie treten dann in Erscheinung, wenn nach einer männlichen Perspektive verlangt wird, und auch dann oft nur in Narrativen. In dieser Deutungsfigur wirkt das Männliche mystisch durch seine Abwesenheit. Männlichkeit ist personal nicht greifbar. Es ist ein Akt der Deutung, der Interpretation über das Nicht-Männliche und damit auch ein Akt der Evaluation dessen, was individuell und gesellschaftlich als ausreichend männlich betrachtet wird. Narrative Männlichkeit ist in den meisten Fällen keine schlicht andere, sondern eine maskulin-dominante Perspektive auf situative Sachverhalte. Aus männlicher Sicht ist der Wunsch nach einer Symbiose mit der in frühkindlichen Lebensphasen als eng erfahrenen Beziehung mit Frauen daher abzuwehren. Der Junge lernt auf diesem Wege, weibliche Anteile abzuwerten, weil ihn diese in seiner Männlichkeit bedrohen. Dies wird generalisiert als Anforderung an Männlichkeit verinnerlicht. Die Wahrnehmung eigener Gefühle und Impulse wird gehemmt, weil eine starke Emotionalität weiblich konnotiert ist (Böhnisch et al. 2013, S. 21–30; Neumann/Süfke 2004, S. 21–32). Im Zuge dieser »Umwegidentifikation« entwirft Chodorow (1994) die Deutungsfigur des Männlichen als »Mann = Nicht-Nicht-Mann«. Auf diese Weise ist der sozialisatorische Weg vom kleinen Jungen zum Mann keiner, welcher die Selbstwahrnehmung schärft. Es geht um den sozialen Vergleich innerhalb einer Gegenidentifizierung. Jungen finden maskuline Verhaltensmuster als Aufmerksamkeitsmarker später in Institutionen und medial verstärkt wieder. Sie erhalten Zuwendung, und sei es in negativem Sinne, wenn sie raumgreifende Verhaltensmuster der Unterordnung, der Verfügbarkeit oder der Machbarkeit an den Tag legen. Auf diese Weise wird das Männliche in Abgrenzung zu allem Nicht-Männlichen insbesondere auch durch das Homosexualitätstabu verstärkt (Böhnisch 2019; Böhnisch et al. 2013, S. 30–33). Es gilt hier: »No sissy-stuff«, wirke nicht weiblich und tue nichts, was zu einer als weiblich gelesenen Verhaltensweise beiträgt und männliches Verhalten in die Deutungsnähe der Homosexualität rückt (Süfke 2018, S. 58)!

Auch in Institutionen wird maskulines Verhalten laut Studienlage oft unreflektiert verstärkt. Raumgreifendes Verhalten, die Subordination anderer Kinder, der Durchsetzungswille, aggressives Verhalten oder der Bewegungsdrang, welcher nicht selten als Konzentrationsstörung betrachtet wird, erzeugen institutionelle Aufmerksamkeit. Jungen erhalten für diese Verhaltensweisen in Lob und Tadel ausgedrückte Zuwendung und werden auf diese Weise als wichtig erachtet. Interviewstudien mit Lehrpersonen zeigen, dass diese die genannten Verhaltensweisen als jungentypisch beschreiben. Als Begründungen werden biologisch männliche Eigenschaften oder familiäre Besonderheiten vorgetragen. Darüber hinaus legt die Studienlage zur institutionellen Verstärkung männlichen Verhaltens offen, dass die berufliche Kompetenz von Lehrenden nach wie vor mit dem Ausmaß an Kontrolle über die Lernenden und die Situation im Klassenzimmer in Zusammenhang gebracht wird. Ein Kontrollverlust gilt als Offenbarungseid im Hinblick auf die Lehrkompetenz (Böhnisch et al. 2013, S. 212–216). Auf diese Weise erscheinen Reaktionen wie Lob und Tadel für männliche Grenzüberschreitungen nahezu unausweichlich. Ansonsten droht die Gefahr, dass der Unterricht gänzlich zusammenbrechen könnte. Pädagogisch erscheint es daher erforderlich, den Unterricht insbesondere für die Nicht-Angepassten interessant zu gestalten. Die in ihrem Verhalten angepassten Kinder müssen sich ihre Zuwendung hingegen aktiv beschaffen, weil sie im Kontext der institutionellen Rahmungen unsichtbar bleiben. Die mütterliche Ambivalenz zeigt sich somit auch institutionell. Egoismus, Aggressivität, disziplinarische Störungen, Spaß am Widerstand oder auch die Geringschätzung für die als weiblich interpretierten Anforderungen an schulisches Sozialverhalten werden von Institutionen in Bezug auf männliches Sozialverhalten dahingehend als erwartbar hingenommen, dass Jungen eben schwieriger seien als Mädchen. Jungentypisches Verhalten ist aus institutioneller Perspektive häufig jenes, welches von Erwachsenen missbilligt oder sanktioniert wird. Sanktionen erfolgen dabei häufig nicht unmittelbar auf gezeigtes Verhalten, sondern indirekt über Leistungsabwertungen. Darin zeigt sich ein verdecktes »Hidden-Curriculum«, durch das geschlechtsspezifische Verhaltensweisen ambivalent verstärkt werden. Jungen erfahren unbewusst, dass sie für antisoziales Verhalten Aufmerksamkeit erhalten und sich so auch im Unterrichtsgeschehen situativ durchsetzen können. In ihrem Werk »The boys crisis« bringen Warren Farrell und John Gray dies folgendermaßen zum Ausdruck:

> *»The lesson your son may experience? Expressing his feelings – as in crying – is futile. He is learning step one of his unconscious hero's journey: his feelings don't count. To be a hero is to be emotionally constipated.«*[3] *(Farrell/Gray 2018, S. 252)*

---

3 Deutsche Übersetzung: Die Lektion, die Ihr Sohn vielleicht erfährt? Seine Gefühle – z. B. durch Weinen – auszudrücken, ist zwecklos. Er lernt Schritt

Die Schule fördert männliche Durchsetzungsfähigkeit und weibliche Zurücknahme oft unreflektiert. Sie bereitet auf ein Leben vor, in dem Organisationen männlich geprägt sind und geschlechtsstereotype Verhaltensmuster hervorrufen (Böhnisch et al. 2013, S. 212–229). Institutionell betrachtet werden Jungen von Erwachsenen für die Anpassung an Leistungsprinzipien gelobt. In der Gleichaltrigengruppe ist dies umgekehrt. In der Peer-Group erhalten Jungen Bestätigung für maskulines Verhalten, weil sie sich dadurch von den Normen und Werten der Erwachsenen distanzieren. Erst in akademisch höher einzustufenden Bildungseinrichtungen wird Abwehrverhalten zugunsten des Leistungsprinzips aufgelöst beziehungsweise durch den Wettbewerb und die Konkurrenz um die besten beruflichen Start- und Karrierebedingungen ersetzt. Dieses auf Ergebnisse, Leistung und Konkurrenz ausgerichtete Verhalten ist der männlichen Sozialisation in der doppelten Negation (Abwehr und Abwertung weiblich betrachteter Praktiken) bereits immanent. Eine Gleichheit der Geschlechter wird auch durch Chancengleichheit nicht gelöst, solange sozialisatorische Bedingungen den männlichen Wettbewerb in der Äußerung maskulinen Verhaltens ambivalent fördern. In der wissenschaftlichen Rezeption der Studienlage wird angedeutet, dass die Schule männliches Verhalten kompensiert.

> *»Our schools are perpetuating the boy crisis in a second way. Girls learn emotional intelligence as part of the socialization to be female. For boys there is an ever-widening gap between the heroic intelligence that it took our sons to be respected as men in the past and the emotional intelligence needed for your son's future. Yet few schools are teaching communication skills and empathy training to help boys make that transition.«*[4] *(Farrell/Gray 2018, S. 48)*

---

eins seiner unbewussten Heldenreise: Seine Gefühle zählen nicht. Ein Held zu sein, bedeutet, emotional blockiert zu sein.

4 Deutsche Übersetzung: Unsere Schulen verstärken die Krise der Jungen auf eine zweite Weise. Mädchen lernen emotionale Intelligenz als Teil der weiblichen Sozialisation. Bei Jungen klafft eine immer größere Lücke zwischen der heroischen Intelligenz, die unsere Söhne in der Vergangenheit brauchten, um als Männer respektiert zu werden, und der emotionalen Intelligenz,

Die Schule stellt den institutionellen Rahmen für die Einübung der später auf dem Arbeitsmarkt relevanten Konkurrenz und den Wettbewerb bereit. Für schulische Bildung gilt in dieser Hinsicht, dass sie auch geschlechtsspezifisch soziale Ungleichheit reproduziert (Kanitz 2020; Böhnisch 2015, S. 130–134; Böhnisch et al. 2013, S. 212–216; Mitterer 2013, S. 92–105; Hagemann-White 1984, S. 63–73, 90–97). In diesen am Beispiel der schulischen Bildung beschriebenen Prozessen findet sich eine Erklärung dafür, dass Männlichkeit über äußerlich sichtbares Verhalten institutionell zugerechnet wird. Jungen werden bereits in frühen Entwicklungsphasen Möglichkeiten zugestanden, sich Räume anzueignen, diese zu erobern und zu besetzen (Böhnisch et al. 2013, S. 133–135). Auch in dieser Hinsicht erweist es sich als Vorteil, Männlichkeit analytisch im Kontext sozialer Welten und deren Arenen zu betrachten. In diesem Zusammenhang lassen sich Parallelen zwischen der kindlich-familiären und institutionell-geschlechtlichen Sozialisation zeigen, die zu einer Präferenz der Maskulinität beitragen.

Sozialisatorisch verbinden sich gesellschaftlich-strukturelle Erwartungen an männliches Verhalten, die eine Abwesenheit von Männern in kindlichen Sozialisationsprozessen nach wie vor, beispielsweise über Verdienstmöglichkeiten oder Arbeitszeitregelungen, begünstigen. Gleichermaßen landen Männer auf dem Arbeitsmarkt, die sozialisatorisch eher maskuline Verhaltensmuster ausprägen und darüber Marktmechanismen der Leistung, der Mobilität, der Ungebundenheit, Durchsetzungsfähigkeit und der pragmatischen Machbarkeit ihrerseits als männliche Verhaltensmuster bestätigen (Huber 2019; Böhnisch et al. 2013, S. 216–223). Dies macht deutlich, aus welchen Gründen Veränderungen nicht so einfach zu haben sind. Einwirkungen auf das einzelne männliche Subjekt greifen viel zu kurz. In einer Kultur, die mit Hagemann-White (1984, S. 96) »jedes Abstreifen von Abhängigkeit als Entwicklungsfortschritt begrüßt«, werden männliche Werte hochgeschätzt. Sie werden in der Erziehung meist unreflektiert entsprechend der gesellschaftlich dominanten

---

die für die Zukunft Ihres Sohnes erforderlich ist. Doch nur wenige Schulen unterrichten Kommunikationsfähigkeiten und Empathietraining, um Jungen bei dieser Transformation zu helfen.

Geschlechtsstereotypien gefördert, um Kinder für die Leistungsgesellschaft fit zu machen, und medial durch aktionsorientierte Heldenepen mit den Attributen der Stärke, der Durchsetzungskraft, des Wagemutes, der Entscheidungsstärke oder auch der Handlungsorientierung verstärkt. Von den Jungen wird schlicht erwartet, dass sie sich aus der Beziehung zur Mutter lösen, auf eigene Beine stellen und darüber ihre männliche Identität aufbauen, zu der Selbständigkeit, Distanz und die Ausgestaltung der eigenen Unabhängigkeit gehören (Kasten 2003, S. 75–107). Auch die strukturell orientierten Veränderungsbestrebungen von Quotenregelungen oder Gleichbehandlungsgrundsätzen treffen auf Institutionen, die über Jahre hinweg tradiert gesellschaftliche Arbeit organisieren und dazu beitragen, dass eine Leistungsgesellschaft männlich konnotiert bleibt und auch weiterhin nahezu zeitlich unbegrenzt über männliches Personal verfügen kann. Daran ändert auch die öffentlich zunehmende Abwertung von Maskulinität nichts. Diese trägt vielmehr dazu bei, dass männliche Geschlechtsidentität diffuser wird und dadurch stärker nach Eindeutigkeit durch Unabhängigkeit, Mehrleistung, härtere Anstrengung, ausgedehntere Verfügbarkeit, Durchsetzungsfähigkeit oder auch durch Gewalt gestrebt wird, weil scheinbar nur so das geschlechtliche Anders-Sein hervorgehoben werden kann. Das männliche Streben nach Abgrenzung ist weniger auf beziehungsorientierte Dialoge gerichtet. Es trägt sozialisatorisch bedingt zur Verschärfung der Konkurrenz und des ergebnisorientierten Wettbewerbs bei und erscheint gerade darin ökonomisch wertvoll.

Veränderungsansätze lassen sich in der Fachliteratur in Hinweisen auf die männliche Alltagsanwesenheit in der Sozialisation des Nachwuchses finden. Diese neue Normalität anwesender Väter entzaubert die Männer aus aufgeladenen Idealisierungen. Sie treten gelegentlich als schwach und hilflos in Erscheinung, wenn es darum geht, kindliche Entwicklungsschritte auszuhalten. Dadurch kann einer Abstraktion und einer mythischen Aufladung von Männlichkeit vorgebeugt werden. Im Alltag ist dann mit beiden Geschlechtern auszuhandeln, wie die familiäre Normalität ausgestaltet wird. In dieser Hinsicht geht es auch um eine wechselseitige Anerkennung männlicher und weiblicher Perspektiven auf den Umgang mit Erziehungssituationen und deren alltägliche Herausforderungen. Männliche und weibliche Verhaltensmuster müssen dann nicht abgewehrt oder gar abgewertet, sondern können vielmehr kommunikativ in das Alltagsgeschehen eingebettet werden (Böhnisch et al. 2013, S. 92–99). Dies erlöst männliche Sozialisation aus einem quasi deterministisch anmutenden Ablauf der »Nicht-Nicht-Mann Identifikation«, die auf eine äußerlich orientierte Abwehr des Weiblichen angewiesen bleibt. Die angestrebte Konsequenz alltäglich erlebbarer Geschlechter trägt zu einer Entzauberung der Männlichkeit und einer männlichen Geschlechtsidentität bei, die nicht länger der Evaluation durch Be- und Abwertungen bedarf. Deutlich wird darin die Diskrepanz zwischen normativen Ansprüchen und den Erwartungen an männliches Verhalten, die durch subjektive Verhaltensänderungen kaum auflösbar erscheinen und Männlichkeit in Dilemmata stürzen. Auch unter der Maßgabe, dass männliches Verhalten reflektiert und subjektiv entschiedene Verhaltensänderungen zur Integrität beitragen, sind die Spannungsfelder zwischen den auseinanderklaffenden Erwartungen in öffentlichen und privaten Bereichen nahezu dauerhaft auszuhalten. Dem individuellen Mann-Sein ist eine gewisse Krisenhaftigkeit inhärent, solange Bewertungsmaßstäbe diesem fortwährend Nachweise abverlangen. Die maskuline Männlichkeit befindet sich im Krisenmodus.

Männlichkeit in der Krise

»Being male is now the single largest demographic factor for early death.« (Farrell/Gray 2018, S. 37)

Wie äußert sich die Krise der Männlichkeit? Als Krisen werden in Anlehnung an Oevermann jene Situationen bezeichnet, zu deren Lösung Routinen nicht mehr taugen. Oevermann bezeichnet zudem die Krise als den konstitutiven Normalfall jedes subjektiven Bildungsprozesses, welcher jeder Routine vorausgeht. In Krisen kann das stets sichtbar werdende Neue, welches ansonsten hinter alltägliche Verrichtungen zurücktritt, nicht länger ausgeblendet werden. Neue, bislang unbekannte Anforderungen drängen in den Vordergrund und so gilt rekonstruktionslogisch die Krise als der Normalfall und die Routine als ausgesprochener Sonderfall (Wagner 2001,

S. 134–180; Oevermann 2002, 2016). In dieser Hinsicht können Krisen als Brüche einer erwartbaren Zukunft bezeichnet werden (Meuser 2001, S. 5). Krisensituationen stellen Selbstverständlichkeiten als Boden für die Gestaltung der eigenen Zukunft infrage.

In der Krise als Bruch fragloser Erwartungen zeigt sich eine Parallele zu männlicher Identität. Die männliche Geschlechtsidentität wird als fraglos gegeben betrachtet. Wird Männlichkeit hinterfragt, so ist diese bereits in die Krise geraten (Bereswill/Neuber 2011; Meuser 2006, S. 196–275; Richter 2006; Süfke 2018, S. 50–108). Auf die Beispiele aus der Beratung bezogen zeigt sich, dass die Krisenhaftigkeit männlicher Geschlechtsidentität für alle an der Situation Beteiligten gilt. Mit der Anforderung »Sei ein Mann!« aus der Beratung mit Robert offenbart der dies äußernde Protagonist die Fragilität seiner eigenen geschlechtlichen Zugehörigkeit. In der Gestalt männlicher Übergriffigkeit und dem damit verbundenen Normierungsdruck wird Männlichkeit der Beweisführung ausgesetzt, für die eine Seite die Definitions- und Deutungsmacht für sich in Anspruch nimmt. Damit wird eine *evaluierte Männlichkeit* erzeugt. Als Indikator für die infrage gestellte Männlichkeit gilt die Einordnung in ungleiche Machtverhältnisse. Der zur Antwort aufgeforderten Gegenseite wird ihrerseits die Nachweisführung überantwortet, für die außer einer Gegenidentifikation in der Abwehr und möglicherweise auch Abwertung alles Weiblichen vordergründig wenig Optionen bleiben. Im Schweigen Umstehender zeigt sich die Furcht vor der Deklassierung und auch das stumme Einverständnis, dass es einer eigenen Nachweisführung in diesem konkreten Augenblick nicht bedarf. Die geschlechtsidentische Zugehörigkeit wäre zumindest vorläufig schweigend festgestellt. In unmittelbaren Interaktionen offenbart sich demnach bereits eine hohe Komplexität, die in den Facetten der Externalisierung, der Unterordnung oder auch im Anschluss an die patriarchale Dividende durch die schweigende Zustimmung sprachloser Zeugen ausgedrückt wird, die sich selbst den Risiken um hegemoniale Männlichkeit in der konkreten Situation nicht aussetzen. Die Validierung der männlichen Geschlechtszugehörigkeit bedarf eines Gegenübers. Sie wird homosozial innerhalb des gleichen Geschlechts und heterosozial durch die Abwehr des Weiblichen eingefordert (Connell 2015, S. 133; Tietge 2019, S. 26–49). Etwas anders gelagert zeigt sich das Männlichkeitsdilemma im Beispiel der männlichen Burn-out-Gefährdung von Lorenz. Diskrepanzen bestehen in diesem Beispiel zwischen den institutionalisierten Anforderungen der Organisation und dem privaten Bereich des Protagonisten. In beiden Bereichen sind die Erwartungen an das Mann-Sein an jene in die Krise geratene Funktionalität gebunden und damit der Bewertung zugänglich. Die Krankheit schafft eine legitimierte Auszeit – jedoch mit dem Ziel, in traditionelle Praxen der Männlichkeit zurückzukehren. Die geschlechtliche Zugehörigkeit lässt sich in diesem Fall ebenso als evaluierte Männlichkeit deuten. Allerdings mit dem Unterschied, dass Institutionen eine von Angst und Unsicherheit entlastende Funktion erfüllen. Ein einzelner Mensch muss hier nicht mehr über die normativen Praktiken der Herstellung von Geschlecht nachdenken. Subordinationsverhältnisse sind geregelt. Diese werden beispielsweise in der Armee durch Rangabzeichen sichtbar und symbolisch durch Befehlsgewalten ausgedrückt. In anderen Organisationen geht es an der Oberfläche um die Größe von Büros oder symbolisch um Entscheidungskompetenzen, die hierarchisch zwischen oben und unten trennen.

Gesellschaftlich betrachtet erfüllt das Deutungsschema der traditionellen Männlichkeit zahlreiche Erwartungen. Das macht es Männern schwer, aus der ihnen quasi auf den Leib geschriebenen Rolle auszusteigen (Laqueur 1996). Die Dimensionen des Verlusts können erahnt werden. Die Alternative ist vielfach unbekannt. Das Krisenhafte an Männlichkeitspraxen verdient somit eine Betrachtung unter mehreren Perspektiven, die nicht ausgeklammert werden können. Auch in der Beratung einer einzelnen Person gibt es Hinweise auf deren Beteiligung in sozialen Welten des Alltags und ihre institutionellen Zugehörigkeiten. Daher erscheint es von vornherein sinnvoll, die unterschiedlichen Ebenen ein- und aufeinander zu beziehen.

Es handelt sich zum einen um die Perspektive unmittelbarer Interaktionen auf der Mikrosystemebene, in denen soziale Beziehungen zwischenmenschlich strukturiert und aufrechterhalten werden. Zum anderen handelt es sich um die Perspektive auf institutionelle und organisatorische Zusammenhänge männlicher Praxen. Die Konkurrenz auf dem Arbeitsmarkt oder ökonomische Bedingungen des Wettbewerbs liefern auf der Makrosystemebene von Gesellschaft und Kultur Grundauffassungen darüber, wie Geschlecht zu sozialer Ordnung beiträgt. Dabei geht es nicht um eine etwaig vorgeblich existierende Männlichkeit, sondern um die Resultate und Praktiken der Verdrängung zahlreicher Interaktionsformen, welche geschlechtliche Alternativen in den Blick geraten lassen (Tietge 2019, S. 49–66; Böhnisch 2015, S. 49–81; Böhnisch et al. 2013). Innerhalb der Männlichkeit als abstraktem Idealtypus sind Makro- und Mikrosystemebenen miteinander verwoben. Auf beiden Ebenen zeigen sich Praktiken der Über- und Unterordnung, des Gewinnens oder Verlierens, der Leistung oder des Versagens quer durch alle gesellschaftlichen Schichten hindurch. Konkurrenz trägt sicher innovative Potenziale in sich. Im Wettbewerb bleiben jedoch Verlierer, die in ihrer Bilanz der Bewertung von Ergebnissen vergleichsweise weniger vorzuweisen haben (Gesterkamp 2003; Horlacher 2018; Scheub 2010, S. 155–189; Szekely 2016, S. 93–183). Nun soll dies nicht zu einer Abwertung von Männlichkeit beitragen. Vielmehr lohnt es sich, genauer zu betrachten, welche zugerechnete Männlichkeit in die Krise gerät. Die Fachliteratur zeichnet hier weitgehend übereinstimmend ein Bild der Krise der Maskulinität als einer spezifischen Ausdrucksform des prototypisch traditionell Männlichen (Szekely 2016, S. 93–183; Süfke 2018, S. 27–116, 2010, S. 29–164). Joachim Bürger (1992) beschreibt mit Maskulinität eine gesellschaftliche Position in ihrer Relation zu naturalistisch betrachteten Eigenschaften von Männern. Ein Konflikt der Geschlechter erscheint dann als natürliche Folge angeborener Geschlechtsmerkmale, der gesellschaftlich übersetzt in eine Natur von Geschlechterrollen mündet. Der Wettbewerb und der Vergleich gelten hier unhinterfragt gleichermaßen in homosozialer und heterosozialer Hinsicht als soziale Ausdrucksform geschlechtlicher Praxis. Männer vergleichen sich auch untereinander – beispielsweise über die Bewertung von Leistungen, ihren Besitz oder auch ihren wirtschaftlichen Erfolg. Befördert wird dies von Organisationen, welche maskuline Attribute einfordern. In der Fachliteratur wird die Verbindung zwischen Maskulinität und gesellschaftlichen Erwartungen zeitgeschichtlich eingebettet und die enge Verbindung zwischen dem gesellschaftshistorischen Umfeld und den Inszenierungen von Geschlecht in öffentlichen und privaten Sphären herausgearbeitet. Darin zeigt sich die Verschränkung zwischen zugerechnetem Geschlecht und der Unterdrückung von als geschlechtsfremd interpretierten Interaktionsweisen (Gilmore 1993;

Theweleit 2019; Richter 2006; Tietge 2019; Bourdieu 2012). Beispiele dafür sind die Externalisierung und die vorreflexiv unterbewusste Distanzierung von der Wahrnehmung eigener Gefühle sowie Formen der Herrschaft über die Natur, andere Menschen und technische Prozesse. Während in früheren Zeiten Männer mit Gewalt in die Fabriken getrieben werden mussten, gilt der Verlust der Arbeit heute als begründungsbedürftiges Stigma (Bange/Enders 2000, S. 22–55). Die enge Verbindung zwischen gesellschaftlichen Prozessen, beispielsweise konkurrenzorientierten Formen der Ökonomie, männlich konnotierten Berufswahlentscheidungen und Karrierewegen, oder die geschlechtliche Überantwortung von Care-Aufgaben transportieren einen mehrfachen Krisengehalt. Ein Beispiel dafür sind die Krisen im Finanzsektor, die Banken wettbewerbsgetrieben durch riskante Finanzspekulationen in Schwierigkeiten bringen (Sander et al. 2010; Sauer 2011; Meuser/Scholz 2011; Freiberger et al. 2023). Raphael Thelen bringt die Klimakrise mit einer spezifischen Form der männlich geprägten Ökonomie in Verbindung und titelt pointiert in seinem Artikel »Dieses Männerbild bringt uns noch um«, dass unsere Kultur Jungen zu männlichen Kriegern schleift, die wir dann als Helden bezeichnen (Thelen 2022; Behrensen 2020). Farrell und Gray bezeichnen dies als »gender empathy gap«.

> *»To win wars, we had to train our sons to be disposable. We honored boys if they died so we could live. We called them heroes. Because of the potential deaths of our sons, we could not psychologically afford to attach ourselves emotionally to our sons in the way we could with our daughters. And to prepare our sons to fight and potentially die, we had to train our sons to repress their feelings. And the more a boy represses his feelings and puts armor around his heart, the harder it is to open our hearts to him. This detachment creates what I call the ›gender empathy gap‹: caring less about a boy dying than a girl.«*[5] *(Farrell/Gray 2018, S. 54)*

5 Deutsche Übersetzung: Um Kriege zu gewinnen, mussten wir unsere Söhne dazu erziehen, entbehrlich zu sein. Wir ehrten Jungen, wenn sie starben, damit wir leben konnten. Wir nannten sie Helden. Wegen des potenziellen Todes unserer Söhne konnten wir es uns psychologisch nicht leisten,

Trotz der drastischen Beispiele ist Männlichkeit nicht generalisiert in der Krise, sondern in der spezifischen Ausprägung der hegemonialen und traditionellen Männlichkeit. Mit Gramscis Hegemoniebegriff werden über das Alltagsleben, Institutionen, die Gesellschaft und Kultur sämtliche Ebenen von Herrschaft einbezogen, weil diese quer über alle Ebenen hinweg dialektisch miteinander verbunden sind. Über kulturelle Symboliken der Präferenz bestimmter Werte sowie die Erziehung in Institutionen und Praktiken im Alltag werden alternative Verhaltensweisen erschwert und Machtverhältnisse sickern nahezu unbemerkt in das Privatleben ein (Jacobitz 1991; Langemeyer 2009; Opratko 2012, S. 22–64). Farrell überträgt Maslows Bedürfnispyramide. Er geht stufenweise von der Erfüllung physiologischer, Sicherheits- und psychologischer Bedürfnisse zu den Bedürfnissen nach sozialer Wertschätzung und der Selbstaktualisierung in der Ausschöpfung des eigenen Potenzials vor. Im Hinblick auf traditionelle Männlichkeit gelangt er zu dem grafisch dargestellten Befund einer auf den Kopf gestellten Bedürfnispyramide.

Abb. 6: Bedürfnispyramide der traditionellen Männlichkeit nach Farrell und Gray 2018

---

uns emotional an unsere Söhne zu binden, so wie wir es bei unseren Töchtern konnten. Und um unsere Söhne darauf vorzubereiten, zu kämpfen und möglicherweise zu sterben, mussten wir ihnen beibringen, ihre Gefühle zu unterdrücken. Und je mehr ein Junge seine Gefühle unterdrückt und einen Panzer um sein Herz legt, desto schwieriger ist es, unser Herz für ihn zu öffnen. Diese Distanzierung führt zu dem, was ich als »geschlechtsspezifische Empathielücke« bezeichne: Wir sorgen uns weniger darum, dass ein Junge stirbt als ein Mädchen.

Diese Bedürfnispyramide präsentiert ein Dominanzmodell und wird in der Abfolge der Stufen auch als ein Modell toxischer Männlichkeit bezeichnet. In diesem Modell kreuzen sich die Krisen der Arbeitsgesellschaft mit den Krisen der traditionellen Männlichkeit, die nach Austragungsorten für die Bewertung ihrer ungebremsten Funktionalität, Leistungswilligkeit und Durchsetzungsstärke sucht und diese möglicherweise nur noch in den Arenen des Wettkampfs oder gewalttätiger Auseinandersetzungen findet. Wer Schwäche zeigt, gibt sich der männlichen Unterordnung in einem gesellschaftlichen Geschlechterarrangement preis, welches dafür neben der Verachtung allenfalls den Ausdruck von Krankheit als Legitimation findet. Es zählen Karriere, Ehrgeiz, Disziplin und das individuelle Fortkommen – auch auf Kosten anderer (Bereswill/Neuber 2011; Thelen 2022). Darin zeigt sich die eher finstere Seite der innovativen Kraft schöpferischer Zerstörung, die Schumpeter mit abnormalen wirtschaftlichen Anpassungen der kapitalistischen Ökonomie bezeichnet (Schumpeter/Kurz 2020, S. 75–205).

Bei all dem darf nicht übersehen werden, dass Männer nicht nur Täter im Sinne hegemonialer Vorherrschaft, sondern wie alle anderen auch Opfer dieser strukturellen Praktiken der marktwirtschaftlichen Verwertung ohne wahrgenommene Rückzugsmöglichkeit sind. Wem das Selbstbild des Funktionierens dominant eingeschrieben ist, der muss auch alles unter Kontrolle behalten. Angesichts gesellschaftlicher und sozialer Krisen gerät die Illusion von Kontrolle zunehmend in Schwierigkeiten und kann auch nicht mehr als Zeichen des wirtschaftlichen Erfolgs auf den Konsum verlagert werden. Daraus resultieren Diskrepanzen zwischen Dominanz und Verfügbarkeit und Externalisierung und Bedürftigkeit (Böhnisch et al. 2013, S. 30–33). Nach wie vor wird Männlichkeit in öffentlichen Sphären traditionell und damit ökonomisch verwertbar, in privaten Sphären hingegen verstärkt emotional angefragt. Dies erzeugt Spannungszustände, wenn die Bewältigungsmöglichkeiten fehlen und sich sicher geglaubte Fluchtpunkte der Maskulinität als prekär erweisen. Welche Bewältigungsstrategien geraten darüber hinaus in den Blick?

Normalisierung von Gewalt als männliches Prinzip

> *»Gewalt ist Tat und Gewalt ist Erleiden. In der Gewalttat verbindet den Täter und den Erleidenden eines: die (tendenzielle) Reduktion des die Gewalt Erleidenden auf seinen Körper.« (Reemtsma 2009, S. 124)*

Die Normalität männlicher Geschlechtsidentität offenbart der bisherigen Diskussion folgend Widersprüche und Dilemmata. Diese Janusköpfigkeit zeigt sich darin, dass der Druck zu individuellen Männlichkeitsbeweisen und die Bewertungsmechanismen der Konkurrenzgesellschaft als getrennte Sphären betrachtet und sie nicht durch Konzepte sozialer Welten als Arenen der Männlichkeit aufeinander bezogen werden. Sie bleiben damit auch reflexiv unzugänglich. In der Folge bleibt das Konzept der Männlichkeit in diesen Widersprüchen gefangen. Mit dem Begriff der Normalisierung wird hervorgehoben, dass selbst wahrnehmbare Veränderungen im Geschlechterverhältnis, wie die Präsenz von Frauen in Männerberufen, als Sonderfälle der etablierten geschlechtlichen Ordnung gedeutet werden. Frauen setzen sich in männlich dominierten Umfeldern ähnlichen Bewertungsmechanismen aus. Dies zeigt sich in maskulin formulierten Stellenausschreibungen oder in Wahrnehmungsverzerrungen durch den Gender Bias bei der Evaluation von Leistungen. Eine hegemoniale Struktur lässt sich nicht leicht aufbrechen, weil sich die Grenzen des geschlechtlichen Denkens in den Köpfen manifestieren (Meuser 2006, S. 205; Behnke 2000; Terzi 2020; Striebing 2021).

? Welche Verbindungslinien bestehen zwischen Männlichkeit und Gewalt?
? Wie kommt es in diesem Zusammenhang zur männlichen Sprachlosigkeit?

Die Verbindung zwischen Männlichkeit und Gewalt lässt sich bezugnehmend auf die männliche Geschlechtsidentität diskutieren. Amartya Sen spricht mit der *Identität* die Zurechnung der Zugehörigkeit zu einer Gegend, zu einem Milieu und zu einer Gemeinschaft an. Identitätsgefühle beinhalten Freiheiten und Zwänge gleichermaßen. Das Identitätsgefühl strukturiert das Zusammenleben, schließt Menschen ein und kann dazu bewegen, viel füreinander zu tun. Die Wahrnehmung der eigenen Identität beinhaltet, dass jeder Mensch vielen verschiedenen Gruppen angehören kann und dennoch als eine typische Person gleichbleibend wahrgenommen wird. Unterschiedliche Gruppenzugehörigkeiten können sich in Religionsgemeinschaften, in beruflichen Zusammenhängen, in Freizeitgruppen, in Interessensgemeinschaften und vielen mehr zeigen. Das Identische drückt sich darin aus, dass eine Person in verschiedenen Gruppen vollkommen unterschiedliche Praktiken an den Tag legt und dennoch als die jeweils selbe Person wahrgenommen wird. Identität erscheint in diesem Lichte als kollektive Praxis. Die Kehrseite zeigt sich in reduktionistischen Vorstellungen einer singulären Identität, in der Menschen in starre Zugehörigkeiten gepresst und deren Merkmale schließlich gegeneinander aufgewogen werden. Singuläre Zugehörigkeiten befördern Egoismus und die Loyalität zu lediglich einer Gruppe, die, mit bestimmten Merkmalen versehen, als die herausgehobene eigene Gruppe anerkannt wird. So werden bestimmte Milieus auf- oder abgewertet und auch Abgrenzungsbestrebungen zwischen unterschiedlichen Gruppen gefördert. Aus dem Fokus gerät dabei häufig, dass der jeweils eigene Blick auf andere Gruppen oder Menschen diese erst im Hinblick auf verschiedene Typiken akzentuiert. Pointiert bezieht sich Sen in seiner Diskussion von Identität auf Sartre, der in seinem Essay »Betrachtungen zur Judenfrage« schreibt

> *»Man darf nicht fragen ›was ist ein Jude?‹, sondern ›was hast du aus den Juden gemacht?‹ Der Jude ist ein Mensch, den andere Menschen für einen Juden halten. […] Der Antisemit macht den Juden.« (Sartre 2017, S. 44)*

und damit deutlich werden lässt, dass die jeweils eigene Perspektive das Feld strukturiert. Starre Merkmalszuschreibungen haben starre Identitätsvorstellungen zur Folge. Was als Vertreter eines Typus betrachtet wird, ist im Hinblick auf die jeweils angelegten Merkmalszuschreibungen eingeklammert. Im Kern sagt dies etwas über jene

Menschen, die Merkmale zuschreiben und bezogen auf das Zitat als Antisemiten erkennbar werden. Sartre legt die Selbstbespiegelung jener offen, welche in den Zuschreibungen von Merkmalen zum Ausdruck gelangt. Er macht überdies deutlich, dass der merkmalszuschreibende Akteur in jedem Falle siegt. Begehrt die Gegenseite gegen die ihr zugeschriebenen Merkmale auf, so erkennt sie deren Geltung grundsätzlich an. Versucht die Gegenseite den zugeschriebenen Merkmalen zu entsprechen, so erkennt sie diese ebenfalls an. Auf diese Weise wird Eindeutigkeit durch die Definitionsmacht in Bezug auf geltende Kategorien hergestellt (Sartre 2017, S. 108–190). Nun kann hier durchaus entgegnet werden, die Konsequenzen beider Kategorisierungen seien nicht vergleichbar. Dem wird entgegengesetzt, dass die Täterseite von Gewalt historisch nahezu ausschließlich männlich strukturiert ist und die ihr zugeschriebene Maskulinität unter anderem durch gewaltsame Handlungen sichtbar macht (Theweleit 2019). Im Umkehrschluss wird die männliche Opferseite gesellschaftlich nahezu unsichtbar. Es gilt als selbstverständlich, dass Männer in Kriegen verwundet werden oder sterben und durch ihre Verletzungen ihre Männlichkeit heldenhaft dokumentieren. Ihr Leid bleibt auch weniger drastisch illustriert und unterhalb der öffentlichen Wahrnehmungsschwelle gesellschaftlich weitgehend unausgesprochen (Lenz 2012b, 1996, S. 153–170). Auf diese Weise wird Männlichkeit kategorial einseitig mit dem Attribut der Täterschaft verbunden, hinter der männliche Verletzbarkeit auch in der öffentlichen Sprachlosigkeit zum Verschwinden gebracht wird.

Der Ertrag der hier geführten Diskussion liegt darin, dass als Mann jener angesehen wird, welchem Attribute der Maskulinität zugeschrieben werden. Versucht ein Mann gegen die Geschlechterordnung aufzubegehren, erkennt dieser die geltenden Attribute für Maskulinität an. Versucht ein Mann, Attributen der Maskulinität zu entsprechen, erkennt er diese an. Im Anschluss an Sartre zeigt sich darin, dass die gesellschaftlichen Deutungen von Unterschieden zwischen den Geschlechtern dominant den individuellen Bemühungen um eine Flexibilisierung von Geschlechterkonzepten zuvorkommen. Aus gesellschaftlicher Perspektive erscheint Männlichkeit homogen im Lichte maskuliner Bewältigungsformen, zu denen vordergründig die Verdrängung von Leid, die Herrschaft und die Kontrolle zählen (Lenz 2004). In der öffentlichen Wahrnehmung erscheint Männlichkeit im Anschluss daran ebenso homogen. Der Blinde wird zu einem Einäugigen, vor dessen Auge die männliche Täterschaft männliche Gewaltbetroffenheit bei weitem überstrahlt. Unter diesem Blickwinkel wird männliche Gewaltausübung zu einem Unterscheidungsmodus für Männlichkeit konstituiert und dieser als Erkennungsmerkmal zugeordnet (Meuser 2003). Gewalt und männliche Täterschaft erscheinen auf diese Weise untrennbar und statistisch belegbar miteinander verknüpft, weil sie als Darstellungsformen traditioneller Männlichkeit gelten und darin auch Männlichkeitsattribute verstärken (Rieske/Budde 2020).

Durch die Einordnung von Menschen in kategoriale Identitätsvorstellungen wird schließlich der Ausschluss und die Zurückweisung anderer Lebensentwürfe forciert. Natürlich können sich Menschen gegen zugeschriebene Merkmale zur Wehr setzen. Die damit verbundene Crux liegt darin, dass auch in der Gegenwehr das Vorhandensein zugeschriebener Merkmale zumindest implizit anerkannt und dann der Beweisführung in allen Bemühungen des Dagegen-an-Lebens zugänglich wird. Identität zeigt sich demnach als Grenzkonzept. Die Grenzen zu anderen Gruppen, Religionen, Völkern oder auch geschlechtlichen Zugehörigkeiten werden umso trennschärfer markiert, je starrer und unflexibler Identitätskonzepte sind. Dabei sind alle Gefangene ihrer Zivilisation, die geradezu naturwüchsig vorgibt, was die Unterschiede jeweils markiert und wie diese zu bewerten und einzuordnen sind (Sen 2020, S. 17–71).

> *»Unser gemeinsames Menschsein wird brutal in Frage gestellt, wenn unsere Unterschiede reduziert werden auf ein einziges, willkürlich erdachtes Einteilungsschema, dem alles andere untergeordnet wird.« (Sen 2020, S. 75)*

Dabei sind zwei Menschen, die zufällig nebeneinanderstehen, mit so vielen Unterschieden ausgestattet, als wären es zwei Galaxien, die sich in nichts gleichen. Die Illusion einer einzigen Identität trägt weit mehr zu Unfrieden bei als die Anerkennung mannigfaltiger Unterscheidungen. Die Auffassung von einer singulären Identität fordert einen ungewöhnlich hohen Preis, weil alle unter den gleichen Gesichtspunkten betrachtet werden. Diese Selbsttäuschung gelingt nur, wenn hervorstechende Gesichtspunkte herausgegriffen werden und von allen anderen engagiert abgesehen wird. Die Annahme, dass Menschen kategorisierbar sind, ist insofern gewalttätig, als diese der Illusion Vorschub leistet, andere damit ausreichend beschreiben zu können. Diese schicksalhafte Festlegung entledigt schließlich der Verantwortung, sich für Zugehörigkeiten zu entscheiden. Es reicht die in Anspruch genommene Deutungsmacht, Kategorien zuschreiben zu können, dadurch andere einzuordnen, zu bewerten oder gar zu deklassieren, weil eigenes dann durch den Unterschied, nicht wie die andere Person zu sein, nicht mehr näher beschrieben werden muss. Dies nähert zudem die Illusion, einmal übernommene Kategorien nicht ändern zu können, weil historische Begründungsfiguren eine überzeitliche Geltung nahelegen. Es war schlicht schon immer so. Dann geht es um alles oder nichts. Amartya Sen (2020, S. 12) stellt dies als hohe Theorie mit niederträchtiger Wirkung dar.

Verbindungslinien zu der in Rede stehenden Männlichkeit zeigen sich im Hinblick auf männliche Geschlechtsidentität, die in Körper- und Verhaltensmerkmalen kategorial zugeschrieben wird. Walter Hollstein (1999) kennzeichnet die Vereinseitigung des Männlichen als Enteignungsgeschichte, deren zeitlichen Ursprung er mit der Expansion der Industrialisierung und der Unterwerfung unter die Taktung technischer Abläufe markiert. Die Resultate der Abspaltung von Emotionen machen Männlichkeit zu einer Idealisierung aus verinnerlichten Normen der geronnenen und versteinerten Gesellschaftlichkeit. Bereits mit der Geburt werden Merkmale, Beschreibungen und Symboliken herangezogen, denen eine Person, welcher geschlechtliche Identität zugerechnet werden soll, zu entsprechen hat. Im öffentlichen Verkehr können Ausweispapiere, Zeugnisse oder andere Dokumente Träger geschlechtlicher Identität werden, sodass an der Übereinstimmung einer Person mit den nachgewiesenen Merkmalen nicht mehr gezweifelt wird. Spezifisch betrachtet lässt sich jedoch nur feststellen, dass eine Person entsprechende Nachweise vorlegt, nicht jedoch, dass sie diesen exklusiv entspricht. Ein einfaches Beispiel dafür wäre ein Passfoto, welches bereits in dem Augenblick als historisch einzustufen ist, in dem es produziert wird. Inwiefern ein Dokument dem Körper bildlich entspricht, wird zur Frage der Interpretation des oder der Beurteilenden und diese ist vielschichtig motiviert. Daraus resultiert, dass eine Nachweisforderung männlicher Geschlechtsidentität stets mit dem Element der Hegemonie im Sinne von Machtspielen zwischen der Definitionsmacht und der Unterwerfung kategorial zugeschriebener Merkmale einhergeht.

Das Konzept der Identität als Definition der Zugehörigkeit gerät in Schwierigkeiten, wenn es mit der Doppelbödigkeit alltäglicher Normalität konfrontiert wird. Männliche Geschlechtszugehörigkeit wird in den Vordergrund gerückt, indem diskursiv deutlich gemacht wird, an welchen Stellen Tabuzonen greifen. Wenn ein Verhalten im jeweiligen Rahmen oder die Biologie eines Körpers den zugemessenen Kriterien nicht entspricht, ist die Identität dieser Person der Beurteilung zugänglich und dieser ausgesetzt (Foucault 2020). Dadurch werden Attribute von Geschlechtsidentität öffentlich kontrolliert. Geschlechtliche Identitätszurechnungen sind daher immer mit Machturteilen verbunden, die jeweils vorgeben, auf welche Weise Männlichkeit oder Weiblichkeit jeweils zu interpretieren ist. Diese Interpretationen gehen mit geschichtlich gewachsenen Normalitätsparametern einher, die Männlichkeit und Weiblichkeit als Tatsachen erscheinen lassen und gesellschaftlich reproduziert werden. Die Unterschiede manifestieren sich in Lebensstilen, Kommunikationsformen, Denk- und Handlungsweisen. Sie sind symbolischer Natur und werden nur in ihren Konsequenzen faktisch greifbar. Einzelnen kann für deren Zustandekommen kaum Verantwortung zugewiesen werden, weil diese nur als Vertreter einer normalen gesellschaftlichen Praxis handeln. Würden Einzelne anders handeln, geriete ihre in gesellschaftliche Normalparameter eingeklammerte geschlechtliche Identität selbst in Schwierigkeiten (Bourdieu 2018). Wieviel Fiktion des Wünschenswerten und Interpretation damit verbunden sind, zeigt wiederum Amartya Sen. Er nimmt auf Wittgenstein Bezug und bemerkt:

> *»Es gebe kein schöneres Beispiel eines nutzlosen Satzes, als dass etwas mit sich selbst identisch ist[,] […] aber doch […] mit einem Spiel der Vorstellung verbunden ist.«* (Sen 2020, S. 7)

Geschlechtliche Normalität zeigt sich in der Selbstverständlichkeit von Routinen, die entscheidungsentlastend dazu beitragen, dass Menschen im Alltag zurechtkommen. Über alltägliche Praktiken kann deshalb nur schwer nachgedacht werden, weil eine Distanzierung von dem, was als normal vorausgesetzt wird, schier unmöglich scheint. Das Mit-sich-Identische gilt somit als selbstverständlich. In dieser Hinsicht erscheint Männlichkeit als selbstverständlicher Fakt, welcher mit gesellschaftlichen Glaubenssätzen in Bezug auf das Mann-Sein verknüpft ist. Zu diesen Glaubenssätzen zählt, dass ausdauernde Leistung den Erfolg garantiert, dass Glück und Sicherheit die Ergebnisse harter Arbeit sind, dass der Kampf, die Stärke, die Härte, der Gehorsam und auch die Gewalt Kennzeichen für Männlichkeit sind. Männlichkeit wird so durch den Verzicht auf weibliche Attribute erkauft. Der Reduktionismus zeigt sich in der Funktionalität des Männlichen, in dem Notwendigkeiten vor Bedürfnisse gestellt werden. Männlichkeit ist auf den Sieg programmiert. Auch der Zweite ist bereits ein Verlierer. Die männliche Antwort auf eine misslungene oder nicht angetretene Heldenfahrt beschreibt Hollstein (1999) durch die Überkompensation von Männlichkeit. Klassische oder traditionelle Männlichkeit behindert Männer, achtsamer mit sich selbst und der Umwelt umzugehen. Es zwingt sie in das Korsett, in oft risikoreichem Verhalten auch dann den immer gleichen Attributen zu entsprechen, wenn in Beziehungen oder dem sozialen Umfeld andere männliche Leitbilder gefordert werden (Hollstein 1999, S. 29–71, 2012, S. 25–98). Welche tiefergehende Bedeutung hat in diesem Zusammenhang Gewalt?

Facetten der Gewalt

»Gewalt ist zunächst physische Gewalt, der Übergriff auf den Körper eines anderen ohne dessen Zustimmung. Gewalt ist Schmerz, aber Gewalt ist auch drohende und aktuelle Übermächtigung: Ausgeliefertsein, das Erkennen der Grenzenlosigkeit des Möglichen.«
(Reemtsma 2009, S. 104–105)

Bereits mehrfach angesprochen ist, dass die Perspektive auf die Gewaltbetroffenheit von Männern im Gegensatz zu männlicher Täterschaft bislang öffentlich wenig Beachtung erfährt. Sie erscheint daher selten als eigenständige Thematik, sondern als ein Anhängsel, welches aus anderen Gewaltdiskursen abgeleitet und erst für die gewaltbetroffene männliche Seite zu erschließen ist (Schwithal 2005, S. 1–13).

In Anlehnung an den im Kapitel »Methodisches Vorgehen« entfalteten integrativen Methodenbegriff wird analog das gleiche Vorgehen in der konzeptuellen Herleitung des Gewaltbegriffs gewählt. Gewalt gegen Männer wird so zunächst aus den Bedingungen bis hin zu den Konsequenzen beleuchtet.

Dem Gewaltbegriff wird definitorisch eine gewisse Offenheit attestiert. Diese Offenheit geht damit einher, dass Gewalt innerhalb bestimmter Grenzen legitimiert sein kann. Ein Beispiel dafür ist die durch ein Urteil begründete gesetzlich legitimierte Einschränkung der Freiheit. Andere Formen der Gewalt tragen schädigenden Charakter für das Leben oder Zusammenleben der Menschen. Nur um diese nicht rechtlich legitimierten Formen von Gewalt soll es in diesem Buch gehen (Audi 2018; Garver 2018). Obgleich in der bisherigen Diskussion im Kontext von traditioneller oder historischer Männlichkeit, Maskulinität oder männlicher Geschlechtsidentität kaum explizit von Gewalt die Rede war, zeigt sich diese zwischen den Zeilen in zahlreichen Facetten. Reemtsma spricht der Gewalt innewohnende kommunikative Aspekte in den Spannungsfeldern des Übergriffs und des Ausgeliefertseins an. Ein jeder Gewaltausübung inhärenter Aspekt sind Formen der Machtausübung durch die Übergriffe auf fremde Körper oder die Einschränkungen der Handlungsoptionen anderer.

> *»Wenn ich Gewalt anwende, tritt zunächst das Moment seiner Körperlichkeit in den Vordergrund, wird die Gewalt extrem, findet eine – nun tatsächliche – Reduktion auf seine Körperlichkeit statt, denn im Falle extremer Gewalt hat es der Gewalttäter buchstäblich in der Hand, welche andere Seite seiner Person, inklusive seiner im Hinblick auf seinen Bürgerstatus relevanten Eigenschaften (ein Rechtssubjekt zu sein, Religionsfreiheit zu genießen, vor Diskriminierung geschützt zu sein) das Opfer der Gewalt (noch) ins Spiel bringen kann. Die durch die Gewalttat vollzogene Reduktion auf den Körper ist der Grund, warum Gewalt stets als primär körperlich aufgefasst werden muss.« (Reemtsma 2009, S. 125)*

Reemtsma spricht von lozierender (unterordnender) Gewalt, in der andere Körper als verfügbare Masse behandelt werden, raptiver Gewalt im sexualisierten Übergriff oder autotelischer Gewalt mit dem Ziel der Beschädigung oder körperlichen Zerstörung. Gleichzeitig tragen umfangreiche Ausdifferenzierungen des Gewaltbegriffs eher zur Diffusität des ohnehin schwer zu definierenden Phänomens bei. Übergreifend lässt sich festhalten, dass Gewalt stets mit der Reduktion anderer auf wenige körperliche oder psychische Merkmale einhergeht, welche die Gewalttäter als Legitimation für den Übergriff heranziehen. Es kann sich dabei um die Verwirklichung individueller Ziele oder auch um die Durchsetzung eigener Deutungen handeln, denen Gewaltbetroffene aus der Perspektive der Täter im Weg stehen. Die Körper oder Handlungen anderer werden als Hindernis betrachtet. Reemtsma spricht auch das Schweigen Betroffener und Zeugen von Übergriffen an, welches gewaltlegitimierend wirken kann. Zudem ist Gewalt stets als Übergriff einzuordnen, für den bei männlicher Betroffenheit oft keine Sprache gefunden wird (Reemtsma 2009, S. 104–453). Gewalt geht jedoch auch über Handlungen in unmittelbaren Beziehungen hinaus. Sie manifestiert sich symbolisch und auch faktisch in den Arenen der Männlichkeit, in den Spannungsfeldern öffentlicher und privater Sphären. Zum Wesensmerkmal des Gewaltverständnisses gehört die absichtlich herbeigeführte oder auch in Kauf genommene Beschädigung eines anderen, der kein Hilfemotiv zugrunde liegt. Denkbar wäre hier beispielsweise die mit einem medizinischen Eingriff einhergehende Rettung eines Menschenlebens, die zwar gewalttätig interpretiert werden kann, jedoch legitim erscheint. Die Unterscheidung liegt im instrumentellen Charakter des Übergriffs. Gewalttätig ist dieser dann, wenn die Mittel (Gewalt) den Zweck (Durchsetzung eigener Bestrebungen) heiligen (Müller-Salo 2018, S. 9–51). Dies gilt auch für das Hinnehmen von Gewaltakten.

> *»Ob verletzte Bedürfnisbefriedigung als Unrechtserfahrung interpretiert wird, hängt, wie sich empirisch nachweisen läßt [sic], von psychischen, sozialstrukturellen und kulturellen Faktoren ab: Wer beispielsweise Gewalt – zwischen Kriegsparteien oder im Verhältnis vom Mann zur Frau – als kulturellreligiös legitimiert oder als*

Schicksal betrachtet, wird sich auch bei tiefsten Ängsten um physische Unversehrtheit kaum dagegen auflehnen« (Staub-Bernasconi 1995, S. 77).

Zur Annäherung an den auch in der wissenschaftlichen Rezeption schillernden Begriff der Gewalt hilft Galtungs Dreieck der Gewalt, welches auch für die Thematik männlicher Gewaltbetroffenheit hilfreich erscheint. Der Friedensforscher Johan Galtung (1984) unterscheidet zwischen kultureller, struktureller und personaler Gewalt (vgl. Soßdorf 2008). Im engen Sinne wird von *personaler Gewalt* dann gesprochen, wenn in Folge einer Handlung physische oder psychische Schädigungen drohen beziehungsweise diese billigend in Kauf genommen werden. Dazu gehören Bedrohungen, Beschimpfungen, Handgreiflichkeiten, Beschämungen, Bloßstellungen oder auch Beleidigungen. Dem gegenüber steht ein weiter gefasster Gewaltbegriff, welcher *strukturelle Gewalt* in den Ausprägungen von Zumutungen oder Unterlassungen einbezieht. Als eine Zumutung struktureller Gewalt lässt sich unter anderem der bereits angeführte politische Zwang zu männlicher Tötungsbereitschaft heranziehen. Weitere Beispiele dafür sind unzumutbare Arbeitsbedingungen oder unzureichende Personalschlüssel in Organisationen, durch die Mehrarbeit bereits vorausgesetzt wird. Eine strukturelle Unterlassung wäre das Vorenthalten der Absicherung von Grundbedürfnissen, welche die Grundlage für das Überleben oder Entwicklungschancen bilden. Dazu zählen Grundbedürfnisse wie Schutz, Gesundheits- und soziale Fürsorge, Sicherheit oder Bildung, die neben individuellen Entwicklungsmöglichkeiten auch das Funktionieren des Gemeinwesens sicherstellen und beispielsweise durch mangelhafte Refinanzierungen bedroht sind. Noch weiter gefasst zeigt sich Gewalt in der Facette der *kulturellen Gewalt.* Kulturelle Gewalt äußert sich in Symboliken, wie in den angesprochenen Kategorisierungen, durch die deutlich wird, welche Attribute für die Zurechnung geschlechtlicher Identität und deren Ausdrucksformen gelten (Bourdieu 2018). Ein Beispiel dafür ist der fehlende öffentliche Aufschrei für die als selbstverständliche männlich unterstellte Bereitschaft, in den Krieg zu ziehen oder Töten zu lernen (Quest/Messerschmidt 2017; Kleiser 2022). Weitere Beispiele sind die moralisch-weiblich zugerechnete Übernahme von Care-Aufgaben oder Geschlechterklischees bei der Berufswahl (Senff 2020; Zeitonline 2022). Ausgehend von personalen über strukturelle bis hin zu kulturellen Formen der Gewalt, wird von Gewaltverhältnissen gesprochen, für die eine aufsteigende Unveränderlichkeit gilt. Kulturelle Formen der Gewalt zeigen sich in dieser Hinsicht als relativ stabil. Als Rechtfertigung politischer Akte sind sie zwar kaum zu übersehen. Der subjektive Einfluss auf die Veränderung kultureller Symboliken ist jedoch begrenzt. Kulturelle Bilder und institutionelle Gewalt tragen eher zu Abhängigkeitsverhältnissen mit einer gewissen Dauerhaftigkeit bei, die sich insbesondere in Hoheits- und Gehorsamkeitsansprüchen manifestieren (BMFSFJ 2004, S. 25–27). Mit erheblichem Aufwand, jedoch schon etwas leichter können strukturelle Veränderungen von institutioneller Gewalt durch öffentliches Engagement in der Politik, in Gewerkschaften oder Vereinen angestoßen werden, die in der Folge gesetzliche Normierungen nach sich ziehen. So ist die Armee bis heute nahezu vollständig männlich geprägt. Jedoch stehen militärische Laufbahnen seit 2001 auch für Frauen offen, ohne dass sich dafür grundsätzlich das kulturelle Bild von einer Organisation, zu deren Selbstverständnis auch die Tötungsbereitschaft gehört, verändern musste. Ist dies als Beitrag zur Geschlechtergerechtigkeit zu verstehen? Im Rückgriff auf statistische Daten fassen Farrell und Gray dies folgendermaßen zusammen:

> *»When men and women are exposed to similar pressures to perform, as among men and women in the military, the female suicide rate soars almost as high as the male rate.«*[6] *(Farrell/Gray 2018, S. 33)*

Pointiert ausgedrückt ist der gleiche Zugang zu Organisationen unter Umständen eher Teil des Problems als einer Lösung. Sinnvoller scheint es, die Notwendigkeit und die Ziele von Organisatio-

---

6 Deutsche Übersetzung: Wenn Männer und Frauen einem ähnlichen Leistungsdruck ausgesetzt sind, wie dies bei Männern und Frauen im Militär der Fall ist, steigt die Selbstmordrate bei Frauen fast genauso stark an wie bei Männern.

nen (Armeen) infrage zu stellen, als Traumatisierungen und Gewaltraten geschlechtergerecht anzugleichen.

Auch personale Gewalt lässt sich, obgleich auf der unmittelbar zwischenmenschlichen Ebene nicht ohne Anstrengung, beheben. In unmittelbaren Beziehungen ist es jedoch durchaus möglich, Alternativen zu Gewalt zu entwickeln und alternative Männlichkeit zu leben, die sich von strukturellen Einflüssen und kulturellen Symboliken abgrenzt. Der Vorteil in zwischenmenschlichen Beziehungen ist der nahezu unmittelbare Effekt von Verhaltensänderungen. Aus strukturellen oder auch kulturellen Perspektiven ist dafür jedoch möglicherweise ein Preis zu zahlen. Dieser kann sich beispielsweise im Karriereknick oder infolge von Ressentiments gegen alternativ daherkommende geschlechtliche Ausdrucksformen in entsprechenden Degradierungen oder Erniedrigungen äußern. Gewalt tritt folglich in zahlreichen Verkleidungen zutage. Eine über alle Gewaltformen hinwegreichende Perspektive ist bisher allerdings noch nicht benannt. Dabei handelt sich um eine Perspektive, welche die Motivation für Gewalthandlungen akzentuiert und sich in ungleichen Machtpotenzialen ausdrückt.

Asymmetrische Verhältnisse von Macht und Gewalt

»Entweder gilt jemand als Opfer, oder er ist ein Mann.
Beide Begriffe werden als unvereinbar gedacht.«
(Lenz 2007b, S. 221)

Gewalt ist eine Option menschlichen Handelns. Sie ist auch ein Teil ungleicher ökonomischer Verhältnisse. Keine umfassende soziale Ordnung ist allein auf der Prämisse der Gewaltlosigkeit vorstellbar (Popitz 2009, S. 57). Gewalt zeigt sich aufsteigend von personaler über strukturelle bis hin zu kultureller Gewalt. Obgleich diese Formen der Gewalt gesellschaftlich auf unterschiedlichen Ebenen gelagert sind, weisen sie thematische Verbindungen auf. Kulturelle Vorstellungen, wie die Maskulinität oder traditionelle Männlichkeit, wirken auf das Handeln in zwischenmenschlichen Kontexten. Die Wirkung struktureller Einflüsse, beispielsweise von Organisationen, konnte bereits in der Verbindung zwischen Männlichkeit und beruflicher Tätigkeit in einem Beispiel offengelegt werden. Eine quer über alle Ebenen der Gewalt hinwegreichende Perspektive ist jene der Macht.

Eine Voraussetzung der Machtausübung beschreibt Popitz folgendermaßen: »Menschen können über andere Macht ausüben, weil sie andere verletzen können« (Popitz 2009, S. 25).

Die Möglichkeit, Macht und Gewalt auszuüben, geht einerseits mit dem Rückgriff auf Machtquellen und andererseits mit der Verletzungsoffenheit jeglichen Lebens einher. Die Tatsache, dass Menschen verletzbar sind, hängt wiederum mit der Erreichbarkeit der Menschen für andere zusammen. Die Möglichkeit, zu verletzen, ist im zwischenmenschlichen Kontakt immer dann gegeben, wenn Macht und Überlegenheit auf die Zerbrechlichkeit anderer treffen, welche mit faktischen und erwarteten Konsequenzen der ihnen entgegengebrachten Handlungen rechnen und sich unterordnen. Gegenüber der Verletzungsmacht steht die Verletzungsoffenheit durch Handlungen gegen die Fragilität, die Ausgesetztheit des Körpers und durch Worte, welche die personale Integrität angreifen. Dazu zählen unter anderem Tadel, Ermahnungen, Distanzierung und Verspotten, welche die soziale Teilhabe wesentlich erschweren können und die Person unabhängig von körperlichen Übergriffen öffentlich herabsetzen. Unmittelbare Aktionsmacht begründet den Anfang jeglicher Machtverhältnisse. Diese wird ausgeübt, bevor ungleiche Besitzverhältnisse zur Verstetigung dauerhafter Macht und Kontrolle beitragen. Hinter dauerhaften Machtbeziehungen liegen glaubhafte Drohungen, befürchtete Konsequenzen oder der Glaube an Mythen (Popitz 2009, S. 45; Reemtsma 2009, S. 124–153; Popitz 2018; Janssen 2020). Zu diesen Mythen gehört auch die männliche Unverwundbarkeit.

»Ein zentraler Aspekt der Konstruktion von Männlichkeit ist der Mythos der Unverletzbarkeit des Mannes« (BMFSFJ 2004, S. 24). Die Auseinandersetzung mit der männlichen Verletzbarkeit bedingt eine Dekonstruktion von Männlichkeit in ihren mythischen Einbettungen in kulturelle Glaubenssätze. Im Konzept der Macht geht es um die Möglichkeit, Alternativen im Sinne eines Entweder-oders als Bedingungen formulieren zu können. Das Verhalten Betreffender wird auf diese Weise in Klassen eingeteilt und der Beurteilung zugänglich. Die Beurteilung von Verhalten schafft einerseits Orientierung und andererseits auch Möglichkeiten der Bewährung. Beurteilungsmacht trägt zur Gewissheit bei, weil Belohnungen oder Sanktionsdrohungen das Verhalten beeinflussen. Jedes Kind lernt den Umgang mit Macht, indem es versteht, dass Handlungen Folgen haben und andere diese herbeiführen können. Die Ausübung von Gewalt ohne das Innehaben von Machtquellen, wie Besitz, Autorität, Anerkennung oder Wissen, ist unmöglich. Gewalt wird als machtvolle Möglichkeit der Legitimation ungleicher Verhältnisse verübt. Sie gilt als Probe der Männlichkeit, manifestiert sich in Opfern und Heldenerzählungen (Popitz 2009, S. 11–78). Die Herstellung eines handlungs- oder deutungsmächtigen Zustands bildet bereits eine Voraussetzung für Gewalt und wird nicht selten als deren Legitimation herangezogen.

Saul Alinsky (2010, S. 127) spricht in seinem Werk »Rules for Radicals« folgendermaßen über Macht: »Power is not only what you have but what the enemy thinks you have«.

Macht ist Ausdruck einer spezifischen Beziehung. Sie ist in Symboliken kultureller Art, beispielsweise in Kunstwerke, struktureller Art, beispielsweise in die Durchsetzungsmacht von Organisationen, oder personaler Art, beispielsweise in die Durchsetzung des jeweils eigenen Willens, eingebettet. Machtungleichgewichte zeigen sich in hierarchischen Verhältnissen aufgrund der Möglichkeit, Konsequenzen zu verhängen, oder aber der Zumutung, befürchteten oder eingetretenen Konsequenzen ausgesetzt zu sein. Machtanalysen gehen auf Max Weber zurück. Er definiert Macht folgendermaßen: »Macht bedeutet jede Chance, innerhalb einer sozialen Beziehung den eigenen Willen durchzusetzen, gleichviel worauf diese Chance beruht« (Weber 1972, S. 28).

In diesem Sinne geht Macht mit Deutungs- und Durchsetzungsmacht einher. Insbesondere gepaart mit Gewalt schafft Macht Eindeutigkeit, indem sie die soziale Welt in Mächtige und Ohnmächtige spaltet und beide Seiten darauf festlegt. Spätestens seit Hegel ist bekannt, dass Macht und Ohnmacht zwar als ungleiches Paar erscheinen, strukturell jedoch aufeinander angewiesen sind. Ohne Unterordnung gibt es keine Macht. Macht kann nur dann gelebt werden, wenn eine Seite sich dieser unterordnet. Dieses asymmetrische Verhältnis legt beide Seiten auf ihre jeweilige Rolle fest. Mächtige beziehen ihre Legitimation aus der Unterordnung Ohnmächtiger. Reproduziert wird dieses asymmetrische Verhältnis, wenn sich Beherrschte andere Gruppen suchen, die sie ihrerseits beherrschen. Machtverhältnisse erhalten historisch reproduziert den Status des Faktischen. Diese miteinander verschränkte Denkfigur von Machtverhältnissen geht auf Hegels Überlegung zur »Selbständigkeit und Unselbständigkeit des Selbstbewusstseins; Herrschaft und Knechtschaft« zurück (Hegel/Holzinger 2013, S. 99–105). In diesem asymmetrischen Verhältnis sind Mächtige davon abhängig, dass Unterordnung bestand hat und durchgesetzt werden kann. Beide Seiten bleiben jedoch Abhängige ihrer Verhältnisse. Durch die Reduktion auf dieses ungleiche Verhältnis erfahren beide Seiten darin keine Anerkennung als Menschen. Vielmehr geht es um die Furcht vor faktischen oder erwarteten Konsequenzen bei Zuwiderhandeln, sei es durch den Verlust der Macht auf Seiten Herrschender oder den Verlust zugestandener Privilegien auf Seiten Beherrschter. Manchmal geht es auch schlicht um die Furcht vor der mit dem Verlust der Rolle einhergehenden Freiheit und der damit verbundenen Verantwortung. Auch wenn die einst ohnmächtige Seite Autonomie erringt und etablierte Machtverhältnisse infrage stellt, ändert dies nicht zwingend etwas an der Struktur der Verhältnisse. Die einzelnen Positionen werden lediglich von anderen Akteuren besetzt. Jede Ausübung von Macht ist im Kern eine Begrenzung der Freiheit. Macht führt stets die Ohnmacht im Gefolge. Auch der Mächtige ist Opfer der Verhältnisse, weil auch dieser mit der Verletzungsoffenheit seiner eigenen Existenz lebt. Darin bleibt jede Machtausübung unvollkommen und begrenzt. Sie bleibt jedoch auch gewalttätig, weil Macht als Beschreibung ungleicher Verhältnisse beide Seiten festlegt (Popitz 2009, S. 17–78). Abgeleitet davon lässt sich der Preis männlicher Macht nur schwer in ausschließlichen Über- und Unterordnungsverhältnissen darstellen. Jede Form der Macht bringt, einem Blick in den Spiegel gleichend, ihre Ohnmacht mit. Wie zeigt sich männliche Ohnmacht?

Der Preis traditioneller Männlichkeit

»In der Liebe und im Krieg ist alles erlaubt?«
(Jürgens 2018, S. 55)

Äußere Macht zeigt sich auch in dem Dilemma der inneren und externalisierten Ohnmacht. Die Aufrechterhaltung der traditionellen Männlichkeit mit den Attributen des Leistungs- und Erfolgsstrebens, der Unverletzbarkeit, der Funktionalität, des Besitzes, der Beherrschung von technischen und natürlichen Prozessen sowie der technischen Machbarkeit erscheint als die prekäre Fassade männlicher Verwundbarkeit. Macht schafft Privilegien. Im Korsett der Maskulinität versklavt sie. Der ökonomische Erfolg verstärkt die Abhängigkeit von Statuspositionen, weil dieser die innere Leere nicht kompensiert. Sie wird allenfalls überdeckt (Hollstein 1999, S. 29–61). Boris von Heesen (2022b) unternimmt in seinem Buch »Was Männer kosten« den Versuch, den Begleiterscheinungen und Konsequenzen traditioneller Männlichkeit ökonomische und persönliche Kosten zuzuordnen. Er bezieht unter anderem Gewalt, Kriminalität, Haftaufenthalte, Süchte, Jugendhilfekosten, Kosten zur Gesunderhaltung, Ernährung und auch die Schäden an Umwelt und Klima in seine Berechnung ein. Schädliche Handlungsfolgen der Maskulinität zeigen sich unter anderem in Unfällen, Krankheiten, in mangelnder gesundheitlicher Vorsorge und in den Nebenwirkungen dieses Verhaltens. Männer haben eine im Schnitt 4,7 Jahre geringere Lebenserwartung als Frauen. Die frühere Mortalität der Männer wird mit dem intensiveren Risikoverhalten in Sport, Freizeit und Beruf, der Ernährung und selteneren Arztbesuchen in Verbindung gebracht. Boris von Heesen kommt zu fatalen Resultaten in Bezug auf Praktiken traditioneller Männlichkeit. Beispielhaft benennt er 3,23 Milliarden Euro der Kosten für den Justizvollzug für Männer im Vergleich zu 210 Millionen Euro für Frauen im Jahr 2021. Etwa 53,7 Prozent männlicher Straftäter werden innerhalb von 12 Jahren nach Haftentlassung rückfällig. Dies wird mit männlichem Dominanzstreben in Verbindung gebracht. Männer haben es verlernt, emotional zu sein, Fehler wahrzunehmen, diese einzugestehen und um Verzeihung zu bitten. Das Gefängnis wird zu einer Art Epizentrum der Maskulinität in der Gemeinschaft mit Männern, die aus den gleichen Gründen inhaftiert sind und Rückfallquoten reproduzieren. In Bezug auf häusliche Gewalt wird lediglich das Hellfeld der behördlichen Erfassung sichtbar. Im Rückgriff auf Daten der Brandenburgischen Technischen Universität Cottbus-Senftenberg aus dem Jahr 2017 werden die direkten Kosten mit 803 Millionen Euro beziffert. Darin enthalten sind Kosten für Polizeieinsätze, die Justiz, die Unterbringung in Gewaltschutzeinrichtungen, Betroffenenberatungen und des Gesundheitswesens. Die indirekten Kosten der Folgen häuslicher Gewalt werden mit 1,95 Milliarden Euro beziffert. Enthalten sind die gesundheitlichen Folgekosten aufgrund von Traumata, Unterstützungsleistungen, Arbeitslosigkeit und andauernder Krankheit. Männer als Opfer häuslicher Gewalt zeigen diese selten an und warten zu lange auf Hilfe. Sie prägen aufgrund stereotyper Zuschreibungen von Männlichkeit kein Bewusstsein dafür aus, dass Ihnen Gewalt widerfuhr. Als das stärkere Geschlecht können sie nicht Opfer sein und bleiben als solche auch unter der Wahrnehmungsschwelle. Dies korreliert auch mit einem für männliche Opfer verschwindend gering ausgeprägten Hilfesystem von elf bundesweiten Schutzwohnungen (Heesen 2022b). Zahlreiche Männer leiden unter der Angst, dass ihnen bei einer Anzeige von Gewalt nicht geglaubt wird und ihnen der Kontakt zu ihren Kindern untersagt wird (Bockshorn 2013). Die männliche Betroffenheit von Beziehungsgewalt steht nach wie vor im Kontrast zur gesellschaftlichen Konstruktion und sozialen Aneignung von Männlichkeit. Eine männliche Gewaltbetroffenheit scheint hingegen die Gewalt gegen Frauen zu relativieren, weil es sich darüber scheinbar nicht zu reden lohnt. Nur etwa jedes fünfte Opfer in nahen Sozialbeziehungen ist ein Mann. Treten Männer mit ihrer Gewaltbetroffenheit nach außen, sehen sich diese möglicherweise dem Vorwurf ausgesetzt, die statistisch deutlich überwiegende weibliche Gewaltbetroffenheit im Kampf um knappe Hilferessourcen zu schmälern. In der Auseinandersetzung um die statistische Legitimation individueller Opfer- oder Täter- und Täterinnenerfahrungen wird jedoch die Universalität des Leidens nicht anerkannt. Diese zeigt sich darin, mit den jeweiligen Erfahrungen des gewaltbetroffenen Opfers nicht allein zu sein (Yalom 2015, S. 28–30).

Der Geschlechterunterschied zeigt sich auch in den Kosten durch Süchte. Konsumräume weisen etwa 85 Prozent männliche Nutzer aus. Als Konsumgründe werden Überforderungen durch den Leistungsdruck, Funktionalitätserwartungen und die Verdrängung von Emotionen angegeben, die als Codes der männlichen Gruppenzugehörigkeit und Geschlechtsidentität fungieren. Ein männliches Schmerzempfinden oder Leiden kommt in den Codierungen der traditionellen Männlichkeit nicht vor. Die ökonomischen Schäden allein durch männliche Alkoholabhängigkeiten beziffert von Heesen inklusive der Folgeerkrankungen wie Leberschäden auf etwa 57 Milliarden Euro. Die Liste ließe sich in Bezug auf Kosten des Glücksspiels, der Kriminalität, der Ernährung oder der Gesunderhaltung fortführen. Im geschlechtsspezifischen Vergleich verursachen traditionell verankerte Männer den weitaus überwiegenden Anteil ökonomischer Kosten. Diese Kosten des Patriarchats beziffert von Heesen auf etwa 64 Milliarden Euro im Jahr – ohne die daraus generierten Nebenwirkungen wie männliche Suizide, die kürzere Lebenserwartung von Männern, extremistische Verhaltensweisen oder auch die Diffamierung der Geschlechter unter anderem durch Catcalling (sexuell anzügliches Rufen, Reden oder Pfeifen), Radikalität oder Hass, wie die Studie HateAid verdeutlicht (Heesen 2022b, S. 31–132). Diese Argumente offenbaren gute Gründe für die Gleichberechtigung aller Menschen, egal welcher geschlechtlichen Zurechnung, durch das Aufgeben des Patriarchats in Gestalt der traditionellen Männlichkeit. Weshalb erscheint dies so schwer?

Wenn es nur Opfer gibt, wird der Opferbegriff banal. Dennoch zahlen alle Menschen den Preis für die traditionelle Männlichkeit. In dieser Hinsicht sind alle Opfer. Oberflächlich betrachtet werden in der Matrix männlicher Hegemonie scheinbar ausschließlich Gewinner sichtbar. Ökonomischer Erfolg oder Status sind jedoch stets mit der Opferbereitschaft an Emotionalität sich selbst und anderen gegenüber verbunden, die kollektiv zu einer gesellschaftlichen Geschichte der Entsagung mutieren. Jede Karriere wird durch das dauerhaft zu erbringende Opfer der Verdrängung von Gefühlen diskreditiert, weil diese fortwährende Verfügbarkeit abverlangt. Im Deutungsschema traditioneller Männlichkeit wird Gewalt als Handlungsweise akzeptiert, die unterhalb gewisser Wahrnehmungsschwellen, beispielsweise als Gewalt zwischen Männern, oder öffentlich legitimiert als normale Folge akzeptierter Lebensstile gilt. So erleiden Menschen beispielsweise im Sport oder in Kriegen Verletzungen und kommen dadurch auch zu Tode (Lenz 2000, S. 7–24; Baur/Luedtke 2008, S. 7–29; Meuser 2008a, S. 33–44; Neuber 2008). Die Unterteilung von Gewalt in eine Täter- und Opferseite vernachlässigt, dass allen Menschen unabhängig geschlechtlicher Zurechnungen Opfer im Hinblick auf die Betroffenheit direkter oder indirekter Folgen des Patriarchats abverlangt werden. Solange kulturell-gesellschaftliche Bilder die Attribute traditioneller Männlichkeit als typisch männliche Geschlechtsidentität einfordern, bleiben jedoch auch alle Täter. Im Hinblick auf die Folgekosten dessen sind alle Opfer. Eine hinreichende Zurechnung einer dichotomen Täter- und Opferseite gelingt vor dem Hintergrund der Verantwortung aller Menschen für das Zusammenleben der Geschlechter demzufolge nicht. Es kommt darauf an, welcher Fokus den Blickwinkel ausrichtet. Eine männliche Täterseite schließt im Hinblick auf das vorangestellte Kapitel an der spezifisch hegemonial eingerichteten Beziehung an. Darin ist sie gleichermaßen Opfer, weil diese Form der Beziehung gekoppelt an die männlich zugerechnete Geschlechtsidentität fortwährend Männlichkeitsbeweise abverlangt. Sie ist demnach für Evaluationen mit ungewissem Ausgang geöffnet. In der Fachliteratur wird in diesem Zusammenhang auch vom *Widerfahrnis der Gewalt* als einer Möglichkeit der hegemonialen Absicherung von Verhältnissen gesprochen. Der Begriff des Widerfahrnisses schließt an Amos Studie im Kontext von Heideggers Werk »Sein und Zeit« an (Amos 2006, S. 248–274; Jungnitz 2007). In dieser Studie werden jene Ereignisse als Widerfahrnisse bezeichnet, die der Erfahrung zuwiderlaufen. Die Verletzungsoffenheit jedes Lebens bedingt, dass durch die Ausübung von Gewalt einerseits hegemoniale Bedingungen hergestellt oder reproduziert werden können. Gewalt trägt zur Eindeutigkeit der Verhältnisse bei. Durch gewalttätiges Handeln und der Bereitschaft dazu wird Zugehörigkeit dokumentiert. In spezifischen Gruppen tragen gerichtete Gewalthandlungen zur Anerkennung bei, weil diese Andersdenkende hierarchisch unterordnen. Gewalt wird durch technische Artefakte wie Waffensysteme entgrenzt. Wer die Deutungshoheit über die Zulässigkeit von Gewalthandlungen für sich in Anspruch nimmt, öffnet seine Vorstellungen über geordnete Verhältnisse und sein Verhalten der Bewertung seiner Person. Andererseits sind die Möglichkeiten der Unterordnung auch im Kontext der Ausübung von Gewalt begrenzt. Im Extremfall beendet die Tötung der untergeordneten Person die Kontrolle über das Hegemonieverhältnis. Die Täterseite kann jedoch nicht kontrollieren, wie die untergeordnete Person erinnert wird und möglicherweise als Mythos in das kollektive Gedächtnis eingeht. Darin und in der Verletzungsoffenheit der eigenen Existenz sind Täter gleichsam der Ohnmacht ausgeliefert, niemals alles kontrollieren zu können. Soll ein Unterordnungsverhältnis demnach fortgeführt werden, darf keine Seite zum äußersten Mittel greifen und der Glaube an die Bedrohung mit Konsequenzen bedarf stets neuer Beweise. Die Androhung von Konsequenzen kann faktisch in Machtdemonstrationen, beispielsweise in der Sichtbarkeit von Waffen, oder in symbolischer Natur, durch das Absprechen männlicher Geschlechtszugehörigkeit, erfolgen. Beides trägt zur Furcht der untergeordneten Menschen bei. Es schürt jedoch auch die Gegenwehr als Möglichkeit zur Autonomie gegen jegliche Fremdbestimmung. Dies gilt auch für die Verdrängungsakte, welche Gewalt als Teil der Ökonomie oder als Option menschlichen Handelns opportun erscheinen lassen (Popitz 2009, S. 43–131). Die Begleiterscheinungen und Folgen hegemonialer Beziehungen treten den Handelnden gleichsam unerwartet entgegen. Im Streben nach geordneten Verhältnissen erscheinen sie als nicht intendierte Handlungsfolgen, die darauf hin angelegt sind, dass alles so bleibt, wie es ist. In der Dynamik der gesellschaftlichen und kulturellen Entwicklungen erscheint dies naiv. In der gesellschaftlichen Gegenwart und Zukunft sind Kooperationsbeziehungen und wechselseitige Unterstützung statt der festgeschriebenen Konkurrenzverhältnisse erforderlich. Amos argumentiert mit einem Bruch von Erwartungen, welcher in Interaktionen oder bezogen auf die Bedingungen nicht überraschend erscheint und in der Folge von Betreffenden als jenes Widerfahrnis wahrgenommen wird, dessen Eintreten sich nicht vorhersagen ließ. Im Anschluss an das Arena-Konzept von Anselm Strauss, in dem Bedingungen durch Handlungen zu Konsequenzen gerinnen, durchbricht Vorherrschaft die legitimen Erwartungen an den darauf ausgerichteten Fortgang zwischenmenschlicher Begegnungen, weil Kontrolle weder uferlos noch endlos stabilisiert und legitimiert werden kann.

Aus der Opferperspektive beschreiben Gewaltwiderfahrnisse die Seite der Betroffenheit von Ereignissen, die der Erfahrung zuwiderlaufen. Dazu zählen Machtungleichgewichte, zu deren Aufrechterhaltung die Schädigung von Betroffenen in Kauf genommen wird. Durch ein Gewaltwiderfahrnis wird die Handlungsautonomie Betreffender durch die wahrgenommene Übermacht der Verhältnisse oder anderer Menschen eingeschränkt. Jedes Widerfahrnis läuft damit der Handlungsmächtigkeit von Akteuren zuwider, weil die Folgen als unkalkulierbar eingeschätzt werden (Amos 2006, S. 248–274).

In der Ausprägung von Gewalt ist traditionelle Männlichkeit analytisch als ein Handeln wider besseren Wissens zu verorten. Gewalt schafft ausschließlich Opfer, die sich im Modus der Aufrechterhaltung von Unterordnungsverhältnissen und der Fiktion von Vorherrschaft aufeinander beziehen. In diesem Modus ist im Anschluss an Hegel und Holzinger (2013) das Verhalten aller Beteiligten aneinander gebunden und gleicht einer Sippenhaft (Zitzmann 2014). Diese komplexen Gedankengänge verlangen nach einem Zwischenresümee, bevor eine methodische Übertragung auf Beratungskontexte vorgenommen wird.

Resümee der Bedingungen männlicher Gewalt

»Das träumerisch Weltfremde mancher Wünsche zeigt den Grad des resignierenden Einverständnisses mit der Welt, in der man lebt.«
(Reemtsma 2009, S. 96)

In der Diskussion zeigt sich, dass männliche Gewaltbetroffenheit nicht auf zwischenmenschliche Aspekte beschränkt ist, sondern in unterschiedlichen Dimensionen und auf unterschiedlichen Ebenen zutage tritt. Dahingehend erweist der im Kapitel »Methodisches Vorgehen« dargestellte integrierte Methodenbegriff in der Illustration durch das Zwiebelmodell erhebliches Potenzial. Der integrierte Methodenbegriff erzwingt vom jeweiligen Thema ausgehend geradezu das Denken in Zusammenhängen. Dahinter liegt die Überlegung, dass kontextfreies Verhalten unmöglich ist und sich Rahmenbedingungen stets auf konkretes Handeln auswirken. Umgekehrt gilt dies auch für Rückwirkungen aus den konkreten Interaktionen auf Umfeldbedingungen. Der integrierte Methodenbegriff schließt den professionellen Blickwinkel als theoretisch-konzeptionellen Standpunkt im theoretischen Zugang zur Thematik mit ein. Erst daran anschließend erscheint eine Methodendiskussion im Kontext der Beratung für gewaltbetroffene Männer überhaupt sinnvoll, innerhalb derer eine tragfähig helfende Beziehung und Interventionen im professionellen Setting möglich sind. Außerhalb des integrierten Methodenbegriffs ist die Gefahr von Kunstfehlern ungleich höher. Dies gilt beispielsweise dann, wenn Interventionen ausschließlich individualisiert angelegt werden und mögliche Nebenwirkungen im Umfeld Zu-Beratender unreflektiert bleiben. Im Hinblick auf die männliche Gewaltbetroffenheit ist das Vorgehen nach dem integrierten Methodenbegriff angemessen, weil Männer statistisch überproportional als Täter und Betroffene gleichermaßen in Erscheinung treten und sich Effekte dessen in nahezu allen gesellschaftlichen und privaten Feldern zeigen. Eine konzeptionelle Klammer dafür bietet das von Anselm Strauss entlehnte Konzept im Kapitel »Soziale Welten und Arenen hegemonialer Männlichkeit«. In diesem theoretischen Konzept fügen sich die Wechselwirkungen zwischen unterschiedlichen Lebenssphären, öffentlichen und privaten Bereichen in ihren konfliktreichen Dimensionen ein. Soziale Arenen sind Orte, an denen unter sozialen Bedingungen Interaktionen stattfinden und zu Konsequenzen gerinnen, die für folgende Interaktionen wiederum zu Bedingungen werden. Im Konzept der sozialen Arenen wird einerseits sichtbar, wie Männlichkeit reproduziert wird. Andererseits tritt auch hervor, weshalb der Blick auf mikrosoziale Zusammenhänge zu kurz greift. Wer individuell etwas an männlichem Verhalten verändert, ist im öffentlichen Raum vor Sanktionen nicht sicher. Männlichkeit ist, so die These, in allen Feldern der permanenten Beweisführung ausgesetzt. In dieser Hinsicht ist Männlichkeit stets eine evaluierte Männlichkeit, welche nur für den konkreten Moment gilt und auf Praktiken zu ihrer Verstetigung angewiesen bleibt. Dies lässt Rückschlüsse auf Macht und Unterordnungsverhältnisse zu, welche mit der maskulinen Aneignung von Begriffen oder auch von Attributen für das Erbringen geschlechtsbezogener Nachweise einhergehen. Beispiele dafür sind eine unbedingte Leistungs- und Erfolgsorientierung, die männliche Opferbereitschaft für allgemeine Interessen oder die Unsichtbarkeit von Emotionen. Männer deuten zahlreiche Facetten von Gewalt nicht als solche und bringen ihre Betroffenheit darüber hinaus auch nicht zum Ausdruck. Eine damit einhergehende Schwierigkeit liegt in der *Normalisierung von Gewalt als männlichem Prinzip*. Im öffentlichen Diskurs wird männliche Gewaltbetroffenheit eher zum Verschwinden gebracht. Männliche Gewalttätigkeit sorgt nicht unbedingt für Irritationen. In bestimmten Kontexten wird die erwähnte männliche Verletzungs- und Tötungsbereitschaft gesellschaftlich sogar erwartet. Es wird eher hingenommen, wenn Männer sich Gefahren aussetzen, verletzt werden oder riskantes Verhalten an den Tag legen. Einblicke dafür liefert die fachliche Debatte im Kapitel »Geschlechtsbezogene Sozialisation«, deren Schlüssel in der Negation liegt. Aus gesellschaftlicher Perspektive offenbart sich eine enge Verbindung zu ökonomischen Bedingungen des Wettbewerbs und darauf bezogen auch der Konkurrenz. Aus individuellen Perspektiven zeigt sich die bereits früh in der Sozialisation angelegte Verdrängung von Gefühlen. Als männlich gelten Attribute der Leistungsorientierung und der Verfügbarkeit. Männlichkeit tritt sozialisationstheoretisch in der Negation als Nicht-Nicht-Männlichkeit analytisch hervor. Darauf bezogen wird Männlichkeit in einer Abwertung als weiblich deklarierter Merkmale sichtbar. Männlichkeit definiert sich aus all dem, was sie nicht ist. Vor allem ist sie nicht weiblich und damit auch jenen Attributen weitgehend unzugänglich, die als weiblich gelten. Das Empfinden von Schmerz, Trauer, sämtliche Gefühle und ausgedrückte Emotionen werden weiblich konnotiert.

Der Preis traditioneller Männlichkeit zeigt sich darin, dass diese von Machtaspekten durchzogen ist. Der Macht kann eine produktive Seite nicht abgesprochen werden. Verkleidet in der Aufrechterhaltung der Dichotomie von Mächtigen und Untergeordneten wird die Beziehung zwischen beiden Seiten jedoch einer Sippenhaft gleichend festgelegt. Hegemonialität trifft alle Geschlechter. Im Modus von Dominanz und Unterordnung trifft sie alle Frauen und unterworfene, marginalisierte Männlichkeit. Gewalt stellt darin den Versuch der Herstellung von Eindeutigkeit dar. Die Grauzonen unterschiedlicher Interpretations- und Deutungsspielräume werden zugunsten eines wirkmächtigen Narrativs von Männlichkeit eingeebnet, welches die Emanzipation im Hinblick auf alternative Verhaltensweisen (auf mikrosozialen Ebenen) oder geschlechterunabhängige Kooperationen (auf makrosozialen Ebenen) für die Beteiligten erschwert. Dennoch ist Männlichkeit nicht das charakterliche Eigentum einer Person, sondern das, was ihr sozial zugerechnet und individuell angeeignet wird.

In öffentlichen Räumen zeigt sich Männlichkeit überwiegend in Gestalt von Maskulinität, die keinen Zweifel an ihrer geschlechtlichen Identität gelten lässt. In dieser Hinsicht tritt Männlichkeit auch bewertbar zum Vorschein und wird damit zu einer öffentlichen Figur, welche mit kulturellen Bildern, gesellschaftlichen Anforderungen und auch zwischenmenschlichen Deutungen verbunden ist. Kulturelle Bilder von Männlichkeit lassen sich am ehesten mit körperlicher Unverwundbarkeit und psychischer Entschlossenheit beschreiben. Gesellschaftlich gefordert wird der funktionierende Mann, welcher seine eigenen Bedürfnisse hinter allgemeine Anforderungen zurückstellt. Dies spiegeln Organisationen beispielsweise dann, wenn männliche Verfügbarkeit erwartet wird. In zwischenmenschlichen Beziehungen zeigt sich zugeschriebene Männlichkeit in einer Diskrepanz. Einerseits bestehen auf der Mikroebene in Partnerschaften und Familien veränderte Anforderungen an die Rolle von Männern, die beispielsweise in Bezug auf die Übernahme von Care-Aufgaben artikuliert werden. Ökonomisch betrachtet erscheint es nach wie vor angebracht, dass Männer in der Familie ausfallen, unsichtbar bleiben oder partiell abwesend sind. Veränderte Anforderungen an Männlichkeit in Familien und Partnerschaften führen nicht selten zu Spannungen. Insbesondere die ökonomische Dimension dessen kann Familien überfordern, sodass die männliche Abwesenheit unausweichlich erscheint. Sozialisatorisch ist dies für den Nachwuchs tragisch. Nachwachsende Generationen können Männer nicht als Menschen und damit nicht in ihrer Verletzbarkeit erleben. Abwesende Männer tragen zur Etablierung von Männlichkeitsmythen in Narrativen, in Begegnungen und faktischen oder medialen Darstellungen von Maskulinität bei.

Männlichkeit wird auch in dieser Hinsicht als öffentlicher Austragungsort der Herstellung von Geschlecht etabliert und auch auf die der Männlichkeit zugeschriebenen Attribute evaluierbar. In sozialen Beziehungen und gesellschaftlichen Praktiken wird eher die Ausprägung traditioneller Männlichkeit reproduziert und ökonomisch präferiert. Die maskuline Ausprägung zeigt sich in ihrer starren Verankerung im Status quo als *Männlichkeit in der Krise.*

Diese erweist sich im Hinblick auf ihre Bewertungsoffenheit, der steten Beweisführung und damit auch der Verwundbarkeit als ein fragiles Konzept. Die Deutung von Gewalt als Widerfahrnis erscheint daher angemessen. Erst die Verletzungsoffenheit und die Ausgesetztheit der menschlichen Existenz ermöglicht Gewalt als mögliches Verhalten zur Aufrechterhaltung ungleicher Machtverhältnisse. Mit dem Widerfahrnis wird deutlich gemacht, dass Handlungskonsequenzen den ursprünglich menschlichen Erfahrungen zuwiderlaufen. Widerfahrnisse führen im Kontinuum von Erwartungen an den Ausgang zwischenmenschlicher Begegnungen oder struktureller Einflüsse von Organisationen zu einem Bruch. Ein Widerfahrnis wird den nicht mehr kontrollierbaren Folgen des Handelns zugerechnet. Durch die

Inkaufnahme schädigender Folgen wird Vertrauen zerstört. Für die unterlegene Seite entstehen Zweifel an ihrer Handlungsmächtigkeit. Auf allen sozialen Ebenen wird der ursprünglich in der Sozialisation erworbene Glaube an förderliche und unterstützende Beziehungen untergraben und gerade in der unreflektierten Anerkennung von Bedingungen werden Machtverhältnisse als quasi naturgegeben akzeptiert. Reemtsma (2009, S. 76–84) bezeichnet dies als resignierendes Einverständnis mit der Welt, in der man lebt. In einer so betrachteten Welt treten Machthaber als prototypische Vertretung jener auf, die vor ihnen Macht besessen haben, und schreiben routinehaft die Strukturen von Macht und Gewalt zu deren Absicherung fort. Absicherungen finden sich unter anderem in der Bitte um die Gewährung von Zuwendungen, durch die geltende Machtverhältnisse durch die Unterordnung der Bittstellenden nicht infrage gestellt werden. An Reemtsma anschließend erzeugt die Moderne fortwährend jene Machtstrukturen. In einer nahezu *transzendentalen Obdachlosigkeit* gibt es nichts, worauf Einzelne zeitübergreifend vertrauen und darauf bezogen ihre Planungen ausrichten können. Umso wichtiger werden Institutionen und Organisationen, welche Vertrauen abgelöst vom Wohlwollen Einzelner universalistisch verkörpern und dabei dennoch unkonkret bleiben, damit für die Vielzahl differenzierter Lebensverhältnisse ausreichend Deutungs- und Interpretationsspielraum bleibt, der allerdings nicht missbraucht werden darf. Anderenfalls büßen Gesellschaften ihren inklusiven Spielraum ein, weil ihnen der Deutungsraum der Verhältnisse abhandenkommt. So muss niemand die Nation verkörpern, weil niemand weiß, wie das gehen soll. Umgekehrt können alle bis in die Knochen behaupten, national zu sein (Reemtsma 2009, S. 85–99). Dies lässt sich analog auf Geschlechterverhältnisse übertragen.

Daran anschließend erweitert sich die Bandbreite an Möglichkeiten, männlich zu sein, nahezu unendlich. Umgekehrt kann niemand jemals gänzlich den Beweis dafür einlösen, ein ganzer Mann zu sein. Hinter Männlichkeitsbeweisen steckt stets die evaluierte Männlichkeit, die ihre Berechtigung dadurch einlöst, dass sie unzulänglich bleibt. Aus den Rahmenbedingungen lassen sich lediglich typische Effekte für Männlichkeitsbeweise ableiten. Diese zeigen sich darin, Schwäche nicht zuzulassen oder zumindest nicht zu zeigen. Maskuline Bewältigungsformen dienen dann als Zufluchtsort in einer heimatlosen Moderne, welche keine sicherheitsgebenden Rahmenbedingungen versprechen kann. So gewendet ist Maskulinität der Versuch der Wiederherstellung einer Ordnung, deren Fantasie in der Sicherheit nicht hintergehbarer Auffassungen von traditioneller Männlichkeit liegt. Es geht dabei jenseits aller Interpretationsspielräume um eine messbar zugerechnete Eindeutigkeit mit dem Preis der Exklusion all dessen, was nicht widerspruchsfrei in die geschlechtsdichotomen Vorstellungen von männlich oder weiblich eingefügt werden kann. Es muss nicht explizit betont werden, dass dieser Fantasie ein Mythos zugrunde liegt. Könnte der Reinform traditioneller Männlichkeitsauffassungen jemals entsprochen werden, bedürfte es der ausgesetzten Evaluation nicht. Weitere Messungen in den Arenen der Männlichkeit wären obsolet. Hier schließt sich der Kreis der analytisch aufgearbeiteten theoretischen Zugänge zum Konzept der Männlichkeit und deren traditionellen Ausdrucksform durch Maskulinität. Wer sich in gesellschaftlich-geschlechtlich zugerechneten Bedingungen wiederfinden möchte, zahlt den Preis der Maskulinität mit den Attributen der Verleugnung von Gefühlen, der Externalisierung von Handlungsfolgen oder auch der Bedürftigkeit, deren Resultat in sozialen Vergleichen liegt. Die Beweislast und der Bewertungsdruck, welche auf zugerechneter Männlichkeit lasten, verlängern die Arenen ihrer Reproduktion in den Beratungsraum hinein. Auch im Beratungskontext zeigen sich die Felder des männlichen Wettbewerbs. Männlichkeit in traditioneller Form gilt als Krisengebiet. In nahezu allen Kontexten ist sie durch Bewertungen der Nachweisführung ausgesetzt, die nie abschließend gelingt und damit das männliche Leistungsprinzip befördert. Der Druck zur Nachweisführung, in allen Situationen als hinreichend männlich angesehen zu werden, stellt die männliche Identität andauernd infrage. Streng genommen sind in der Angst vor dem Versagen und der Dominanz im punktuellen Sieg bereits die beiden Aspekte der Unterordnung enthalten. Wird diese Dynamik weitergedacht, zeigt sich genau in diesem Aspekt das männliche Opfer. In den Arenen der Männlichkeit erfüllt auch eine erfolgreiche Teilnahme das Kriterium der Subordination in der Unterwerfung unter die jeweils angelegten Kategorien der Bewertung. Das starre Festhalten an hegemonialer

Männlichkeit und den Beweisen der Maskulinität zeitigt der theoretischen Analyse zufolge ausschließlich Verluste auf allen Seiten. Hoffnung besteht darin, dass reflektiert getroffene Entscheidungen dafür oder dagegen möglich sind.

Nun wird es darum gehen, wie sich diese Erkenntnisse in die Arena des Beratungsraumes übertragen und mit den Facetten der theoretischen Diskussion verbinden lassen.

Der ökologisch narrative Zugang in der Beratung gewaltbetroffener Männer

»Männer werden gerade deshalb zu Gewaltbetroffenen, weil sie den Opferstatus verleugnen.«
(Sutterlüty et al. 2019, S. 12–13)

In der Beratung wird ein Zeitraum für die Begegnung zwischen Menschen eröffnet, die eine professionelle Perspektive auf ihre Lebenssituation und ihre sozialen Beziehungen anstreben.

> *»Das ökologische Weltbild hat zwei grundsätzliche Themen: Das erste ist die gegenseitige Verknüpfung und Abhängigkeit aller Phänomene. Das zweite ist die dynamische Natur der Wirklichkeit. Das heißt, dass Formen keine starren Strukturen sind, sondern Manifestationen von darunterliegenden Prozessen.« (Schubert et al. 2019, S. 80)*

Das ökologische Modell schließt am Konzept der Person-Umwelt-Wechselbeziehung von Uri Bronfenbrenner an, der die menschliche Entwicklung als einen Prozess der aktiven Auseinandersetzung mit der alltäglichen Umwelt betrachtet. Einzelne Subjekte sind an der Produktion und Reproduktion sozialer Umweltbedingungen beteiligt. Dabei kommt es weniger auf vermeintlich objektive Tatsachenbefunde, sondern auf wahrgenommene Wirklichkeiten an, die letztlich das Verhalten beeinflussen und selbst von historischen Begebenheiten und gegenwärtigen Alltagskontexten beeinflusst sind (Schubert et al. 2019, S. 80–85).

So lässt sich der Zeitraum der Beratung sehr gut mit dem Begriff der *Arena* umschreiben, weil es um die Aushandlung von Konfliktpotenzial und von unterschiedlichen Wahrnehmungen zwischen den Beteiligten geht. In die Beratung bringen die Beteiligten zudem Erfahrungen aus ihren unterschiedlichen sozialen Welten ein, die bereits Facetten ihres Konfliktpotenzials bergen. Mitgeteilte Erfahrungen eröffnen stets Blickwinkel in die Vergangenheit des individuell gelebten Lebens. Diese Blickwinkel sind nicht als objektive Fakten misszuverstehen. Sie stellen vielmehr Interpretationen dar, mithilfe derer aus nahezu unzählbar vielgestaltigen vergangenen Situationen jene Ereignisse ausgewählt und zur Illustration herangezogen werden, welche gegenwärtige Standpunkte nachvollziehbar oder als nahezu unausweichlich erscheinen lassen. Die Vergangenheit ist damit kein unveränderlicher Ort der Fakten, sondern eine Rückblende, die aus unterschiedlichen Perspektiven in der Gegenwart vorgenommen wird. Dieser Rückblick dient dem Zweck der Selbstvergewisserung in der Gegenwart durch die Begründung des eigenen Geworden-Seins. In einem Werkstattgespräch mit Horst Bienek illustriert Max Frisch diesen Zusammenhang folgendermaßen:

> *»Jeder Mensch [...] erfindet sich früher oder später eine Geschichte, die er, oft unter gewaltigen Opfern, für sein Leben hält, oder eine Reihe von Geschichten, die mit Namen und Daten zu belegen sind, so daß an ihrer Wirklichkeit, scheint es, nicht zu zweifeln ist. Trotzdem ist jede Geschichte, meine ich, eine Erfindung. Und daher auswechselbar. Man könnte mit einer fixen Summe gleicher Vorkommnisse, bloß indem man ihnen eine andere Erfindung seines Ichs zugrunde legt, verschiedene Lebensgeschichten nicht nur erzählen, sondern leben. Das ist unheimlich. Wer es weiß, hat Mühe zu leben.« (Bienek 1965, S. 27)*

Diese pointierte Darstellung birgt ausreichend Potenzial zur Verunsicherung. Sie stellt jedoch im Kern heraus, dass jede Person selbst ihre Vergangenheit in erzählten Geschichten in der Gegenwart einfängt, dieser Bedeutung verleiht und sich unter diesen spezifischen Aspekten mit ihrer sozialen Umwelt in Beziehung setzt. Diese jeweils auf die Vergangenheit gerichtete Perspektive wird als Begründung für das Verhalten in der Gegenwart herangezogen. Von der jeweils erzählenden Person wird der spezifisch auf die Vergangenheit gerichtete Blickwinkel wie ein objektiver Fakt als Vorbedingung für das gegenwärtige Verhalten herangezogen. In der Beratung lohnt es daher, die erzählte Vergangenheit als Begründungsfigur für das Verhalten in der Gegenwart zur Kenntnis zu nehmen und den darin liegenden Anstrengungen Raum zu geben. Die Vergangenheit gilt jedoch nicht als ein statischer, sondern als ein dynamischer Ort, dem durch veränderte Standpunkte in der Gegenwart auch neue Gesichtspunkte und andere Bewertungen entlockt werden können. Ein weiterer wichtiger Aspekt ist, den Kontext als Rahmenbedingung für das jeweilige Verhalten einzubeziehen. Je nachdem, wie Zu-Beratende ihre Kontextbedingungen interpretieren, erscheinen ihnen Verhaltensänderungen leichter denkbar oder nahezu unmöglich. Nicht selten werden spezifische Situationen und Rahmenbedingungen als ursächlich für das eigene Verhalten betrachtet. Geschieht dies, dann werden Rahmenbedingungen als objektiv betrachtet. Unberücksichtigt bleibt dann meist der jeweils eigene Anteil, mit dem zur Aufrechterhaltung der als unabänderlich betrachteten Bedingungen beigetragen wird. Der Blick auf Bedingungen in der Beratung folgt somit zwei Perspektiven. Zum einen geht es um die Vergangenheit betreffende Erfahrungen, welche in der Gegenwart als Bedingungen wahrgenommen werden. Zum anderen lohnt der Blick auf gegenwärtige Rahmenbedingungen, innerhalb derer Zu-Beratende entsprechend ihrer Interpretationen handeln.

Im Lichte ihrer interpretierten Vergangenheit und innerhalb ihrer Kontexte in der Gegenwart gestalten und strukturieren Menschen ihre Beziehungen und ihren Alltag. Sie verhalten sich auf ihre jeweils spezifische Art und Weise und legen damit ihre eingenommenen Standpunkte offen. Festgefügte Perspektiven auf die Vergangenheit und auf Rahmenbedingungen lassen eine Vielzahl an Handlungsalternativen erst gar nicht ins Blickfeld geraten. Sie bleiben unsichtbar, weil sie in erfahrungsgeleiteten Routinen unterhalb der Wahrnehmungsschwelle bleiben. In diesem Modus werden aus wiederholt gleichbleibend interpretierten Bedingungen und darin eingerichteten Handlungen Konsequenzen, welche die Geltung der gleichbleibend wahrgenommenen Vor- und Rahmenbedingungen bestätigen. Gefangen in Alltagsroutinen gerät die eigene Verantwortung für die Bedingungen nicht in den Blick. So werden Routinen manifest und geben Sicherheit. Im unreflektierten Wiederholungsdrang lassen sie ein Verhalten außerhalb der bereits anerkannten Routinen nahezu undenkbar erscheinen. Gleichartige Handlungsmuster gerinnen zu manifesten Routinen und somit zu sozialen Konsequenzen, die im Zeitablauf zu Bedingungen und daran erneut gleichartig anschließenden Verhaltensweisen werden und sich auf diese Weise reproduzieren. In der Beratung hilft das Einbeziehen des Nachdenkens über Bedingungen sowie Interaktionen innerhalb sozialer Kontexte und über ihre Konsequenzen beim Verstehen der weitgehend unhinterfragten Regelhaftigkeiten, welche in den Routinen verborgen liegen. Dieses verständigungsorientierte Modell prozesshaften Denkens bezeichnet Anselm Strauss als *Trajectory.* Er schreibt:

> *»I shall use trajectory in two ways: (1) the course of any experienced phenomenon as it evolves over time (an engineering project, a chronic illness, dying, a social revolution, or national problems attending mass or ›uncontrollable‹ immigration) and (2) the actions and interactions contributing to its evolution. That is, phenomena do not just automatically unfold nor are they straightforwardly determined by social, economic, political, cultural, or other circumstances; rather, they are in part shaped by the interactions of concerned actors. Some phenomena do not change for long periods of time, but then we need to know how interactions of concerned actors have contributed to that stability.«[7] (Strauss 1993, S. 53–54)*

Für die Beratung lohnt sich ein Vorgehen nach diesem Prozessmodell in der Form, dass ein Verhalten nicht punktuell und abgelöst von zeitlichen und institutionellen Bedingungen eingeordnet wird. Jedes Verhalten unterliegt der Herausforderung der jeweiligen Zeit und ihrer Umstände, die als Bedingungen den Rahmen für alles daraus Folgende bilden. Die Einordnung von Verhalten erfolgt demnach fortwährend in der Auseinandersetzung zwischen Subjekt und

7 Deutsche Übersetzung: Ich werde den Begriff »Trajectory« in zweierlei Hinsicht verwenden: (1) der Verlauf eines beliebigen Phänomens, das sich im Laufe der Zeit entwickelt (ein technisches Projekt, eine chronische Krankheit, ein Sterbefall, eine soziale Revolution oder nationale Herausforderungen im Zusammenhang mit massenhafter oder »unkontrollierbarer« Einwanderung) und (2) die Handlungen und Interaktionen, die zu seiner Entwicklung beitragen. Das heißt, Phänomene entwickeln sich nicht automatisch und werden auch nicht einfach durch soziale, wirtschaftliche, politische, kulturelle oder andere Umstände bestimmt; vielmehr werden sie zum Teil durch die Interaktionen der beteiligten Akteure geformt. Manche Phänomene verändern sich über lange Zeiträume hinweg nicht, aber dann müssen wir wissen, wie die Interaktionen der betroffenen Akteure zu dieser Stabilität beigetragen haben.

gesellschaftlichen und kulturellen Rahmenbedingungen. Germain und Gitterman (1988) greifen diese ökologische Sicht in ihrem Life Model als Metapher für ihre ganzheitliche Perspektive auf die praktische Sozialarbeit auf. Obgleich Schubert et al. (2019) das ökologisch orientierte Modell in der Auseinandersetzung zwischen Mensch und Umwelt für die Beratung als unabdingbar erachten, fehlt die Ausformung als Handlungsprozess, welche mit dem Trajectory-Modell für die Beratung erschlossen wird. Probleme werden durch diese Sichtweise nicht innerhalb einer Person, sondern in misslungenen Austauschverhältnissen zwischen der Person und ihrer Umwelt lokalisiert. Dies lässt sich bildlich wie folgt vergegenwärtigen:

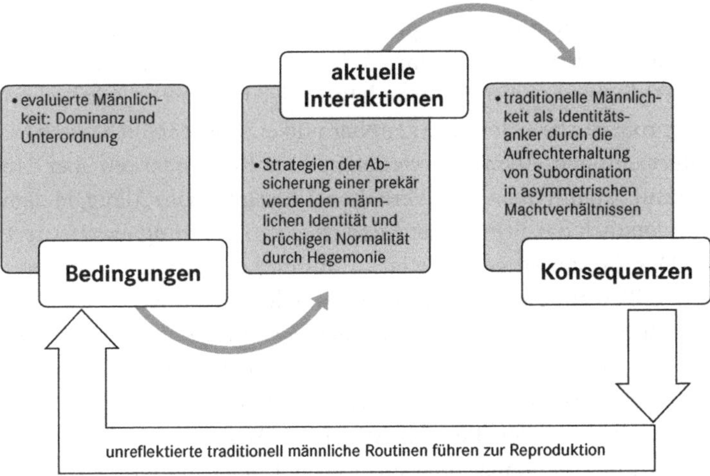

Abb. 7: Trajectory-Modell der Reproduktion traditioneller Männlichkeit

In den Vordergrund rückt damit eine Perspektive, die Linearität zugunsten einer zirkulären Perspektive des Verbunden-Seins und des wechselseitig Aufeinander-angewiesen-Seins loslässt. Diese Sichtweise stärkt die Eigenverantwortung durch die Reflexion eigener Handlungen. In diesem Modell zeigen sich Krisen als Fehlanpassungen dann, wenn eine Seite andere in ihrer Entwicklung hindert oder gar zerstört. Die Autonomie erscheint im Kontext der Perspektiven von Bezogenheit und Zugehörigkeit als Möglichkeit der Selbststeuerung der Beteiligten, welche gemeinsame Entwicklungsprozesse fördern oder auch behindern kann (Germain/Gitterman 1988, S. 1–36). In der weiteren Rezeption ökologischer Ansätze für die Kontexte der Sozialen Arbeit werden diese über die soziale Umwelt hinaus auch auf die physische Umwelt erweitert. Auf diese Weise geraten auch die Schnittstellen zwischen sozialen und natürlichen Prozessen in den Fokus, beispielsweise unter dem Blickwinkel ökologischer Formen des Wirtschaftens und Haushaltens bei Wendt (2018) oder in kritischer Perspektive in der Externalisierung ökologischer Probleme als Folgekosten der dominant westlich geprägten Lebens- und Wirtschaftsmodelle (Opielka 2017; Stamm 2021, S. 7–54).

Die vorangegangene Diskussion verdeutlicht, dass die in den Beratungsraum eingebrachten Perspektiven ihre Vorgeschichte mitbringen und in ihren Konsequenzen über den Zeitraum der Beratung hinausweisen. Das Verständnis für jeweils vorgetragene Erfahrungen als Bedingungen für das Handeln in der Gegenwart wird in seiner prozesshaften Gestalt erkennbar und eröffnet Möglichkeiten für Interventionen. Auch diese weisen in ihren Konsequenzen über den Beratungsraum hinaus auf Verhaltensänderungen im Alltag, in dem sich letztlich der Erfolg oder Misserfolg von Beratung manifestiert.

Das Entstehen gewalttätiger Handlungen lässt sich nicht ausschließlich auf eine einzige Situation reduzieren oder gar erklären. Durch den Fokus auf eine konkrete gewalttätige Interaktion werden umgebende Rahmenbedingungen und kulturelle Bilder von Gewalt meist unzulässig ausgeblendet. Gewalttätige Handlungen haben eine Genese, in der diese als Mittel der Auseinandersetzung zwischen Einzelpersonen oder auch größer gedacht zwischen Gruppen oder Nationen angelegt sind. Gewalt kann über Generationengrenzen hinausweisen. Dies zeigt sich im Kontext kultureller Mythen, in denen eine männliche Opferbereitschaft beispielsweise für höhere Ziele durchaus akzeptiert ist, ein Mann als Opfer jedoch allenfalls verkleidet auf Zuwendungssuche in der Gestalt von Bedürftigkeit in Erscheinung tritt. Dies zeigt sich auch in Familien, in denen Gewalt als Handlungsmuster generationenübergreifend manifestiert sein kann und Männer als Täter und weniger als Gewaltopfer in Erscheinung treten. Die männliche Verletzbarkeit durchkreuzt kulturelle Männlichkeitsentwürfe (Pieken 2018; Theweleit 2019; Knöbl 2019; Nef 2020, S. 88–90). Zur Dissonanz tragen die kulturell verankerten Männlichkeitsbilder und die männliche Gewaltbetroffenheit bei. Sofern der Blick auf Auswege verstellt ist, wird die Betroffenheit von Gewalt als Widerfahrnis wahrgenommen, welche mit vorherrschenden Männlichkeitsbildern nicht in Einklang zu bringen ist. Die konkrete Situation, in der sich Handlungen gewalttätig entladen, ist flüchtig. So ist Gewalt auch immer erzählte Gewalt. In Narrativen werden Einblicke auf die im Gedächtnis verankerte Situation aus der Perspektive Erzählender eröffnet, durch die Interessen und Handlungsstrategien deutlich werden. In der Beratung wird demnach nicht mit der konkreten stattgefundenen Gewaltsituation umgegangen, sondern mit deren verankertem Abbild. Dementsprechend handelt es sich dabei um bereits gedeutete Gewalt. Dies gilt auch dann, wenn die geschilderte Situation sehr lebendig erscheint und erneut betroffen macht. Die erzählte Perspektive eröffnet die Möglichkeit, die wahrgenommene Ausweglosigkeit aber auch die Chancen auf damals nicht verfügbare, jedoch künftig mögliche Handlungsalternativen zu ergreifen. Darüber hinaus ermöglicht es die Erzählung, im Nachhinein mit der erlebten Situation umgehen zu lernen. Stefan Burmeister (2019) benennt zwei einzubeziehende Aspekte. Er bezieht sich auf den kulturellen Rahmen, welcher Einstellungen zur Gewalt vorgibt. Darüber hinaus erscheint die soziale Einbettung, die Gruppe in denen sich der Betroffene bewegt, relevant. In diesen Gruppen werden Werte im alltäglichen Handeln sichtbar. Dabei handelt es sich auch um Auffassungen dessen, was als normal angesehen wird, inwiefern Gewalt als Teil von Auseinandersetzungen akzeptiert oder delegitimiert wird.

Die Unmöglichkeit, über Gewalterfahrungen reden zu können, wird als ein wesentlicher Prädiktor für spätere posttraumatische Belastungen hervorgehoben. Riskant erscheint dies, wenn gesellschaftlich institutionalisierte Möglichkeiten der narrativen Reinigung erst gar nicht bereitgestellt oder sogar vorenthalten werden. Gewaltfolgen werden dadurch als individuelle Angelegenheiten privatisiert und so im öffentlichen Raum unsichtbar. Gewaltbetroffene erscheinen exkommuniziert. Ihre Einsamkeit wird damit greifbar (Burmeister 2019). In der Beratung entsteht vielfach erstmals ein Raum, in dem Gewalt jenseits von Stigmatisierungsängsten thematisiert werden kann. Dabei ist darauf zu achten, dass Betreffende nicht oder nicht erneut kommunikativ enteignet werden, weil Ihnen adäquate Begriffe zu fehlen scheinen oder die beratende Person unter der Prämisse der Hilfe vorschnell eigene Deutungen zur Übernahme anbietet. Im Sprechen wird deutlich, wie die in der eigenen Biografie aufgetretenen gewalttätigen Situationen erklärt werden, wie Betreffende in gewaltförmige Beziehungen hineingeraten konnten und weshalb nicht oder erst spät gehandelt wurde. Im Sprechen über Gewalt wird die Diskrepanz zwischen eigenen Erlebnissen und normativ geprägten Gewalt- oder Opferbildern sichtbar. In dieser Diskrepanz zeigt sich das Streben nach Autonomie, dem widerfahrenen Gewaltakt eine eigene Bedeutung zu verleihen und damit sichtbar werden zu können. Dieses Ringen um Bedeutung wird unter anderem in (Selbst-)Zweifeln ausgedrückt, eine eigene Perspektive auf das Geschehene kommunizieren zu dürfen oder unter dem Druck des Erlebten zu verstummen (Nef 2020, S. 14–58). In erzählten Situationen von häuslicher Gewalt tritt zudem die internalisierte Dominanz und Deutungsmacht von Gewalttäterinnen und Gewalttätern hervor, die durch ihr alltägliches Eskalationspotenzial zu einer wahrgenommenen Unentrinnbarkeit und auch zur Normalisierung von Gewalt als legitimem Bestandteil der Beziehung beitragen. Das Erzählen über Gewalt in der Beratung ist als ein Akt der Aneignung zu verstehen, mit dem Betreffende ihre eigene Perspektive über bisher verschwiegene, von Schamgefühlen überlagerte Situationen erringen. Dieses Ringen um eine eigene Perspektive auf Gewalterfahrungen gestaltet sich als gemeinsame Suche im Beratungsraum. Werden allzu schnell Deutungen von außen eingebracht, liegt die Gefahr nahe, dass ein aus der Erfahrung von Gewalt gewohntes Verhalten der Unterordnung reaktiviert und die Deutungsmacht akzeptiert wird. Der Akt der Selbstermächtigung durch die Aneignung der eigenen Biografie wird durchbrochen und erneut auf eine Beziehungsform reduziert, die durch Machtverhältnisse von Dominanz und Unterordnung strukturiert ist. Die Unterordnung ist bereits als biografisch eingebettete Erfahrung verankert, die alltäglich vorkommt und damit von Betreffenden häufig als normal aufgefasst wird. Die damit einhergehende Besonderheit besteht darin, dass über Normalität nicht geredet werden muss. Gewalterfahrungen werden dann zu normalen Alltagserfahrungen umgedeutet. Die Betreffenden fühlen sich auch nach Gewalterfahrungen befragt häufig nicht angesprochen, weil Gewalt kulturell betrachtet als physisch sichtbar gedeutet wird und Opfer in Kliniken landen. Gerade in nahen Sozialbeziehungen führt dies dazu, dass Gewaltopfer Vermeidungsstrategien entwickeln, die nicht nur das Verschweigen der Betroffenheit, sondern auch Kompensationshandlungen einbeziehen. Es geht dann darum, gewalttätigen Partnerinnen oder Partnern keinen Anlass für Übergriffe zu bieten, und um die Bereitschaft, alles für eine Beziehung innerhalb anerkannter Normalitätsparameter zu tun (Nef 2020, S. 127–172). Eine Folge vorschnell eingebrachter Deutungen kann daher das erneute Verstummen im Kontext der sich wiederholt um Macht manifestierenden Beziehungsform sein. Dies verstärkt das Erfordernis nach einer gemeinsamen Suche nach angemessenen Perspektiven der erzählenden Person auf ihre Gewalterfahrungen. Dabei kann es auch um eine Gegenwehr gegen kulturelle Deutungen gehen, durch die Männern eine Gewaltbetroffenheit als unmännliches Phänomen weitgehend abgesprochen wird. In dieser Hinsicht erscheint die Darstellung der Beratung männlicher Gewaltbetroffenheit als Arena in der Auseinandersetzung mit Rahmenbedingungen, den Interaktionen sowie erwarteten und faktischen Konsequenzen treffend. Das Ziel besteht in der Handlungsermächtigung gegenüber Beziehungsangeboten, die auf Macht und Dominanz gründen. Beratung ermöglicht dies insbesondere dadurch, dass Gewaltwiderfahrnisse erzählbar und damit aus ihrer Schicksalhaftigkeit gelöst werden. Den Betreffenden eröffnet dies eine wachsende Autonomie gegenüber ihren Narrativen, die dann, unter anderer Perspektive betrachtet, alternative Handlungsoptionen eröffnet.

Im Beratungsgespräch zeigt sich das insbesondere dann, wenn Betreffende sich aus erleidenden Erzählweisen lösen und auf agilere Formen aus der handlungsorientierten Ich-Perspektive zurückgreifen. Dabei kann es sich auch um die geschilderte aktive Suche nach Unterstützung, beispielsweise durch Freunde oder auch institutionalisierter Art, wie in Form der Polizei oder Beratungsangeboten, handeln. Es geht um die Wahrnehmung von Handlungsspielräumen, also darum, in gewalterfahrenen Situationen etwas tun zu können (Helfferich 2012). Die Befreiung aus dem Opferstatus muss daher nicht in der Vergangenheit nachgeholt werden. Es ist vielmehr eine Investition in eine gewaltfreie Zukunft, die in der Gegenwart stattfindet.

Die janusköpfige Normalität männlicher Gewaltbetroffenheit

Gewalt zeigt sich in den Biografien Betreffender zu unterschiedlichen Zeitpunkten. Selten geht es nur um ein singuläres Gewaltereignis. Gewalt kann bereits generationenübergreifend in Beziehungen manifestiert sein. So liefert ein Protagonist in einer auf gewaltbetroffene Männer spezialisierten Beratungsstelle Einblicke in seine Biografie. Der folgende Text ist als dichte Beschreibung einer Audioaufzeichnung zu biografisch verankerten Gewalterfahrungen einer Beratungsstelle für gewaltbetroffene Männer entnommen. Alle Namen sind zum Schutz der Betreffenden anonymisiert.

Beratungsbeispiel: »Alexander«
Alexander wurde 1972 in einer mittelgroßen Stadt (Einwohnerzahl: 30.000) in Ostdeutschland geboren. Als er drei Jahre alt war, wurde die Familie enteignet, verlor ihren Besitz und wechselte in eine andere Stadt. Bis zum Alter von acht Jahren wuchs er mit seinen Eltern und seinem fünf Jahre älteren Bruder Markus auf, der in problematischen Situationen vom Vater immer wieder geschlagen wurde. Die Scheidung seiner Eltern beschreibt Alexander als Schock. Er bleibt bei der Mutter, sein Bruder beim Vater. Obgleich der Vater ihm gegenüber liebevoll war, hatten sie nur selten Kontakt. Alexander studiert Musik, absolviert ein Konzertexamen als Solist und erhält schließlich eine Anstellung in einem Orchester. Er heiratet mit Ende zwanzig eine 18 Jahre ältere Frau. Ein Jahr später folgt die Scheidung. Seine jetzige Partnerin Leyla ist acht Jahre jünger als er. Er lernt sie im Jahr 2008 kennen und heiratet sie. Das Paar hat zwei Kinder, Paul und Jakob. In der Beziehung kommt es wiederholt zu gewalttätigen Übergriffen durch Leyla. Nach der Geburt der Kinder werden ihre gewalttätigen Ausbrüche von Alexander als explosionsartig beschrieben. Alexander wird von Leyla geschlagen und mit Gegenständen beworfen. Er selbst sieht keinen konkreten Anlass dafür, vielmehr habe er immer alles getan, was von ihm verlangt

wurde. Während der gewalttätigen Übergriffe Leylas schließt Alexander die Fenster. Er schämt sich vor den Nachbarn. Diese bieten ihm etwas später auch Hilfe an, die er jedoch zurückweist.
Leyla kontrolliert Alexanders Mobiltelefon. Bei Auseinandersetzungen tritt sie selbst dann noch auf ihn ein, wenn er bereits am Boden liegt. Alexander fürchtet, dass sie mit den gemeinsamen Kindern das Land verlassen könnte und er diese nie wieder sehen würde. Nach einer erneuten gewalttätigen Eskalation informiert er die Polizei. Zu seiner Überraschung wird ihm geglaubt. Leyla wird der gemeinsamen Wohnung verwiesen. Die Kinder bleiben bei Alexander. Der Trennung folgen Annäherungsversuche, erneute weibliche gewalttätige Übergriffe und schließlich die endgültige Trennung.
In der Beratung beschreibt Alexander Gewalt als einen normalen Bestandteil des Alltags. In seiner Beziehung habe er sich daran einfach gewöhnt und die Schuld bei sich selbst gesucht. Die Grenze sei jedoch immer weiter verschoben worden. Als drastisches Beispiel beschreibt er eine Drohung Leylas, dass diese mit anderen Männern intim werden, dieses filmen und ihm zuschicken wolle. Jetzt gehe es nur noch um das Aufräumen der Beziehungsvergangenheit. Als alleinerziehendem Vater gehe es ihm nun besser. Bedrückend sei, dass er lange Zeit gebraucht habe, um über erfahrene Gewalt zu sprechen. Als hilfreich habe er Freunde, seine Herkunftsfamilie, das Jugendamt, die Polizei und auch das Gericht wahrgenommen, die ihm als Mann zu seiner Überraschung geglaubt und seine eigenen Zweifel, mit dem Vorwurf weiblicher Täterschaft kein Gehör zu finden, nicht bestätigten. Als prägende Erfahrung nehme er mit, dass es eines Rahmens bedürfe, in dem Gewalt geschlechtsunabhängig thematisiert werden könne, in dem Männer nicht pauschal unter Verdacht gerieten und institutionelle Unterstützung möglich sei. Als Botschaft an andere Menschen mit Gewalterfahrungen formuliert er, dass diese sehr viel früher Unterstützung suchen und in Anspruch nehmen sollten.

Als kulturelle Mythen sind Männlichkeitsbilder von überlieferten Geschlechterverhältnissen geprägt. Universell betrachtet beinhalten sie auch weibliche Vorstellungen dessen, was als männlich angesehen wird. Diesen Vorstellungen scheint der Protagonist des obigen Beispiels nicht zu entsprechen. Männlichkeitsmythen entgehen dem Bemerkt-Werden nur deshalb, weil sie ständig vor Augen sind. Sie bergen generationenübergreifend eine lange historische Entwicklung. Zeitübergreifend zeichnen sich die Abtrennung, die Externalisierung von Gefühlen, das Erleiden und die Funktionalität des Männlichen für höhere Zwecke ab, die auch den Protagonisten im Beispiel lange Zeit schweigen lassen (Taylor/Smiler 2020; Uhlig 2021).

Deutlich wird zudem, dass Gewalterfahrungen in Erzählungen eingebettet und beschrieben werden. In diesen Narrativen eröffnen Zu-Beratende ihre Sichtweisen auf stattgefundene Ereignisse und verleihen ihren Erfahrungen Bedeutung. In einer Beratung, in der es um Asymmetrien, Macht und Ohnmacht geht, sollten daher nicht nur die Perspektiven der Betroffenheit erfragt, sondern auch die Momente der Handlungsmächtigkeit beleuchtet werden. Erzählende stellen in ihren Narrativen rückblickend die Kontinuität ihrer biografischen Erfahrungen durch die Verkettung von Handlungen und Routinen her. Der Fokus jeder Beratung liegt damit in dem Bemühen, das Erzählte aus der Perspektive Betreffender zu verstehen sowie faktische und erwartete Konsequenzen von Handlungen einzubeziehen (Sutterlüty et al. 2019, S. 9–30; Knöbl 2019). In der historischen Forschung sind Männlichkeitsmythen als eine kontinuierliche Überlieferung von Heldentum und Opferung bereits seit der Antike über das Mittelalter, die Neuzeit bis in die Gegenwart nachweisbar. Sie werden in der Regel als männliche Gewaltausübung geschildert (Theweleit 2019). Reaktivierte Männlichkeitsmythen finden sich auch im Narrativ des Protagonisten Alexander. Zu dieser Deutung lässt sich der für den Protagonisten wahrnehmbare Ausgangspunkt der stellvertretend erfahrenen väterlichen Gewalt rechnen. Darin werden sowohl ein frühes Bild von Männlichkeit und auch von Beziehungsverhältnissen erzeugt, deren Struktur in der Unterordnung zu finden ist. Auch im Zuge stellvertretend wahrgenommener Gewalt lassen sich die Ohnmacht und die Hilflosigkeit des Protagonisten identifizieren, der Situation ausgeliefert zu sein, die später in der Beziehung zu Leyla erneut gewalttätig kippt. Bereits früh in der Entwicklung findet sich ein Normalisierungsmodus für Gewalt. So kann der Vater einerseits als liebevoll und andererseits gewalttätig beschrieben werden. Beides führt nicht unbedingt zur Dissonanz, sofern auch gewalttätiges Verhalten als männlich und damit der geschlechtlichen Identität zugehörig wahrgenommen wird. Gewalt ist Bestandteil der Normalität familiärer Beziehungen, ist in Alltagspraktiken eingebettet und damit kaum hinterfragbar. In den Alltag integriert erscheint Gewalt dann als wiederkehrende, geradezu routinehafte Praxis nicht mehr ungewöhnlich. Sie wird durch die Wiederholung von Beziehungsverhältnissen zwischen Macht und Subordination zum Teil des Alltags in der Familie. Der Alltag wird doppelbödig zwischen den im stummen Zwang der Verhältnisse gelagerten Routinen, die stets auch die gleichbleibend wahrgenommenen Zumutungen mitbringen (Thiersch 2009, S. 41–53, 2020, S. 34–85; Berger et al. 2021). Hinterfragbar erscheint die gewalttätige Beziehungsrealität erst durch die als Schock erlebte Krise der Scheidung, nach der nur Alexander bei der Mutter, sein Bruder jedoch weiterhin dem väterlichen Einfluss überantwortet bleibt. Zwischen dem erstgeborenen Sohn und dem Vater ist die Fortsetzung der Unterordnung als Beziehungsmuster wahrscheinlich. Für Beratungskontexte wichtig erscheint, dass Gewalt als Konsequenz aus gewalttätigen Bedingungen nicht das unmittelbare Verhalten übernommen werden muss. Die Struktur wird als implizit für ähnlich gelagerte Situationen geltende Regel dafür transportiert, wie Konflikte in Beziehungen bearbeitet und mit Beziehungsgewalt umgegangen wird. Das hier strukturell tragende Muster ist Unterordnung, welche als in den vorangegangenen Kapiteln typisch männlicher Bewältigungsmodus verdeutlicht wurde.

In der Aussage Alexanders, »alles getan zu haben«, lässt sich ein weiterer männlicher Bewältigungsmodus identifizieren. Dieser liegt in der Verfügbarkeit und damit einer weiteren Facette der Unterordnung in einer machtgeprägten Beziehung. Übertragen in die spätere Beziehung zeigt sich auch ein Handlungsmuster des sprachlosen Erleidens. Alexander hat als Kind stellvertretend Gewalt erfahren. In seiner späteren Beziehung erfährt er diese unmittelbar und damit auch die eingelagerte eigene Hilflosigkeit im Umgang mit der Situation. Als Strategie für die Normalisierung der eigenen Beziehung lässt sich das Schließen der Fenster bei gewalttätigen Übergriffen Leylas einordnen. Nach außen hin soll die Beziehungsnormalität gewahrt werden. Dies kann als Schutzmechanismus für eine prekär werdende Männlichkeit verstanden werden, die Alexander nur noch kosmetisch in der Wahrung des Scheins eingreifen lässt. Darin offenbart sich seine Handlungsohnmacht. Es kann gleichermaßen als Stigmatisierungsangst vor als identitätsbedrohend erlebten Übergriffen und als Versuch des Aufrechterhaltens der eigenen Handlungsfähigkeit gedeutet werden. Solange etwas normal wirkt, entgehen alle den unangenehmen Fragen und damit auch der Herausforderung, sich positionieren zu müssen (Goffman/Dahrendorf 2021; Goffman 2022; Nef 2020, S. 133–159; Schwithal 2005, S. 202–204). Die Januskӧpfigkeit alltäglicher Normalität zeigt sich als Oberflächenphänomen, hinter dem sich das wahre Leben abspielt.

Erst in der Krise kommt es nach der Offenbarung erfahrener Gewalt zu einem Bruch mit den Normalitätserwartungen. Das Bekenntnis Alexanders zu der durch ihn erfahrenen Gewalt trägt zu institutionellen Interventionen bei, die als entlastend und hilfreich erfahren werden. Die Krisensituation besteht damit nicht einzig aus überbordender Gewalt. Der semantische Krisengehalt weist darüber hinaus auf das Infragestellen generationenübergreifend geltender Männlichkeitsmythen hin, die Gewalt als Beziehungsnormalität alltäglich wiederkehrend manifestieren. Dazu zählt auch das Hinterfragen der als männlich assoziierten internalisierten Verhaltensmuster. Wer als Mann Hilfe beansprucht, thematisiert damit gleichzeitig seine Männlichkeit. Dieser zur traditionellen Männlichkeit zählende Mythos engt Verhaltensalternativen, zu denen die Offenbarung der eigenen Gewaltbetroffenheit zählt, ein. Das Verschweigen und das Aushalten von Übergriffen sind Konsequenzen dessen. Auch die Ablehnung von Männlichkeitsnormen durch die aktive Suche nach Hilfe und Unterstützung birgt zunächst den Widerspruch, dass deren Geltung gerade im Akt der Ablehnung anerkannt wird (Schaarschmidt 2022; Alzinger 2016).

Das sich hier abzeichnende Lösungsmuster offenbart einen Prozess, welcher im Hinterfragen von erfahrenen und aktuellen Männlichkeitsvorstellungen liegt. Als erfahrene Männlichkeitsvorstellung zeigt sich gewalttätiges Verhalten als männliche Möglichkeit zur Herstellung von Eindeutigkeit und Klarheit. Dabei geht es um ein Ringen um Deutungs- und Handlungsmacht. Wer Gewalt ausübt, definiert punktuell die Situation. Obgleich alle Beteiligten Gefangene einer auf Unterordnung ausgerichteten Beziehung sind, bleiben Widersprüche im Kontext gewalttätig hergestellter Machtverhältnisse lange Zeit eliminiert. Diese tauchen erst dann auf, wenn Beziehungsverhältnisse beispielsweise mit der Geburt von Kindern neu definiert werden. Die Ausschließlichkeit der partnerschaftlichen Beziehung wird dann zur Elternschaft und bezogen auf den Nachwuchs erweitert. Gewalt kann dann als Muster zur Herstellung einer situativen Exklusivität in der Beziehung gedeutet werden. So kommt es auch, dass der erstgeborene Sohn geschlagen wird, durch dessen Geburt die familiäre Beziehung aus der Ausschließlichkeit der Paarbeziehung gelöst und damit komplexer wurde. Durch Gewalt wird eine eigenständige Identität von Betroffenen infrage gestellt. Diese existieren nur fremdbestimmt in den gewalttätig vorgegebenen Parametern. Stehen diese in Konflikt zu gesellschaftlich geschlechtsbezogenen Erwartungen, liegen Normalisierungsstrategien nahe, die einerseits Betreffenden den Eindruck der Handlungsfähigkeit ermöglichen. Andererseits wird in der Öffentlichkeit der Eindruck erzeugt, dass im Alltag Betreffender alles seinen normalen Gang gehe. In diesem Widerspruch bleiben Zu-Beratende manchmal ein Leben lang gefangen. Im Beispiel zeigt es sich im weiblichen Aushalten der ersten gewalttätigen Beziehung von der Mutter und ihrem späteren Rettungsversuch durch die Scheidung. In der Folge finden sich Beispiele im Schließen der Fenster und dem langen Warten des Protagonisten vor einer Trennung. Goffman und Dahrendorf (2021) sprechen in diesem Zusammenhang auch von einem Bestreben zur Wahrung einer mit den allgemein üblichen Vorstellungen in Konflikt geratenden Identität. Eine Gewaltbetroffenheit ist für Männer nicht unüblich, deren Offenbarung jedoch schon. In geschlechtlicher Dimension geht dies mit der Unterordnung unter die Verhältnisse einer.

Kategorisierungen sind in Kontexte und konkrete soziale Situationen eingebettet, welche die Wahrnehmung geschlechtlicher Dimensionen biografisch als Lern- und Bildungsgeschichte beeinflussen (Zifonun 2016). Dies geschieht stets in reduzierter Form, für die der gesellschaftlich-kulturelle Hintergrund bereits Deutungen dafür bereitstellt, was im jeweiligen Kontext als männlich gilt, und mit entsprechenden Attributen ausgestattet wird. Darin sind insbesondere auch Bewertungsmaßstäbe für geschlechtliche Kategorisierungen enthalten. So wird nicht der Mensch gesehen, sondern dessen Attribute und geschlechtliche Zuordnungen. Prozesse, die diese Zuordnung befördern, sind reflexiv entweder schwer zugänglich oder werden weitgehend ausgeblendet. Die Wahrnehmung folgt dann der Unterstellung, dass äußerlich zugeschriebene Bündel an Merkmalen eine innere Realität widerspiegeln. Auch hier zeigt sich die Doppelbödigkeit alltäglicher Normalität im Hinblick auf die Zurechnung geschlechtlicher Merkmale. In dieser Janusköpfigkeit von Normalität zeigen sich die zu Attributen verdichteten Facetten gesellschaftlicher Erwartungen an Männlichkeit, nämlich keine Probleme zu haben, objektiviert. Im Beispiel wird dies durch die vorgelagerte Verweigerung der Annahme von Hilfe ausgedrückt. Männliche Probleme dürfen nicht mit anderen geteilt werden, weil die Mitteilung Verletzlichkeit offenbart und darüber männliche Geschlechtsidentität zur Disposition steht. Solange weitere diskriminierte Personengruppen im Fokus stehen, gilt männliches Leid als vernachlässigbar. Eine Thematisierung männlicher Verletzbarkeit würde das Leid anderer Personengruppen relativieren, weil Männer bislang allgemein anerkannt und weitgehend unhinterfragt als privilegiert gelten. Vielfach sind sie es. Darf deshalb das Leid von Menschen mit männlicher Geschlechtsidentität nicht artikuliert werden? Bringt dies – pointiert nach Süfke ausgedrückt –, den im Beratungsbeispiel angedeuteten geschlechtlich ausgetragenen Stellungskrieg hervor, weil das artikulierte Leid männlicher Personen anderes Leid banalisiert (Süfke 2018, S. 18–24)? Gilt daher Schweigen als Gebot? Die implizite Erwartung des Protagonisten Alexander scheint dies zumindest nicht zu widerlegen. Er hegt erhebliche Zweifel daran, dass seine Hilfebedürftigkeit institutionell überhaupt in Erwägung gezogen oder gar anerkannt wird. In der Beratung tragen übernommene Kategorisierungen, sobald es um männliche Verletzungen geht, in der Konsequenz zu einem Schweigen bei. Männer abstrahieren. Sie reden über Dinge und Sachverhalte. Sie reden über ihren sachlichen Bezug zur Welt und damit über ihre männlichen Blickwinkel auf die Dinge, weil sie davon ausgehen, dass geschlechtliche Kategorisierungen universell gelten. Diesen Kategorisierungen nicht zu entsprechen, erzeugt eine Furcht davor, sich als diskursfähig männliche Person zu diskreditieren. So wird statt von zugeschriebenen Attributen von Eigenschaften gesprochen, so als seien diese dem Subjekt eigen. Dazu zählen Merkmale wie ökonomischer Erfolg in Bezug auf die Versorgung von sich selbst und den Angehörenden oder die Unverletzbarkeit und der damit einhergehend fehlende Zugang zu eigenen Gefühlen sowie Rationalität und Dominanzstreben (Süfke 2018, S. 24–108). Im Beispiel äußert dies Alexander in der Floskel, alles getan zu haben, und drückt damit erneut seine Hilflosigkeit aus.

Teil des beraterischen Prozesses ist das Hinterfragen übernommener Männlichkeitsbilder mit dem Ziel, dass ein Mensch nicht eine einzige schicksalhaft zugedachte Identität besitzt, sondern vor der Verantwortung steht, sich mit seinen Vorstellungen von männlicher Identität auseinanderzusetzen. In dieser Hinsicht finden sich theoretische Anknüpfungspunkte bei Amartya Sen, der von einer *Identität als Vorstellung* spricht. In der Vorstellung – nicht in der faktischen Realität – ist es anscheinend so, als ob jemand oder etwas mit sich selbst und damit auch mit kulturellen Geschlechterbildern identisch ist. Es geht demnach um die Bühnen, auf denen Männlichkeit präsentiert, in Arenen unter Beweis gestellt und reproduziert wird, die – einer perfekten Inszenierung gleichend – Kulissen und Praktiken benötigt, mit denen gezeigt werden kann, dass die auszufüllende Rolle auf den Leib geschrieben ist und somit fraglos gilt (Laqueur 1996). In der Beratung geht es darum, zur Flexibilität von Identitätskonzepten beizutragen.

Für die Beratung gewaltbetroffener Männer ist dabei bemerkenswert, dass die Dimension der Verantwortung für die Flexibilität der eigenen Vorstellungskraft männlicher Identitäten in den Vordergrund rückt und das Ringen um eine gleichbleibend faktische Identität weitgehend ausgeklammert wird. Eine faktische Identität ist der traditionellen Männlichkeit zuzurechnen. Die theoretisch vorangestellte Diskussion und das Beispiel zeigen, dass sich diese außerhalb der erfahrungsgeleiteten Vorstellungen von Männlichkeit nicht feststellen lässt. Männliche Identitäten sind nicht festgefügt. Sie haben als Ausdruck des Mann-Seins zahlreiche Facetten. Männliche Identitäten sind soziale Konstrukte, die in ihrer sozialen Aneignung dynamisch zu betrachten sind. In diesem Aspekt zeigen sich Lösungsansätze für die Beratung gewaltbetroffener Männer, die sich schematisch vor dem Hintergrund des Trajectory-Modells illustrieren lassen.

Das Trajectory-Modell und die Dimensionen der Verantwortung

»Wo Gemeinschaft lebt, da wird Verantwortung erfahren.«
(Böhnisch 2022, S. 5)

Im Trajectory-Modell der Beratung wird die Verbindung zwischen Gewalt und Männlichkeit auch in der Dimension der Gewaltbetroffenheit konsequent als sozialer Prozess betrachtet. Auf das Beispiel von Alexander bezogen zeigen sich die Dimensionen von Vorerfahrungen als Bedingungen, die in den Interaktionen späterer Beziehungen reaktiviert werden und unhinterfragt zur Reproduktion der in traditioneller Männlichkeit verankerten Bewältigungsmuster beitragen. Gesellschaftliche kulturelle Erwartungen bilden dafür den Rahmen, in dem sich geschlechtliche Verhältnisse manifestieren. Das Hinterfragen von gewalttätigen Situationen wird im Zuge von Normalisierungsstrategien lange Zeit ausgeblendet, weil damit auch männliche Identität prekär wird. In der Beratung gewaltbetroffener Männer geht es einerseits um die Reflexion der von den Zu-Beratenden in die eigene Biografie übernommenen Männlichkeitsbilder, welche sich aus ihren Erfahrungen speisen. Nicht selten tragen Krisen zu einer Diskrepanz zwischen biografischen Anforderungen an das Mann-Sein und gesellschaftlich transportierten Erwartungen bei. Daher geht es andererseits auch um die Reflexion dieser kulturell-gesellschaftlichen Anforderungen, die geschlechtlich erwartbares Verhalten als implizite Norm voraussetzen. Es geht somit um das Hinterfragen von Normalität und mit deren Herstellung alltäglich verbundener Routinen.

Abstrahiert vom konkreten Beispiel zeigt sich, dass sämtliche Routinen und damit auch geschlechtliche Praktiken ausgehend von einem Bedingungsrahmen herangetragener Kategorisierungen vollzogen werden. Diese Kategorisierungen tragen dazu bei, dass frühere und gegenwärtige Verhaltensaspekte in der Vorstellung zu einem Ensemble zusammengefügt und Menschen innerhalb dessen geschlechtlich eingeordnet werden. Strukturell zählen dazu Erfahrungen von Machtverhältnissen, die sich als Hegemonie in Dominanz und Unterordnung äußern.

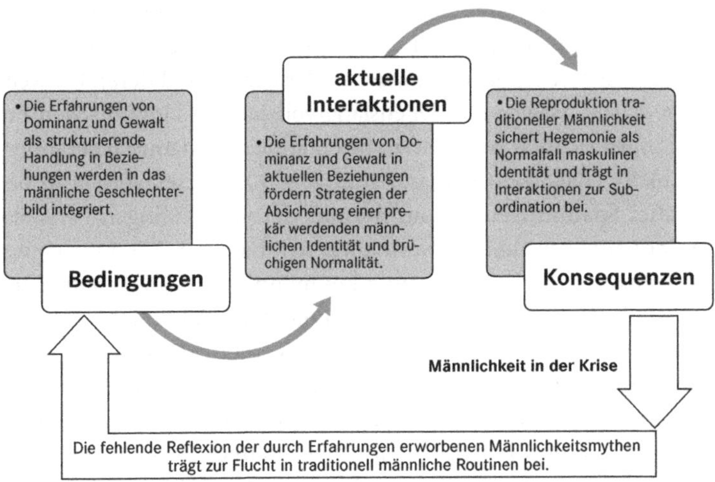

Abb. 8: Trajectory-Modell der maskulinen Bewältigung von Gewalt

Wie lassen sich darauf bezogen die Dimensionen der Verantwortung für den Fortgang der Ereignisse ausloten? Keine Person kann konkret für die Bedingungen verantwortlich gemacht werden, mit denen diese zum Zeitpunkt ihrer Geburt umzugehen hat. Der Grad an Verantwortung steigt jedoch mit der Handlungsmacht der betroffenen Person und ihrer Fähigkeit, die strukturellen Bedingungen zu reflektieren. Damit kommen zwei Konzepte zusammen, welche als relevant für die Veränderung geschlechtlicher Praktiken und damit auch für die Transformation von Männlichkeitsbildern erachtet werden.

Es handelt sich zum einen um das Konzept der *Sozialisation.* In der sozialisatorischen Bildungsgeschichte des Subjekts zeigt sich die Doppelgesichtigkeit in der Übernahme gesellschaftlicher Werte und Normen. Die gemeinsame Rückschau eignet sich als Rückblick für das Ausloten der Dimensionen von Verantwortung im Kontext der Beratung besonders gut, weil darin implizit auch übernommene Kategorisierungen sichtbar werden. In die Sozialisation ist jedoch auch der Auftrag an das Subjekt einbezogen, mit den übernommenen Werten und Normen in bewussten Handlungen umzugehen und dadurch aus den Schatten seiner Herkunft herauszutreten. Im Konzept der Sozialisation werden die Ebenen der Gesellschaft und der Person in der Erwartung verbunden, dass Gemeinschaft möglich ist und die einzelnen Subjekte auf gesellschaftliche Bedingungen einwirken. Es wird daher eine Beziehung zwischen der Person und deren Umwelt ausgedrückt, welche sich lebenslang vollzieht, in biografischen Erzählungen sichtbar wird und in Interaktionen dynamisch veränderbar bleibt (Bauer/Hurrelmann 2021, S. 9–90). Dieses Verhältnis beinhaltet Spannungen, die im Beispiel der janusköpfigen Perspektive auf eine gewalttätige Normalität sichtbar sind. Die Erwartung in Bezug auf die Unterstützung bei männlicher Gewaltbetroffenheit stellt einen Bruch mit den übernommenen Männlichkeitskategorisierungen der Normalisierung und Verdeckung von Gewalt in den Raum. Gerade in dieser Gebrochenheit zeigt sich jedoch die Kompetenz des Akteurs Alexander, anders mit dem Bedingungsrahmen an Kategorisierungen umzugehen und dadurch das unauflösbare Spannungsverhältnis zwischen der individuellen und der strukturellen Ebene produktiv auszuloten. Der gewalttätige Vater bildet damit kein exklusiv übernommenes Männlichkeitsbild, dem nur durch Unterordnung in der Beziehung begegnet werden kann. Auch die Mutter macht deutlich, dass Beziehungen auch im Hinblick auf deren Endlichkeit umgestaltet werden können.

Mit dem Konzept der Sozialisation als der Bildungsgeschichte des Subjekts sind unweigerlich die Dimensionen der Verantwortung verbunden. Im Kontrast zu frühen Phasen der Sozialisation, in denen Kategorisierungen als Bedingungen der Erziehung zunächst unhinterfragt übernommen werden, steigen mit zunehmender Handlungsmächtigkeit und zunehmendem Wissen die Anforderungen, mit den Zumutungen der eigenen Biografie verantwortungsbewusst umzugehen. Im Hinblick auf die Dimensionen der Verantwortung für das eigene Leben ist das Einbeziehen der sozialisatorischen Bildungsgeschichte in die Beratung auch eine Vorausschau.

Zu den Dimensionen der Verantwortung zählt, sich der Dialektik der Freiheit bewusst zu werden, welches sich in der Widersprüchlichkeit der *Freiheit wovon* und der *Freiheit wozu* ausdrücken lässt. Diese Idee der Freiheit ist stets mit der dialektischen Antwort auf die Überlegung verbunden, inwiefern die Konsequenzen von Handlungen zu neuen Abhängigkeiten führen (Böhnisch 2022). Dieser Prozess findet sich im Trajectory-Modell wieder, in dem die Konsequenzen von Handlungen zu den neuen Bedingungen für Folgehandlungen gerinnen.

Die Dimensionen von Handlungsfolgen sind daher nicht nur punktuell in Bezug auf die einzelne zu beratende Person, sondern auch in Bezug auf die Gemeinschaft zu betrachten. Handlungsvorteile für einzelne Personen können Gemeinschaften unweigerlich in Krisen stürzen, – umgekehrt gilt dies ebenso. Ein makrosoziales Beispiel dafür ist die Debatte um Nachhaltigkeit, deren Missachtung durch Einzelunternehmen diesen einen beachtlichen ökonomischen Erfolg, der Gemeinschaft jedoch Nachteile beschert. Dennoch wird das gesellschaftliche Konzept der Hegemonie weitgehend unhinterfragt beibehalten. Bezogen auf das Beispiel der janusköpfigen Normalität männlicher Gewaltbetroffenheit kann ein individueller Vorteil der Gewaltausübung darin gesehen werden, die Definitionsmacht über die Situation und die Kontrolle über Handlungen zu erringen. Für die mikrosoziale Gemeinschaft der Familie ist dies jedoch, anschließend an das Kapitel »Der Preis traditioneller Männlichkeit«, nachteilig, weil macht- und gewaltgeprägte Sozialbeziehungen ausschließlich Opfer hervorbringen. In der Beratung sind die Handlungsfolgen im Spannungsfeld gesellschaftlicher Kategorisierungen, der Gemeinschaft und damit insbesondere in Familien und für die einzelne Person aufeinander zu beziehen.

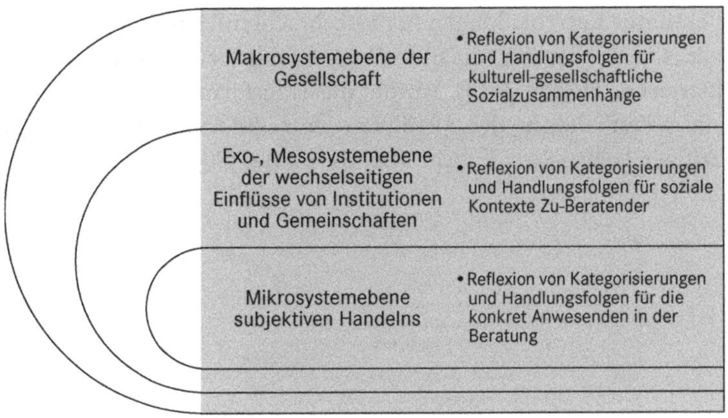

Abb. 9: Reflexionsebenen in der Beratung gewaltbetroffener Männer

Das Aufeinander-Beziehen der unterschiedlichen Ebenen unterstützt Zu-Beratende dabei, sich der Reduzierungen bewusst zu werden, unter denen geschlechtliche Kategorisierungen erfolgen. Männlichkeit wird an die Theorie und das Beispiel anschließend nach wie vor an traditionellen Formen der Dominanz und Unterordnung gemessen. Wird Galtungs Gewaltverständnis darauf bezogen, dann lässt sich kulturelle und strukturelle Gewalt auf der Makro- und der Exosystemebene einordnen. Es kommt dabei auf die subjektive Betroffenheit und im Umkehrschluss schwerlich gegebene Möglichkeit der individuellen Einwirkung an. Gesellschaftliche Prozesse ändern sich langsam und nicht unmittelbar als Folge subjektiver Handlungsentscheidungen. Personale Gewalt schlägt sich hingegen in Meso- und Mikrosystemebenen nieder, in denen soziale Beziehungen gelebt werden. Die Grafik weist über die zeitliche Prozessebene des Trajectory-Modells hinausgehend darauf hin, dass alle sozialen Ebenen miteinander verbunden sind, sich jedoch ungleichzeitig verändern. Subjektive Entscheidungen wirken mit sinkendem Einfluss über die Mikrosystemebene hinaus. Umgekehrt zeigen sich in Makro-, Exo- und Mesosystemebenen historisch gewordene Vorbedingungen für das Handeln auf subjektiver Ebene. Diese werden mit dem steigenden Reflexions- und Handlungsgrad jedoch dahingehend zum Auftrag, auf Bedingungen verantwortungsbewusst einzuwirken.

Dieser Zusammenhang wirkt sich auch durch die in Folge reflektierter Entscheidungen hervorgebrachten Handlungen darauf aus, wie eine Person von anderen im Hinblick auf ihre Identität deklariert wird (Sen 2020). Sowohl die Transformation als auch das starre Festhalten an den Attributen der traditionellen Männlichkeit zeitigen Folgen für sämtliche Ebenen, wie das folgende Beispiel zeigt.

Verlassene Männlichkeit in der Beratungsarena

»Männer heiraten Frauen, weil sie hoffen, dass diese immer gleichbleiben und sich nicht verändern. Frauen heiraten Männer, weil sie hoffen, dass diese sich verändern und nicht gleichbleiben. Beides geht schief!« (Zitat aus einer Mitschrift aus einem Beratungsgespräch mit einem Paar im Jahr 2018)

Das hier anschließende Beispiel aus einer gerichtlich angeordneten Beratung mit dem Ziel, die Kommunikation der Zu-Beratenden in Bezug auf die gemeinsam zu erziehenden Kinder zu verbessern, spiegelt den männlichen Kampf um die Deutungshoheit in Hinblick auf die Beziehungsvergangenheit sowie die Reproduktion der maskulinen Bewältigung von Gewalt wider.

Beratungsbeispiel: »Björn und Ella«
Björn und Ella begeben sich nach einer Auflage des Familiengerichts und des Verfahrensbeistandes der Kinder auf die Suche nach Beratung. Das Beratungsziel besteht darin, die elterliche Kommunikation während des bereits zwei Jahre andauernden Scheidungsverfahrens zu verbessern. Die Suche nach einer geeigneten Beratungsperson gestaltet sich schwierig. Mehrere Beratungsstellen sind, laut Aussage von Björn und Ella, bereits an der Thematik gescheitert. Im Tenor geht es um den Umgang mit den gemeinsamen Söhnen. Mit der Trennung vor etwa drei Jahren verließ Ella das gemeinsame, im ländlichen Raum gelegene Haus. Sie zog mit dem jüngsten Sohn Paul (5) in eine etwa hundert Kilometer entfernte Großstadt. Die älteren Söhne Jonas (14), Johannes (12) und Jakob (8) leben beim Vater. Sie besuchen die Schule im Ort, in der ihr Vater als Lehrer tätig ist. Die aktuell besonders strittigen Punkte des ehemaligen Paares sind die Einschulung des Jüngsten und die Trennungssituation der Geschwister. Paul verbringt jedes zweite Wochenende beim Vater und seinen Geschwistern. Umgekehrt verbringen Jonas, Johannes und Jakob zwei Wochenenden im Monat bei ihrer Mutter und ihrem Bruder in der Stadt.

In der Beratung ist der männliche Protagonist Björn in seinen Anforderungen an das Setting, die Inhalte und seine Partnerin kaum zu bremsen. Er macht deutlich, dass bislang schon eine

Psychotherapeutin und die Beraterinnen in einer Familienberatungsstelle eines freien Trägers gescheitert sind und sie sich nun einen männlichen Berater gesucht hätten. Für das beraterische Vorgehen stellt er sich vor, dass zunächst einmal die Vergangenheit ausgiebig beleuchtet und aufgearbeitet wird. Der Fokus solle auf den wahren Gründen für die Trennung liegen. In Bezug auf die gemeinsame Vergangenheit solle auch die verschobene Wirklichkeitswahrnehmung von Ella thematisiert werden. Schließlich sei sie ja gegangen, obwohl er alles getan habe, damit es der Familie gut ging. Sonst ergebe alles weitere keinen Sinn für ihn. Das Paar, so fährt er fort, habe sich schließlich einst wechselseitig versprochen, dass die Kinder nie getrennt werden dürften, sie in die gleiche Schule mit ihrem speziellen Programm im ländlichen Raum eingeschult werden würden, sie beide das Leben im ländlichen Raum gewollt hätten und schließlich Ella selbst gesagt habe, ein Leben in der Stadt käme für sie keinesfalls infrage. Entgegen ihrer einstigen Beteuerungen lebe sie nun aber in der Großstadt, habe Paul mitgenommen und die Geschwister voneinander getrennt, was auch die Kinder niemals gewollt hätten. Auch diese wollten als Geschwister miteinander aufwachsen und die gleichen Erfahrungen teilen. Das beträfe auch die gemeinsam geteilte Zeit in der Schule, in der die älteren Kinder ja nun schon gute Erfahrungen gesammelt hätten. Auch hier ließe sich durch Studien der Vorteil der Unterstützung durch ältere Geschwister belegen und schließlich sei das ja auch normal. Aber das würde den Kindern nun von Ella vorenthalten werden. In der Schule sei dies ähnlich. Sobald ein Lehrer die Kontrolle verliere, habe er verloren. Er müsse sich dann für alle Folgen im Kollegium rechtfertigen.

Ella formuliert ihr Anliegen so, dass sie die Vorwürfe Björns, sie habe alles falsch gemacht, nicht mehr aushalte. Sie sei frustriert und verbittert und könne allein deshalb nicht auf seine Forderungen eingehen. Dann habe sie verloren. Ein Ziel von ihr sei, dass sie sich mehr Transparenz in Bezug auf Termine und den Alltag der Kinder während deren Anwesenheit bei Björn wünsche. Am liebsten wolle sie jede direkte Kommunikation mit Björn vermeiden. Für den Umgang mit den gemeinsamen Kindern wünsche sie sich jedoch, dass sie sich beide auf die Erziehung konzentrieren und sich dabei wechselseitig unterstützen.

Björn spricht in der Beratung häufig in der »Man-Form« (bspw. »Wenn xy, dann sollte *man* …«). Gelegentlich verweist er auf Erkenntnisse aus Analysen, Forschungsergebnissen oder allgemein aus der Wissenschaft, um seine Argumente zu untermauern. Jedem Redebeitrag von Ella setzt er einen mit Daten und Fakten angereicherten Einwand entgegen, in dem er eine Situation schildert, in der es anders war. Für manche dieser Situationen zieht er seine schriftlichen Aufzeichnungen hinzu. In der Regel wendet er sich über Ella sprechend an die beratende Person. Sofern er seine ehemalige Partnerin direkt anspricht, beginnt die erste Satzhälfte meist so: »Aber Ella, du musst doch einsehen, dass …« Im Nachsatz führt er ihr vor, wie irrational und enthoben jeder Vernunft sie im Hinblick auf die Kinder und die gemeinsame Vergangenheit agiere. Björn schreibt im Beratungsgespräch mit. Es kommt zur Sprache, dass Inhalte von Beratungsgesprächen von den Zu-Beratenden an das Gericht weitergegeben wurden.

Das herangezogene Beispiel aus der Beratung zeigt, wie unterschiedlich sich die beiden Geschlechter aufeinander beziehen, sich präsentieren und in zeitlichen Redeanteilen oder auch im Aneignen von Themen reproduziert werden. Männlichkeit ist also auch in der Beratung keineswegs als Tatsachenbefund aufzufassen, sondern wird auch in der Beratung situativ hergestellt. Typische Facetten der sich etablierenden Männlichkeit lassen sich in der Bezugnahme auf Rationalität, dem Bestreben nach der Kontrolle des Beratungssettings und der Reklamation der Deutungsmacht im Hinblick auf die Vergangenheit der inzwischen aufgelösten Partnerschaft identifizieren. Diese Aspekte lohnt es sich, genauer zu betrachten.

Im Beispiel tritt das Ringen um die Deutungsmacht als männliches Prinzip in den Vordergrund. Das maßgeblich zu verhandelnde Problem wird von Björn in Anspruch genommen. Der Hinweis auf die nun endlich gefundene männlich identifizierte Beratungsperson legt den Wunsch nach einer Koalitionsbildung nahe. In der Arena der Beratungssituation lassen sich perspektivisch vier Krisengebiete verdeutlichen:

Eine *erste Perspektive* ist auf den Bedingungsrahmen der gemeinsam geteilten Vergangenheit des ehemaligen Paares gerichtet.

Diese Perspektive beinhaltet das Krisenpotenzial der männlichen Definition der zurückliegenden Wirklichkeit, in der Ella als Schuldige erscheint. Wird von der beratenden Person darauf eingegangen, liegt die Gefahr nahe, dass die Vergangenheit im Anschluss an das Trajectory-Modell einer Perspektive untergeordnet und daher statisch definiert wird. Weitere, auch mögliche Perspektiven würden ausgelöscht.

Eine *zweite Perspektive* zeigt sich im Krisengebiet der spezifisch männlich rationalisierenden Kommunikation. Aktuelle Geschehnisse werden nicht im Lichte zukünftiger Herausforderungen der gemeinsamen elterlichen Erziehungsverantwortung abgewogen. Sie sprechen als vorgetragene Fakten vielmehr für sich selbst und sichern die bereits vorgetragene männliche Sichtweise ab, an der nicht mehr gezweifelt werden darf. Neben dieser männlichen Deutung erscheinen weitere Blickwinkel unzulässig. Die Wahrnehmung der jeweils anderen Perspektive gerät ebenso wie eine gemeinsame Perspektive aus dem Blick und bringt somit auch die Beratung in Gefahr (Richterich 1996). Aus der männlichen Sicht des Protagonisten Björn gibt es nur eine Wirklichkeit, nämlich seine. In der elterlichen Beziehung geht es um die Unterordnung unter eine männliche deutungsmächtige Wirklichkeit.

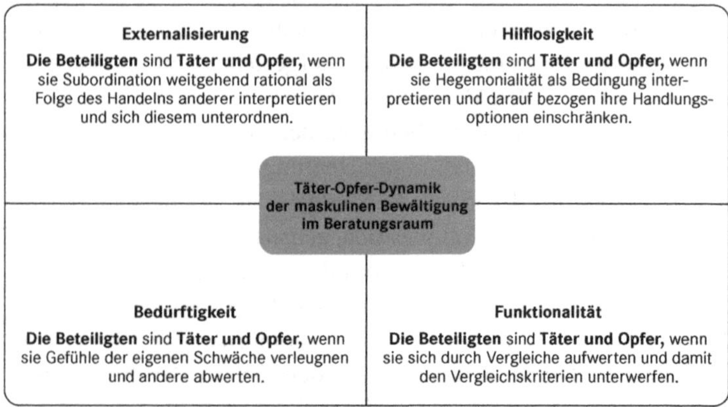

Abb. 10: Die Vier-Felder-Tafel der Täter-Opfer-Dynamik maskuliner Bewältigung

Eine daran anschließend *dritte Perspektive* lässt die Struktur der Beratung selbst in die Krise geraten. Die männliche Deutungsmacht erstreckt sich über die elterliche Beziehung hinaus auch auf das beraterische Vorgehen. Diesem wird vorgegeben, worum es aktuell inhaltlich gehen soll. Die männlich raumgreifende Perspektive ist auf die Vergangenheit und die Ermittlung der tatsächlich Schuldigen gerichtet. Der Beratung werden damit eine zeitliche Struktur und die darin zu erbringenden Ergebnisse vorgegeben.

Zu guter Letzt erstreckt sich in einer *vierten Perspektive* die männliche Hegemonie in dem Bestreben nach Unterordnung der geschlechtshomogen gewählten beratenden Person auf alle Anwesenden. Der beratenden Person wird die professionelle Definitionsmacht über den Prozess abgesprochen und auch durch die Schreiben des männlichen Protagonisten an das Gericht herabgesetzt. Hier zeigt sich der männliche Bewältigungsmodus im Bestreben nach Kontrolle über die Rahmenbedingungen und die darin situativ möglichen Handlungen.

Auf diese Weise wird der Beratungsraum selbst zur Arena hegemonialer Männlichkeit und bringt die beratende Person in ein Dilemma. Erkennt sie die von männlicher Seite vorgetragene Problem- und Wirklichkeitsdefinition an, greift die Problematik komplizenhafter Männlichkeit. Die männlich vordefinierte Wirklichkeit wird in den Beratungsraum hinein verlängert, darin für allgemeingültig und folglich als quasi unabänderlich erklärt. Eine Entwicklung der elterlichen Verantwortung anhand der angelegten Sichtweisen der Beteiligten oder durch die Diskussion von Bedeutungen aus den unterschiedlichen Perspektiven wird nahezu unmöglich. Die Weiterentwicklung der elterlichen Beziehung friert ein (Hildenbrand 1993). Die soziale Welt im Beratungsraum wird in Deutungsmächtige einerseits und Handlungsohnmächtige andererseits aufgespalten. Deutungsmacht und Handlungsohnmacht sind Resultate der akzeptierten Asymmetrie der Verhältnisse und werden durch Macht und Unterordnung hergestellt. In der Asymmetrie der Verhältnisse zeigt sich auch hier der Widerspruch nur scheinbar. Alle Beteiligten zahlen den Preis, wenn sie die Dichotomie zwischen Macht und Handlungsohnmacht akzeptieren. Sie berauben sich der Möglichkeit, die Verhältnisse ändern zu können.

Die in Abbildung zehn dargestellte Dynamik transformiert den Beratungsraum zur Arena mit intensiven Aushandlungsprozessen um

Machtverhältnisse. Die männliche Bewältigungsdynamik gerät in ein Dilemma zwischen scheinbar unauflösbaren Spannungsverhältnissen zwischen Täter (Macht) und Opfer (Ohnmacht). Aus männlicher Perspektive muss Ohnmacht verleugnet werden. Als vermeintlicher Zufluchtsort bleibt die Macht durch die Kontrolle der Situation und deren Rahmenbedingungen. Die maskuline Bewältigung reduziert die Handlungsmöglichkeiten in der Situation auf den Kampf um die Deutungsmacht. Mit dem Begriff der Täter-Opfer-Dynamik wird darauf hingewiesen, dass hegemoniale Verhältnisse im Beratungsraum Entwicklungen einfrieren und auf den Kampf um die Vorherrschaft reduzieren. Je nach Situation kann ein Wechsel von Positionen erfolgen, sodass die Rollen *Täter/Täterin* oder *Opfer* einer Person nicht zeitübergreifend stabil zugerechnet werden können. Gleich bleibt jedoch die Beziehungsdynamik im Ringen um die Macht.

Beratende Personen werden Teil dieser Dynamik, wenn Ihnen die professionelle Reflexion in der jeweiligen Situation entgleitet und sie dadurch in Koalitionen mit der Macht oder Ohnmacht geraten. Implizit wird dadurch jeweils einer der eingenommenen Positionen zur Vorherrschaft innerhalb der Dynamik verholfen und die hegemonialen Verhältnisse aufrechterhalten. In der Konsequenz sind alle Beteiligten ihrer Handlungsmöglichkeiten beraubt. Daraus folgt das Festschreiben des Status quo. Die Beratung befindet sich dann im Dilemma: Sie wird reduziert auf das Ringen um Deutungsmacht. Abgesehen von der Verhandlung von Machtverhältnissen bleiben dann keine weiteren Themen übrig. Es ist ein Kampf, der nicht gewonnen werden kann, weil letztlich nur Opfer bleiben und die Wahrscheinlichkeit steigt, dass die Beratung durch die Reproduktion von Machtverhältnissen abgebrochen wird. Dies gilt auch in Bezug darauf, dass die Zu-Beratenden eine Beratung bereits durch wahrgenommenen Druck oder gar Zwang in Anspruch nehmen. Im Beispiel geht es um die drohende Fremdbestimmung im Kontext des Besuchs- und Umgangsrechts mit den Kindern durch gerichtliche Interventionen. Gerade in dieser Hinsicht erscheint es für beratende Personen unabdingbar, die eigene Rolle transparent zu klären, soweit als möglich unabhängig zu agieren und etwaig bestehende Auskunftsrechte Dritter konsequent anzusprechen, damit sie dem Verdacht auf Koalitionsbildungen vorbeugen (Zobrist/Kähler 2017).

Welche methodischen Impulse können dabei helfen, die Dilemmata hegemonialer Verhältnisse nicht zur Eigendynamik der Beratung werden zu lassen?

Wege aus dem Dilemma hegemonialer Verhältnisse in der Beratung

Hegemoniale Verhältnisse in der Beratung sind ein Spiegel der Verhältnisse außerhalb des Beratungsraums in gesellschaftlichen Kontexten und privaten Beziehungen. Sie zeigen die Krise der traditionellen Männlichkeit in der Spannung zwischen den gewandelten Ansprüchen und den noch immer traditionellen Erwartungen an Männer. Auf der Mikrosystemebene privater Beziehungen geht es verstärkt um die Bedürfnisse nach Kooperation und wechselseitiger Unterstützung. Im Beispiel handelt es sich um die Verbesserung der elterlichen Kommunikation in der Bewältigung gemeinsamer Erziehungsaufgaben. Dies wird vom männlichen Protagonisten allerdings im Bestreben nach einer Rückschau zur Klärung von Schuldfragen und von der weiblichen Protagonistin in Form einer Vorausschau auf künftige Herausforderungen angestrebt. Auf der Makrosystemebene wird traditionelle Männlichkeit, wie bereits dargestellt, weit weniger infrage gestellt. Darin offenbart sich eine Ungleichzeitigkeit in widersprüchlichen Anforderungen, deren Spannung häufig durch Maskulinität bewältigt wird. Die Maskulinität stellt als Bewältigungsform zumindest marginal eine Bestätigung der männlichen Geschlechtsidentität in Aussicht (Böhnisch 2018, S. 127–212). Die von Connell benannte patriarchale Dividende ist daher über faktische auch auf symbolisch erwartete Konsequenzen, wie die als Bedrohung erwartete Rechtfertigung für einen Verlust der Kontrolle als Lehrer vor dem Kollegium, hin zu erweitern. Traditionelle Männlichkeit ist auch dann dem Verrat ausgesetzt, wenn die Erwartungen an männliches Verhalten die diesem zugeschriebene Attribute infrage stellen. Auch wenn der Wunsch nach elterlicher Kooperation institutionell vorgegeben zu sein scheint, eröffnet er den Blick auf Perspektiven. Nur oberflächlich betrachtet besteht die Gefahr, dass sich der Zwangskontext für das Zustandekommen der Beratung in dieser selbst reproduziert. Von Zwangskontexten wird immer dann gesprochen, wenn nicht der unmittelbaren Beratung zugehörende Dritte Einfluss auf Beratungsinhalte und die Motivation zur Inanspruchnahme von Hilfe aufseiten der Zu-Beratenden nehmen (Klug/Zobrist 2021, S. 14–24; Crowe-Meichtry 2012; Kähler 2005). Dies beleuchtet jedoch nur die institutionelle Seite. Im Umkehrschluss treten bereits vor jener institutionellen Intervention Macht- und Unterordnungsverhältnisse im privaten Bereich auf, die eine institutionelle Intervention erst legitimieren. Die Mikro-, Meso- und Exosystemebenen zeigen sich im Beratungsbeispiel unmittelbar miteinander verbunden. Wird der Beratungsbedarf ausschließlich als Folge institutioneller Einflüsse betrachtet, dann ist eher von einer Unterordnung unter Bedingungen und einer hegemonialen Verlängerung von Machtverhältnissen auszugehen. Die Konsequenzen eigenen Handelns geraten nicht in den Blick. In der Verschränkung der Systemebenen gerät hingegen das Trajectory-Modell der maskulinen Bewältigung von Gewalt in den Fokus und kann in Bezug auf die Verantwortung für eigenes Handeln reflexiv einbezogen werden. Zu Beratenden sind die Konsequenzen mangelnder Kooperation zumindest implizit bewusst. Sie haben meist Sorge vor institutionellen Interventionen. Dennoch lohnt es sich, die unterschiedliche Motivationslage durch wahrgenommene Rahmenbedingungen zu Beginn einer Beratung zu klären. Dabei kann die Klärung der folgenden, beispielhaften und nicht abschließend genannten Fragestellungen in der Beratung helfen:

- ? Wer will was verändern?
- ? Wo sehen Zu-Beratende Möglichkeiten für Kompromisse und zur Kooperation?
- ? Welche konkret benennbaren Vorteile geänderten Verhaltens tragen zur Zufriedenheit der Zu-Beratenden bei?
- ? Durch welche geänderten Verhaltensweisen könnten fremdinduzierte Interventionen oder Zwangskontexte reduziert oder aufgehoben werden?
- ? Welche konkret benennbaren Nachteile wäre mit einer Beibehaltung des aktuellen Verhaltens verbunden?
- ? Welches konkrete Verhalten würde Entscheidungsspielräume erweitern?
- ? Welchen ersten konkreten Handlungsschritt würde die symbolisch anwesende Institution formulieren, dessen Umsetzung dieser deutlich macht, dass die Beratung auf dem richtigen Weg ist?
- ? Was muss/soll/kann der Institution gezeigt werden, damit diese von Interventionen absieht?

Diese reflexiven und darüber hinaus sicher zahllos möglichen weiteren Fragen beziehen den Einfluss Dritter in die Beratung symbolisch ein und tragen zur Transparenz über die Ausgangsbedingungen einer Beratung und deren Ziele bei (Conen et al. 2022, S. 9–133). Sie verlangen den Beteiligten den Perspektivenwechsel dahingehend ab, dass diese über ihre Verstrickung in eigene Beziehungsdynamiken hinausdenken. Der Aushandlung über die gemeinsamen Ziele der Beratung ist so lange Raum zu geben, bis eine Compliance über das nächste Ziel und den nächsten Handlungsschritt hergestellt ist. Es lohnt, dabei kleinschrittig zu denken, damit Zu-Beratende durch im Alltag verändertes Verhalten Erfolgserlebnisse generieren. Erscheint eine Übereinstimmung in Bezug auf eines oder mehrere gemeinsame Ziele unerreichbar, empfiehlt es sich eher, die Beratung abzubrechen als implizit differenten Zielen zu folgen und letztlich keiner Seite gerecht werden zu können. Zu einer Klarheit darüber verhilft das Transparenzprinzip in der Auftragsklärung.

Das Transparenzprinzip in der Auftragsklärung

Die Gefahr einer unvollständigen Transparenz in der Auftragsklärung liegt in einem Stellungskrieg in der Beratung, welche im Beispiel aus der wahrgenommenen Bedrohung männlicher Geschlechtsidentität und deren maskuliner Bewältigung resultiert. Für eine Reflexion des Vorliegens von Macht- und Gewaltverhältnissen hilft die Abbildung der Täter-Opfer-Dynamik maskuliner Bewältigung. Werden in der Beratung Situationen wahrgenommen, welche Dynamiken aus der Vier-Felder-Tafel spiegeln, dann handelt es sich im Kern um Macht- und Unterordnungsverhältnisse mit entsprechenden Fallentendenzen. Den Anwesenden sollten ihre Dynamiken zugerechnet und ihnen die Verantwortung dafür zurückgegeben werden. Reflexive Überlegungen dafür bieten folgende beispielhafte Fragestellungen:

- ? Wer will was von wem?
- ? Mit welcher Legitimation nehmen Sie (die Zu-Beratenden selbst) andere in die Pflicht?
- ? Woraus leiten Sie ab, dass andere sich verändern sollen?
- ? Gesetzt den Fall, andere würden sich nicht verändern, was bedeutet das für Sie?

- ? Wer ist wofür zuständig?
- ? Wofür sind Sie zuständig?
- ? Was könnten Sie an Ihrem Verhalten ändern, damit andere die Situation neu bewerten?
- ? Wer hat welchen Ertrag aus den Dynamiken der Vier-Felder-Tafel der maskulinen Bewältigung im Beratungsraum?
- ? Profitieren alle Beteiligten oder nur eine Person davon?
- ? Welche Handlungsalternativen sind aus Ihrer Sicht möglich?

Sofern nicht das gesamte Beratungssystem einschließlich der symbolisch beteiligten Nicht-Anwesenden erwartbare Erfolge aus den Handlungsschritten in der Beratung generieren, sollten Alternativen in Erwägung gezogen werden. Auf das Beratungsbeispiel bezogen könnte eine reflexive Überlegung lauten, wer einen Ertrag aus der alleinigen Geltung der männlich angelegten Perspektive auf die Beziehungsvergangenheit generieren könnte. Eine mögliche Antwort dazu wäre: ausschließlich Björn, der sich und alle Beteiligten auf diese Perspektive festlegt und deren Handlungsoptionen darauf bezogen einschränkt. Er legt sich jedoch auch selbst fest, weil er die zeitlichen Perspektiven der Vergangenheit und auch die Handlungsoptionen in der Zukunft seiner Deutungsmacht in der Gegenwart unterordnet. Dieses Bewältigungsmuster ist jedoch bereits in die Krise geraten. Die Situation wird von ihm, wie in der theoretischen Diskussion angesprochen, maskulin bewältigt, weil darin auf allen Systemebenen Männlichkeit abgesichert und verbürgt zu sein scheint. Die Schwierigkeit liegt in der maskulinen Bewältigungsroutine selbst, der im Beratungsraum allenfalls als zu reflektierende Praxis Zugang zu gewähren ist. Im Beratungsbeispiel der verlassenen Männlichkeit sind nicht nur die Anwesenden, sondern auch die Kinder von den hegemonialen Verhältnissen betroffen. Daher gilt es, die Perspektiven anhand der beispielhaft genannten Fragestellungen auf die Nicht-Sprachmächtigen in der Beratung zu erweitern:

- ? Wobei soll die Beratung den anwesenden Zu-Beratenden und den nicht anwesenden Betroffenen helfen?
- ? Welche Ziele verfolgen die Anwesenden mit und durch die Beratung?
- ? Welche Ziele könnten nicht anwesende Betroffene verfolgen?

- ? Was könnte ein gutes Ergebnis der gemeinsamen Zeit in der Beratung sein?
- ? Worin bestehen möglicherweise Überschneidungen in Bezug auf die Ziele zwischen Anwesenden/Nicht-Anwesenden?
- ? Gesetzt den Fall, Nicht-Anwesende könnten für eine Sitzung das Ziel formulieren, wie könnte es lauten?
- ? Was wäre für die Nicht-Anwesenden ein gutes Ergebnis des heutigen Beratungsgesprächs?
- ? Welche Handlungsmöglichkeiten resultieren daraus für die Situation der Beratung?
- ? Welche Handlungsoption resultiert daraus für Ihren Alltag?

Bereits im Transparenzprinzip der Auftragsklärung ist der Einbezug des Trajectory-Modells immanent. Der vorausgeworfene Blick auf die Ergebnisse trägt dazu bei, dass in der Beratung bereits mögliche Nebenfolgen reflektiert, weitgehend ausgeschlossen oder minimiert werden. Gleichermaßen regt der Blick auf die Konsequenzen dazu an, die Bedingungen durch Handlungen in der Gegenwart zu verändern und nicht gleichbleibend in dysfunktionalen Routinen zu verharren. Im Beratungsbeispiel ginge es darum, gemeinsam mit Björn und Ella auszuloten, welche Möglichkeiten zur Kooperation in der Gegenwart zu einer Steigerung der gemeinsam wahrgenommenen Erziehungsverantwortung beitragen, ohne dass eine der beiden Seiten der Unterordnung preisgegeben wird. Dies könnte den institutionellen Druck durch gerichtliche Entscheidungen reduzieren und für die Kinder zu mehr Orientierung im Erziehungsverhalten getrennt lebender Eltern beitragen. Dennoch lohnt ein spezifischerer Blick auf die Konsequenzen.

Das Spiel mit erwarteten und faktischen Konsequenzen

Bereits die Auftragsklärung weist durch den Einbezug der nicht anwesenden Betroffenen und der einer eigenen Stellungnahme nicht mächtigen Personen über den Beratungsraum hinaus. Die Konsequenzen des geplanten Handelns oder Unterlassens werden auch reflexiv und über den Zeitraum der Beratung hinaus in einen Bezug zu Nicht-Anwesenden gesetzt. In der Beratung werden daher wiederholte Fragen nach den Betroffenen von Handlungen empfohlen, die in der Beratungssituation nicht gehört werden können. Auch hier zeigt sich, dass die Beratung im Kontext von Macht und Gewalt als Arena zu begreifen ist. Deren ethisches Mandat weist durch den Einbezug der Nicht-Sprachmächtigen über sie selbst hinaus. Nicht-Anwesende können durch die folgenden beispielhaft angeführten Fragestellungen symbolisch wiederkehrend in die Beratung einbezogen werden:

? Was erwarten Sie (die Zu-Beratenden selbst) in Bezug auf das, was Sie vorschlagen oder vorhaben?
? Wer ist außer den hier Anwesenden von Ihrer Entscheidung oder von Ihrem Vorhaben betroffen?
? Welche Meinung hätten nicht anwesende Betroffene zu dem, was Sie vorhaben?
? Inwiefern tragen aus Ihrer Sicht die von Ihnen vorgetragenen Beratungsziele zu einer Verbesserung der Situation für alle bei?
? Würde Ihr vorgeschlagenes Vorgehen institutionelle Einflüsse (z. B. des Gerichts) auf Ihr Leben minimieren oder erweitern?
? Was würde leichter, wenn Ihr Ziel umgesetzt werden würde?
? Was würde schwieriger, wenn Ihr Ziel umgesetzt werden würde?
? Wer kann sich keinesfalls auf dieses Ziel einlassen?
? Könnte dadurch das Erreichen des Ziels erschwert oder gar unmöglich werden?
? Wer trägt den Preis dafür, wenn dieses Ziel umgesetzt wird?
? Welche Konsequenzen kommen auf Sie zu, wenn andere den Preis für das Erreichen Ihrer Ziele tragen?
? Wie können Sie Ihr Ziel umformulieren, sodass negative Konsequenzen für alle weitgehend auszuschließen sind?
? Wie können bereits vor einer Entscheidung Kompromisse ausgelotet werden?
? Wie können Sie das Ausloten von Kompromissen in Ihren Alltag integrieren?
? Welche Möglichkeiten für das Ausloten von Kompromissen sehen Sie außerhalb der Entscheidungen Dritter oder der Beratung?
? Inwiefern ermöglichen die in Erwägung gezogenen Möglichkeiten Freiheitsgrade oder engen Handlungsoptionen ein?
? Gesetzt den Fall, Sie allein wären durch Ihre Verhaltensänderung dafür zuständig, dass sich die Situation für alle verbessert. Was käme Ihnen als erstes in den Sinn?

? Welche erste Idee für eine Regel könnte das Finden von Kompromissen erleichtern?

Die Beratung ist stets ein symbolischer Raum für die Umsetzung von Zielen, in welchem Handlungen und deren Konsequenzen durchdacht und reflektiert werden, jedoch nicht eintreten müssen. Dabei hilft der Blick auf faktische und erwartete Konsequenzen für Entscheidungen und deren Nutzen für die in den Fokus gerückten Personen oder Institutionen. Im letzten Beispiel aus der Beratung stellen Dritte in Gestalt des Familiengerichts Ansprüche an die Beratung und das, was die Beteiligten inhaltlich darin leisten. Das Ziel der institutionellen Intervention besteht darin, die elterliche Kommunikation in Bezug auf die gemeinsame Erziehungsverantwortung der Kinder zu verbessern und in diesem Zuge weitergehende gerichtliche Interventionen auszuschließen. Prototypisch angestrebt sind daher Lösungen auf der Mikrosystemebene des individuellen Handelns, mit der jedoch die umgebenden Systemebenen verbunden sind. Lösungen sollten zudem nicht zu Folgeproblemen führen, damit Zu-Beratende künftig ohne professionelle Unterstützung zurechtkommen können. Die Konsequenzen von Beratungszielen und angestrebten Handlungen lassen sich an diesem Beispiel auf allen Ebenen ansprechen und reflektieren. Das Ziel besteht darin, die eigene Position im Perspektivenwechsel durch das symbolische Einbeziehen anderer auch auf weitere Systemebenen zu erweitern. Die beispielhaft formulierten Fragestellungen verdeutlichen dies:

? Inwiefern verändert das von Ihnen vorgetragene Ziel die Beziehung zwischen
- Ihnen und Ihrer ehemaligen Partnerin in Bezug auf gemeinsame Erziehungsaufgaben?
- Ihnen und Ihren Kindern, wenn Sie die elterliche Kooperation anstreben oder radikal eigenen Zielen folgen?
- Ihnen und einbezogenen Institutionen (z. B. dem Gericht) in Bezug auf deren Entscheidung zur elterlichen Sorge?
- Ihnen und Ihrem Umfeld in Bezug darauf, dass Sie auf Biegen und Brechen kompromisslos bleiben und ausschließlich Ihrem Vorhaben folgen?

- Ihnen und Ihrem Arbeitgeber, wenn Sie keine Lösung für das im Fokus stehende Thema finden?

? Inwiefern verändert das von Ihnen vorgetragene Ziel Ihre Position in der Gesellschaft, wenn Ihnen ausschließlich die alleinige Verantwortung übertragen wird und Sie dann mit vier Kindern Ihr weiteres Leben bestreiten?

? Wer würde Sie unterstützen?

? Wer nicht?

? Was genau können Sie in der Folge von unterstützenden Personen erwarten?

? Was erwarten diese möglicherweise von Ihnen?

Im Anschluss an das Trajectory-Modell gerinnen die Konsequenzen von Handlungen anschließend zu Bedingungen für darauffolgende Handlungen. Darin verstärkt sich der Eindruck, dass Bedingungen beeinflussbar sind, wenn sich Zu-Beratende anders darauf beziehen und dies durch konkretes Verhalten zum Ausdruck bringen. Im Beratungsraum wird diese interaktionistische Regel zum Gegenstand der Reflexion. Im Kontext von Macht und Gewalt ist die Reflexion dieses Zusammenhangs als Prozess aus Bedingungen, Handlungen und Konsequenzen auf Mikro-, Exo-, Meso- und Makrosystemebenen unausweichlich, weil sich darin die Folgen manifestieren.

Prozessmodell für Beratungsgespräche im Kontext von Macht und Gewalt

Für das Prozessmodell der Beratung im Kontext von Macht und Gewalt wurde der bereits angesprochene ökosystemische Ansatz menschlicher Entwicklungen von Lüscher und Bronfenbrenner (1993) adaptiert. Dieser ökosystemische Ansatz ist sehr gut dafür geeignet, unterschiedliche Abstraktionsebenen im Hinblick auf die Eingewobenheit der Zu-Beratenden in Familien, soziale Netzwerke, in der Freizeit und in berufliche Kontexte und natürlich auch in gesellschaftliche und kulturelle Zusammenhänge zu reflektieren. Darin klingt bereits an, dass Systemebenen zwar abstrakt benannt werden können, in der Beratung jedoch auf die konkrete Situation der Zu-Beratenden zu beziehen sind. Es hilft dabei durchaus, nicht nur Beratungsziele, sondern auch die persönliche Situation, die Interessen, Licht- oder auch Schattenmomente der Biografie Zu-Beratender, schlicht den Menschen hinter dem Beratungsfall, etwas näher kennenzulernen. Dabei ist der Gedanke hilfreich, einem unbekannten Menschen als interessierte/r Gesprächspartner bzw. Gesprächspartnerin gegenüberzutreten. Dieser Gedanke trägt auch für Folgeberatungen, weil sich in den Zwischenräumen von Beratungsgesprächen Veränderungen im Alltag zu Beratender manifestieren, deren Einbezug sich durchaus lohnt. Die Beratung bildet sich demgemäß nicht nur auf den strukturellen Systemebenen, sondern auch den darin eingelassenen Prozessen aus Bedingungen, Interaktionen und Konsequenzen von Handlungen ab. Sowohl die strukturellen Ebenen als auch der Prozess von den als Ereignissen wahrgenommenen Bedingungen, Handlungen und deren Folgen im Leben Zu-Beratender bilden eine widersprüchliche Einheit, die sich in der Dynamik aus Betroffenheit (Opfer) und Handlung (Täter/Täterin) oder, anders ausgedrückt, in der Dynamik von Handlungsmacht und Ohnmacht spiegelt. Auch wenn das Ringen um die Kontrolle jeden Beratungsraum im Kontext maskuliner Bewältigung zur Arena werden lässt, spielt sich der eigentlich wichtige Kampf hinter den Kulissen ab. Für die Entdeckung dieses für Zu-Beratende weitgehend unbekannten Gebietes kann die folgende Grafik als Landkarte dienen:

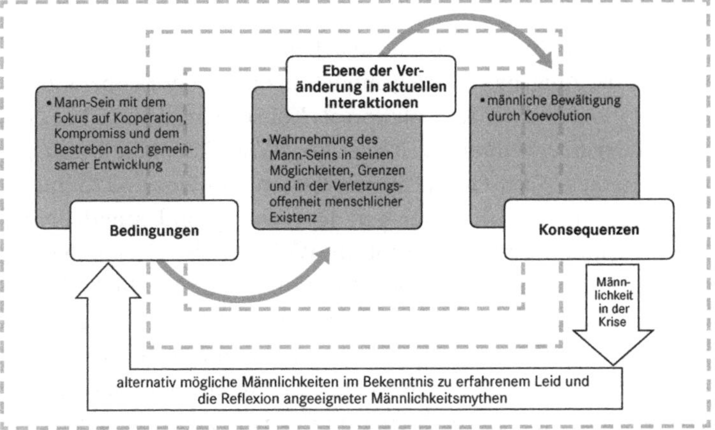

Abb. 11: Prozessmodell für die Beratung im Kontext von Macht und Gewalt

Abbildung 11 macht sichtbar, dass auf allen Systemebenen Facetten von Macht und Gewalt zur Betroffenheit und Täterschaft beitragen. Auf das Beispiel bezogen wird das Familiengericht auf der Exo- und Mesosystemebene eine die elterliche Sorge ergänzende Entscheidung treffen, sofern die Eltern in den Beratungsgesprächen nicht selbst zu einer dem Kindeswohl förderlichen Lösung gelangen. Von dieser Entscheidung sind alle Beteiligten auf der Meso- und der Mikrosystemebene betroffen. Die institutionell getroffene Entscheidung wird dann zur Bedingung von Handlungen in der Ausübung der elterlichen Sorge, des Umgangs der Eltern miteinander, für Freundeskreise und möglicherweise die Arbeitsstellen der Eltern, deren Arbeitszeiten unter Umständen neu zu regeln sind. Auch auf der Makrosystemebene können Konsequenzen daraus resultieren, wenn es beispielsweise um rentenrechtliche Regelungen und den Ausgleich von Versorgungsansprüchen geht. So abstrakt es hier möglicherweise auch klingt, sichtbar wird, dass die Reflexion von Handlungen und deren Konsequenzen auf den Prozess- und Systemebenen hilfreich ist. Letztlich geht niemand siegreich aus aufrechterhaltener Hegemonie hervor, in der sich die Täter-Opfer-Dynamik reproduziert. Es lässt sich nur punktuell und unter Abbruch der prozesshaften Analyse aus Bedingungen, Handlungen und deren Konsequenzen, die erneut zu Bedingungen werden, feststellen, wem in dieser Dynamik die alleinige Verantwortung zugeschrieben werden kann.

Als Bedingung für eine Lösung aus dem Zirkel von Macht und Gewalt gilt das Aufgeben der Hegemonie zugunsten der Kooperation in der Beratung und der Koevolution als Konsequenz daraus. Mit dem Begriff der *Koevolution* bezeichnet Jürg Willi (2007) die Kunst des gemeinsamen Wachsens in Partnerschaften, Familien und Kultur. Er stellt darin im Kern den Dialog in den Vordergrund, innerhalb dessen Aushandlungsprozesse erfolgen. Widerstände zeigen sich dann, wenn Grenzen verletzt und nicht thematisiert werden. In der Konsequenz geht es um die Frage, wie wir zusammenleben wollen und dies gemeinsam in Wegen aufeinander zu und in die gemeinsame Richtung gestalten. Böhnisch (2022) fasst das Aufeinander-angewiesen-Sein als zentrales Vergesellschaftungsprinzip zusammen, welches die Verantwortung für sich selbst und im Kontext der Gemeinschaft fördert. Pointieren lässt sich dies darin, dass Menschen zuständig bleiben, ohne in der Komplexität ihrer Verhältnisse alleingelassen zu werden. Bei der Reflexion gegenwärtiger Handlungen für die Dimensionen von Handlungsfolgen und die Veränderung von Handlungsbedingungen hilft die Strategie der rückblickenden Vorausschau in der Beratung.

Die rückblickende Vorausschau als Beratungsstrategie

»Die Vergangenheit im Rücken und die Zukunft fest im Blick!«
(aus einer Mitschrift eines Beratungsgesprächs mit strittigen Eltern in deren Trennungssituation)

Der Einbezug des zuvor beschriebenen Prozessmodells in Beratungsgespräche, deren strukturelle Bedingungen auf Macht und Gewalt hinweisen, führt zu der Besonderheit einer rückblickenden Vorausschau als Beratungsstrategie. Der Begriff der rückblickenden Vorausschau ist an Harro Dietrich Kähler (1987) angelehnt, der in seinen diagnostischen Überlegungen zum Fallverständnis in der Sozialen Arbeit von rückblickender Vorhersage spricht. Die für den Beratungskontext gewählte rückblickende Vorausschau geht reflexiv von Bedingungen aus. Bedingungen schließen als Voraussetzung des Handelns stets an der Vergangenheit an. Sie werden als Erfahrungswissen für erfolgreiche Lösungsansätze in früherer Zeit aufbewahrt und bei aktuellen Handlungsproblemen reaktiviert. In den Bedingungen wird Routinewissen als ein typischer Umgang mit Herausforderungen abgebildet. Aufgrund ihres Vergangenheitsbezuges taugen diese Handlungsansätze allenfalls begrenzt als Lösungen in der Gegenwart und noch weniger für eine Gestaltung der Zukunft, weil eine gründliche Reflexion gegenwärtiger Herausforderungen durch ein handlungsorientiert ausgerichtetes Verhalten abgebrochen wird. Im Alltag müssen die Dinge eben erledigt werden. Die unter vergangenen Vorbedingungen aufbewahrten Routinen sind daher bereits selbst weitgehend unbemerkt in Schwierigkeiten gekommen. Thiersch (2014, S. 38–45) spricht in dieser Hinsicht vom vorreflexiven und auch bornierten Alltag, welcher in seiner Pragmatik zur Reaktivierung von Routinen als Flucht in eine scheinbare Sicherheit verführt. Gerade diese Routinen sind jedoch im Kontext von Machtverhältnissen und spätestens mit der Anwendung von Gewalt selbst in die Krise geraten. In Machtverhältnissen und durch Gewaltausübung wird, unabhängig davon, welche Partei situativ die Oberhand gewinnt, die Aufrechterhaltung von Hegemonie als strukturelle Bedingung manifestiert. Grundsätzlich ändert sich an den Verhältnissen und den gleichgesetzten Bedingungen nichts. Bereits angesprochen wurde, dass Macht- und Gewaltverhältnisse ausschließlich Opfer kennen, weil sich auch die Sieger auf das von ihnen situativ durchgesetzte Handlungsmuster reduzieren. Dies begründet den im Prozessmodell nahegelegten reflexiven Zugang als eine Suche nach Auswegen aus dem Dilemma der Routinen aus Macht und Gewalt. Angestrebt wird die Erkenntnis, dass Bedingungen keine unhintergehbaren Voraussetzungen, sondern durch Handlungen veränderbare Phänomene darstellen. Unterstellt wird damit auch, dass sich die Vergangenheit als Ort von Bedingungen, die als vorausgesetzte Begründungen für das Handeln herangezogen werden, in der Gegenwart durch alternative Handlungsmöglichkeiten verändern lässt.

Darin liegt die Verbindung zu den Dimensionen der Verantwortung, die hier anschließend an Böhnisch (2022) in Bezug auf die *Freiheit wovon* und die *Freiheit wozu* entworfen sind. Die Frage nach der *Freiheit wovon* lässt sich stellvertretend einfach beantworten. Es geht um die Flexibilität von Handlungsmöglichkeiten und damit eine wesentlich breitere Chance, mit Bedingungen umzugehen und produktiv auf diese einzuwirken. In der Antwort auf die Frage nach der *Freiheit wovon* ist auch der Ausstieg aus dem Opfer-Sein und damit der Routine als wahrgenommenes Schicksal aufgehoben. Wo Hegemonie nicht mehr gelebt werden muss, finden sich Räume für Kooperation und die gemeinsame koevolutive Entwicklung in der Zukunft. Das von Böhnisch (2022) diskutierte ökologische Verständnis von Verantwortung in der Gemeinschaft findet seinen Niederschlag in den Reflexionsebenen des Prozessmodells für Beratungsgespräche. Es geht um das Eingebettet-Sein in die Sozialformen der Familie, der Gruppe oder auch größerer Gemeinschaften, in denen der Mensch als soziales Wesen bestimmt ist. Die Frage nach der Verantwortung beginnt nicht mit dem oder der Einzelnen, sondern mit der Frage nach den Möglichkeiten des Zusammenlebens. Eine so gestellte Frage schließt den Gestaltungsauftrag in der Gemeinschaft ein (Böhnisch 2022, S. 25–44). Es geht in diesem Sinne auch um die Fragen: *Wie wollen wir zusammenleben? Wo wollen wir miteinander hin? Wie können wir uns wechselseitig in unserer Entwicklung unterstützen?*

Diese Fragen erlösen die Vergangenheit aus ihrer Schicksalhaftigkeit und die Zukunft aus ihrer Irrationalität. Beide Zeitformen bergen Gestaltungsaufträge in der Gegenwart, mit denen verantwortungsbewusst umzugehen ist. Hegemoniale Verhältnisse sind dafür nur eine mögliche Antwort. Ein wachsendes Verständnis dafür, dass Hegemonie nur Opfer kennt, kann die Erkenntnis fördern, inwiefern Handlungsalternativen zu einem Bruch hegemonialer Routinen beitragen, deren Bedingungen den Personen weit mehr als eine schicksalhaft verstandene Unterordnung abverlangen. In machtgeprägten Verhältnissen bleiben Opfer oft anonym oder werden nicht gesehen. Machtverhältnisse bleiben auf der Exo- und der Makrosystemebene häufig abstrakt. Sie sind in institutionelle Routinen und politische Verhältnisse eingekleidet. Die Verantwortung zur Freiheit macht, an Böhnisch anschließend, daher verlegen, weil das reale Verhalten in seinen über die individuelle Ebene hinausweisenden Dimensionen ausgeblendet oder allenfalls auf der zwischenmenschlichen Ebene verortet wird. Hinter der Verlegenheit wird oft ein schlechtes Gewissen verborgen, welches in dem Hinweis auf abstrakte und damit auch unabänderliche Verhältnisse verschleiert wird. Es tritt unter anderem dann an die Oberfläche, wenn in den Nachrichten von unzumutbaren Arbeitsbedingungen in anderen Teilen der Welt oder Skandalen in der Produktion von Nahrungsmitteln berichtet wird und damit schemenhaft ein Zusammenhang zu Lebensweisen offenbar wird, die auf Ausbeutung durch Machtverhältnisse setzen. Dann kommt ein schlechtes Gewissen zum Vorschein, welches jedoch durch den Hinweis auf die subjektive Handlungsohnmacht abstrakten Verhältnissen gegenüber besänftigt wird. Unreflektiert bleibt dabei die Möglichkeit, was individuell betrachtet an den eigenen Lebensverhältnissen der Veränderung zugänglich wäre. Weitgehend unreflektiert bleibt auch die erneute Unterordnung unter die Dominanz hegemonialer Verhältnisse im »Weiter so«. Die Verantwortung für das Zusammenleben in Gemeinschaften bleibt weitgehend unthematisiert. Die Verantwortung zur Freiheit bleibt jedoch ein Auftrag, der sich nicht in das Schuldbewusstsein abdrängen lässt (Böhnisch 2022, S. 54–69).

Solange aus einem Schuldbewusstsein keine konkrete Verhaltensänderung folgt, bleibt dieses auf der Ebene von Bekenntnissen stecken. Bekenntnisse befördern erneut eine Spaltung der Welt in Täter/Täterin und Opfer, die sich dann erneut in der Festlegung der jeweiligen Seite gegensätzlich gegenüberstehen. Eine Versöhnung im Hinblick auf die Eröffnung von Wegen des Zusammenlebens scheint nahezu ausgeschlossen. Für Beratungsgespräche im Kontext hegemonialer Verhältnisse resultiert daraus die Verantwortung, prozessorientierte Reflexionsmöglichkeiten auf allen Systemebenen im Hinblick auf individuelle Handlungsmöglichkeiten zu eröffnen. Die Entscheidung für die Umsetzung im Alltag Zu-Beratender obliegt diesen selbst. Obgleich die Komplexität zukünftiger Anforderungen die Flucht in sicher geglaubte Routinen nahelegt, lohnt es sich, für Alternativen durch die Triangulation von Perspektiven zu werben.

Die Triangulation der Perspektiven und der Einbezug von Gefühlen

»Gefühle sind Mittel des Erkennens
und keine Denkhindernisse.«
(Abram/Hirzel 2013, S. 10)

Veränderungen können nur *im Hier und Jetzt* generiert werden (Abram/Hirzel 2013; Krämer 1996). Dieses Plädoyer aus der Gestalttherapie wird auch im Prozessmodell für Beratungsgespräche aufgegriffen. Zwingend wird davon ausgegangen, dass in der Gegenwart generierte Perspektiven gleichermaßen auf die Zukunft und auf die Vergangenheit wirken. Die Gegenwart gilt als unhintergehbarer Standort für die Interpretation all dessen, was einmal war und zukünftig sein wird. Rückblicke und Vorausblicke werden daran anschließend im Lichte der Gegenwart gedeutet und interpretiert. Unter dieser Prämisse verliert die Vergangenheit ihre Macht, welche aus einer statischen Vorstellung der eigenen Geschichte resultiert. Die Vergangenheit selbst wird dynamisch. Sie ist den Handlungs- und Interpretationsmöglichkeiten in der Gegenwart unterworfen. Dies ist einerseits tröstlich, weil die Geschichte auf allen Systemebenen nicht unabänderlich zur Hypothek für die Gegenwart und Zukunft gerinnt und alle darauf festlegt. Gleichermaßen erwächst daraus die Verantwortung, mit der Geschichte als Vorbedingung des

Handelns auf eine Weise umzugehen, welche die Möglichkeiten für die Kooperation und Koevolution erweitert und so das Leben in Gemeinschaften fördert. Gefühle sind dabei Navigatoren im Dschungel von Strategien, welche Zu-Beratende motivieren, hemmen oder auch kämpfen lassen. Im Kontext von Gefühlen geht es um die Täter-Opfer-Dynamik. Es geht darum, die Verantwortung für die eigene Täterschaft anzuerkennen und für das selbst erbrachte Opfer gesehen zu werden. Es geht um die Verletzungen, deren Schmerz den Zugang zu den Möglichkeiten der Weiterentwicklung versperrt.

In dieser Hinsicht steht die Frage nach der Anerkennung des jeweils individuell gelebten und des miteinander geteilten Lebens im Vordergrund. Fragen nach der Anerkennung von Leistungen, dem Verzicht oder auch den Opfern, die individuell erbracht zu einem Gelingen des Zusammenlebens oder der Erziehung der Kinder beitragen, verhelfen zu einem Perspektivenwechsel, welcher die Kontrahenten und Kontrahentinnen in der Beratungsarena dazu motiviert, sich wechselseitig aus der Dämonisierung zu erlösen und als Menschen mit Stärken und Schwächen anzuerkennen. So schwer es auch immer fällt, auch den maskulinen Bewältigungsformen traditioneller Männlichkeit mit der Externalisierung von Gefühlen, den Spannungsverhältnissen von Bedürftigkeit, Funktionalität und Hilflosigkeit oder auch der männlichen Dividende, die ihre Erfüllung in der Fortführung patriarchaler Routinen findet, gebührt Anerkennung, weil sich in all diesen Bewältigungsformen auch das Opfer des ungelebten und des darüber hinaus und alternativ dazu möglichen Lebens spiegelt (Böhnisch 2018, S. 127–212).

Wird Anerkennung vorenthalten, dann bricht in der Bedürftigkeit die Angewiesenheit und Ausgesetztheit des Lebens und damit auch dessen Verletzungsoffenheit hervor. Die Bedürftigkeit wird dann zur Strategie, wenn Hegemonie auf andere Handlungsfelder verlagert und beispielsweise die eigene Aufwertung in der Dynamik von Trost und Handlungsunfähigkeit entsorgt wird. Dies zeigt sich beispielsweise darin, wenn männliches Leid ungefragt als Einladung zum Trösten oder Kompensieren der männlich vorgetragenen Unfähigkeit zum Fühlen verstanden wird, weil dies in der Folge die Externalisierung von Gefühlen begünstigt. In Beratungsgesprächen zeigt sich dies unter anderem dann, wenn von weiblicher Seite eine männliche Übergriffigkeit angeprangert wird. Verdeutlichen lässt sich dies beispielsweise damit, wenn samstags Fußball als gesetzt gilt oder der Partner alles fallen lässt, wenn seine Kumpel rufen, und er dann als unerreichbar gilt. Für Männer geht es um die unhinterfragte geschlechtliche Zugehörigkeit, welche sich in männlichen Praktiken ausdrückt. Für Frauen geht es um den Dialog. Was beide Seiten implizit voraussetzen, ist, dass die jeweils andere Seite es genauso sieht. In Konfliktgesprächen ist ein männlicher Bewältigungsmodus die Hilflosigkeit. Wer sozialisationsbedingt auf Sieg und Erfolg programmiert ist, verhandelt nicht. Die entstehende Hilflosigkeit zeigt sich, wenn Dialoge, Aushandlungen, die Wahrnehmung und Äußerung von Gefühlen als Modi der Kooperation im zwischenmenschlichen Bereich erwartet werden. Aus männlicher Perspektive ist dies vielfach ein unbekanntes Land, welches sich nicht durch Eroberungsfeldzüge einnehmen lässt. Es kommt auf Nuancen und Zwischentöne und manchmal auf körperliche Zuwendung jenseits von Sexualität an, die beiden Seiten zeigt: Wir sind für- und miteinander da. Nimmt die Partnerin emotional die Hilflosigkeit wahr und steigt stellvertretend tröstend oder möglicherweise auch bagatellisierend darauf ein, dann ist die Wahrscheinlichkeit hoch, dass aus männlicher Perspektive die Äußerung von Hilflosigkeit als Lösungsansatz für die mangelnde Wahrnehmung eigener Gefühle beibehalten wird. Weshalb soll ein Mann selbst fühlen, wenn Schmerz und Trauer delegiert werden können? Der Schlüssel liegt darin, die Verantwortung für das Fühlen bei der jeweiligen Person zu belassen und keinesfalls ungefragt zu kompensieren. Eine Möglichkeit dafür ist die Anerkennung des anderen als eigenständige Person. Dieses Anerkennen bedingt, dass jede Form der Hilfe und Unterstützung der Erlaubnis bedarf. Es bedarf vorab der Frage: »Was kann dir in dieser Situation auf deinem Weg weiterhelfen?« Diese Frage ist nur dann unnötig, wenn sich eine Person z. B. aufgrund eines Unfalls gar nicht äußern kann. Für eine Hilfelegitimation hilft dann der Perspektivenwechsel dahingehend: »Was würde ich mir von anderen in diesem Zustand erhoffen?« Deutlich wird, dass Hilfe und vielmehr stellvertretendes Handeln hohe ethische Voraussetzungen haben. Ohne den Versuch eines Dialogs werden Menschen ihres Person-Seins beraubt und die Täter-Opfer-Dynamik fortgesetzt. Helfende setzen sich dann sicher gutgemeint, aber schlecht umgesetzt, dem Tatvorwurf der illegitimen Hilfe aus und etablieren in der exklusiven Zuständigkeit für bestimmte Lebensbereiche Dominanzverhältnisse. Im Modus der männlichen Delegation von Gefühlen zeigt sich dieses Dilemma. Solange Frauen stellvertretend für Männer fühlen, bestätigen sie ein weiblich zugeschriebenes Muster. Sie bleiben für die Welt der Gefühle zuständig, die für Männer unzugänglich erscheint, weil diese bereits weiblich besetzt ist. Männer werden hingegen vom Zugang zu den eigenen Gefühlen entlastet. Im Ergebnis reproduziert sich ein Missverständnis in den Erwartungen zwischen Frauen und Männern. Dieses besteht darin, dass beide Seiten gleichermaßen für die Welt der Gefühle im Zusammenleben miteinander zuständig sind, das faktische Handeln jedoch davon abweicht. Der Lösungsansatz liegt in der bereits angesprochenen Anfrage an die jeweils andere Person. Spezifisch auf die Situation der Delegation von Gefühlen und geäußerter Hilflosigkeit gewendet, könnte diese lauten: »Was kann dir jetzt weiterhelfen, selbst Zugang zu deinen Gefühlen zu bekommen?«

Ansonsten wird die männliche Bedürftigkeit zur Hypothek, wenn diese als emotionale Bank für an anderer Stelle nicht generierte Anerkennung missbraucht wird. Dann treten in Beziehungen Vorwürfe in den Vordergrund, deren typisch männliche Formulierung mehrfach in Beispielen angesprochen ist. Es geht darum, alles getan zu haben. Das Opfer, welches sich in der männlichen Hilflosigkeit ausdrückt, wird zur Projektionsfläche. In der ungefragten Hilfeleistung kehren sich die Verhältnisse kurzzeitig um. Der kurze Moment der Zumutung individueller Verantwortung für das eigene Leben, für die eigenen Gefühle oder deren Verweigerung wird durch das Übergehen der Aushandlung dessen, wer hier etwas tun kann oder soll, verpasst. Die Täter-Opfer-Dynamik wird erneut in Gang gesetzt und damit schnell zum Status quo im Alltag zurückgekehrt. Die Routine liegt dann genau im Aufrechterhalten der Täter-Opfer-Dynamik mit situativ wechselnden Vorzeichen. Darin zeigt sich, dass die Reflexion von wahrgenommenen Bedingungen, Handlungen und Konsequenzen, die erneut zu Bedingungen werden, auf konkrete Situationen bezogen sinnvoll erscheint. Im Beispiel aus der Beratung zeigt sich dies in dem von Björn wahrgenommenen Handlungsdruck für seinen Kontrollverlust in Bezug auf die Beziehungsvergangenheit und die nun zu gestaltende Zukunft. In seiner Wahrnehmung hat er alles getan. Dies hat nicht ausgereicht. Die darin spürbare Demütigung der evaluierten Männlichkeit wird zur emotionalen Hypothek, deren Gefühle in Gerichtsverfahren und im Beratungsraum rational hinter Studien und Mitschriften verborgen werden. Das Leiden und die Schwäche treten hinter diesen Maskierungen kaum an die Oberfläche. Es kommt in keinem Narrativ vor, weil über männliche Gefühle nicht gesprochen wird. Es bleibt bei der unausgesprochenen Frage nach der Zuständigkeit für die männlichen Gefühle, deren Wahrnehmung einerseits aus männlicher Perspektive einen Kontrollverlust bedeutet. Verkannt wird dabei, dass Gefühle Navigatoren in unsicherem Gelände sind, weil in dem Bekenntnis zu den eigenen Gefühlen die Chance auf angemessene Handlungen und in der Folge auch die Kooperation miteinander besteht.

Bezogen auf das Beratungsbeispiel wurden in der Folge Fragen mit der Bitte um Schilderungen adressiert, die etwas Positives über die Kooperation im Hinblick auf ein gemeinsames Beratungsziel offenbaren – und sei es nur, sich künftig nicht mehr der institutionellen Beobachtung durch Auflagen aus einem Gerichtsurteil aussetzen zu müssen. Dafür wurden Zeiträume zwischen zwei Beratungsgesprächen gewählt, weil die gemeinsame Vergangenheit im Ringen um die Deutungsmacht häufig als Krisengebiet deklariert und für gegenwärtige Ansprüche an die jeweils andere Seite in Dienst genommen wird. Am Ende eines jeden Beratungsgesprächs wurden mit den Beteiligten Hausaufgaben ausgehandelt, die eine Verhaltensänderung hervorrufen. Eine dieser Hausaufgaben bestand im Schreiben eines »Kein-Problem-Tagebuchs«. Darin sollten Situationen geschildert werden, die auf eine Kooperation im Hinblick auf das angestrebte Beratungsziel hinweisen. Wann immer der Eindruck entstand, dass beide Seiten im Hinblick auf die Erziehung der gemeinsamen Kinder gut zusammenarbeiten, war dies einen Eintrag im »Kein-Problem-Tagebuch« wert. Das Ziel dieser Hausaufgabe bestand in der Veränderung der Perspektive beider Seiten. Diese war von gerichtlich vorgetragenen Ereignissen des Gegenseitig-Belauerns und der Fehlersuche geprägt, um die jeweils andere Seite zu diskreditieren. Durch die Hausaufgabe sollte sich der Blick auf den Horizont gemeinsamer Ziele hin weiten. Ein Rückblick erscheint im

Kontext hegemonialer Verhältnisse ausschließlich unter den Perspektiven der Kooperation und der wechselseitigen Anerkennung von Individualität sinnvoll. Kommt es während einer Rückblende zu Bewertungen und darin gar zu Abwertungen, dann sollte diese abgebrochen werden, damit dem Kampf um die Deutungshoheit keine weitere Landnahme ermöglicht wird. Dann hilft es, sich radikal der Zukunft zuzuwenden. Für eine rückblickende Vorausschau empfiehlt sich daher ein überschaubar kurzer Zeitraum in der Vergangenheit (Pfister-Wiederkehr 2020, S. 29–38). Für eine rückblickende Vorausschau kann die Orientierung an dem Trajectory-Modell helfen. Beispielfragen für die Beratung sind:

- ? Was können Sie (die Zu-Beratenden selbst) seit unserem letzten Termin aneinander wertschätzen?
- ? Was schätzen Sie an Ihrer Zusammenarbeit im Alltag im Hinblick auf das gemeinsame Ziel?
- ? In welchen Situationen haben Sie sich gegenseitig unterstützt?
- ? Welcher Kompromiss hat sich später als hilfreich herausgestellt?
- ? Wann konnten Sie auch bei unterschiedlichen Meinungen gemeinsam zum Ziel gelangen?
- ? Wie haben Sie einen Konsens bei wichtigen Themen und widerstrebenden Meinungen erreicht?
- ? Wann haben Sie gemeinsam im Sinne Ihrer Kinder am gleichen Strang gezogen?
- ? Welchen Blick haben Ihre Kinder auf Sie als Eltern, wenn Sie sich in einer Entscheidungssituation einig sind?
- ? Was möchten Sie für Ihre Kinder bewahren?
- ? Was möchten Sie Ihren Kindern mitgeben?
- ? Was gelingt Ihnen aktuell gut?
- ? Was gelingt Ihnen in Bezug auf Ihre gemeinsamen Kinder auch jetzt?
- ? Was soll Ihnen in Ihrer Zukunft als Eltern noch genauso gut gelingen?
- ? Wie fühlen sich Ihre Kinder, wenn diese gemeinsam von Ihnen klare Botschaften erhalten?
- ? Wie fühlen Sie sich, wenn Sie eine gemeinsame Position vertreten?
- ? In welcher Situation gelang Ihnen das zuletzt gut?
- ? Wie fühlen Sie sich, wenn Sie den Eindruck haben, dass Sie sich in Bezug auf das gemeinsame Beratungsziel aufeinander verlassen können?

- ? Wie fühlen Sie sich, wenn Sie Momente des gegenseitigen Vertrauens wahrnehmen?
- ? Wie fühlen Sie sich, wenn Sie einander um Rat fragen können?
- ? Wie fühlen Sie sich, wenn Sie miteinander Themen ohne fremde Hilfe besprechen und zu Ergebnissen gelangen, mit denen Sie alle zufrieden sind?

Das Ziel der rückblickenden Vorausschau besteht darin, die Individualität und auch die Differenzen, die möglicherweise früher übersehen und geglättet wurden, zu einem Bild zu transformieren, in dem die andere Person als Mensch und nicht als Gegner bzw. Gegnerin gesehen werden kann. Wichtig ist, dass Beratungsaufträge präzise geklärt sind. Dies gilt insbesondere dann, wenn Dritte ein legitimes Interesse an den Inhalten und Zielen der Beratung einbringen. In jenen Fällen sollte wiederholt der aktuelle Auftrag zwischen den Beteiligten durch Fragen besprochen werden. Dies ist deshalb wichtig, weil Handlungskonsequenzen hoheitlich hinterfragt und institutionelle Interventionen durchgesetzt werden können. Dritte bleiben daher im Hinblick auf erwartete oder bereits faktisch eingetretene Konsequenzen in der Beratung symbolisch beteiligt. Wie können deren Perspektiven auf die Vergangenheit und Zukunft in der Beratung angemessen berücksichtigt werden (Zobrist/Kähler 2017)? Folgende Fragestellungen können dabei unterstützen:

- ? Wer wäre darüber froh, wenn Sie Ihre Angelegenheiten wieder eigenverantwortlich regeln?
- ? Wer würde dieses Vorhaben möglicherweise unterstützen?
- ? Wer hat Ihnen in der Vergangenheit dabei geholfen, schwierige Situationen gemeinsam zu meistern?
- ? Wie genau sah diese Unterstützung aus?
- ? Was hat Ihnen daran besonders geholfen?
- ? Was haben Sie selbst getan oder daran anknüpfend im Alltag verändert?
- ? Wie hat dies zur Zufriedenheit aller beigetragen?
- ? Welche Personen sind aktuell daran interessiert, dass Sie Ihre Situation gemeinsam meistern?
- ? Welche Hinweise hätten diese Personen bezogen darauf, wie Ihnen das gemeinsam gelingen könnte?

- ? Wie würden diese Personen Ihre gemeinsame Aufgabe benennen?
- ? Welches erste Veränderungsziel würden diese Nicht-Anwesenden benennen, welches Ihre Gleichberechtigung und Ihr wechselseitiges Vertrauen stärkt?
- ? Worin ergeben sich Schnittmengen mit Ihren selbst benannten Veränderungszielen?
- ? Welche Hoffnungen verbinden die Anwesenden/Nicht-Anwesenden mit der Zielerreichung?
- ? Welche Befürchtungen resultieren aus nicht erreichten Zielen?
- ? Wer muss was sehen, damit das Erreichen der Ziele auch nicht beteiligten Dritten gegenüber offenkundig erscheint?
- ? An welchen Stellen tragen Veränderungen zu einer Sichtbarkeit der Zielerreichung bei?
- ? An welchen Stellen im Beratungsprozess sollten Dritte involviert oder informiert werden?
- ? Wer soll die Verantwortung für die Information Außenstehender übernehmen?
- ? Was soll Außenstehenden aus Beratungsgesprächen mitgeteilt werden?
- ? Welche Konsequenzen erwarten Anwesende, wenn Veränderungsziele nicht verfolgt und aus der Beratung ausgeschlossen werden?
- ? An welchen Stellen wäre ein Abbruch von Beratungsgesprächen sinnvoller als deren Fortführung?
- ? Woran kann ein Erfolg oder auch ein Scheitern der Beratungsgespräche sichtbar gemacht werden?

Die hier beispielhaft angegebenen Fragestellungen tragen durch das Bestreben, sämtliche Perspektiven rückblickend auf die Vergangenheit und vorausschauend auf die Zukunft von faktisch und auch symbolisch Anwesenden einzubeziehen, zur Transparenz im Beratungsprozess bei. Deutlich wird darin bereits eine evaluative Komponente. Das Benennen von Randbedingungen, woran Zu-Beratende selbst oder auch Nicht-Anwesende die Fortschritte der am Beratungsprozess Beteiligten wahrnehmen, unterstützt die beratende Person bei der Reflexion von Zielstellungen. Generieren formulierte Ziele schädigende Nebenfolgen, sollten diese neu und anders formuliert werden. Im Beratungsbeispiel wäre ein zu verwerfendes Ziel die männliche Hegemonie, durch die männlicher Deutungsmacht alleinige Geltung überantwortet wird. Aus hegemonialen Verhältnissen resultieren ausschließlich Opfer, weil alle Gefangene der Täter-Opfer-Dynamik bleiben. Ein eher wohlgestaltetes Ziel wäre die Suche nach Möglichkeiten für die Kooperation und Eigenverantwortung im Sinne der vor Zu-Beratenden liegenden Aufgaben. Darauf bezogene zielorientierte Fragen könnten aus der Sicht der Zu-Beratenden aus dem Beratungsbeispiel lauten:

- ? Wie können wir gemeinsam die Erziehungsverantwortung für unsere Kinder wahrnehmen?
- ? Wie können wir einander darin vertrauen?
- ? Wie können wir einander um Rat fragen?
- ? Wie können wir einander darüberhinausgehend in Ruhe lassen?

Die hier formulierten Fragen sind bereits ein Teilziel der Beratung. In der Regel brechen sich zu Beginn einer Beratung Vorwürfe innerhalb der Täter-Opfer-Dynamik Bahn. Auf obige oder ähnlich zielorientiert formulierten Fragen ist in der Beratung hinzuarbeiten. Diese Fragen verändern die Perspektive aus dem wechselseitigen Belauern hin zu einem gemeinsamen Blick in die Zukunft. Sie gelten als Erlösungsakt aus einer festgefügten Beschreibung der Vergangenheit. In diesem festgefügten Narrativ wird um Deutungshoheit gerungen. Der gemeinsame Blick in die Zukunft generiert jedoch eine Perspektive, welche nicht durch die Vergangenheit festlegt wird. Die Vergangenheit gilt dann nur als ein Ort unter vielen.

Insbesondere in fremdmotivierten Beratungskontexten gilt die Triangulation der Perspektiven als qualitätssicherndes Instrument (Zobrist/Kähler 2017). Von vornherein soll ausgeschlossen werden, dass in einem Beratungsprozess wichtige Sichtweisen ausgeblendet bleiben. Die Beteiligten sind mit der Reduktion der Komplexität auf Anwesende und den daraus generierten Ergebnissen möglicherweise zufrieden. Dennoch drohen Konsequenzen, wenn den legitimen Interessen Dritter im Beratungsprozess kein Raum gegeben wird. Transparenz gilt hier als Generalprinzip im Umgang der Beteiligten miteinander während des Beratungsprozesses. Transparenz bildet die Grundlage für die Übernahme von Verantwortung. Sehr hilfreiche Navigationsinstrumente im

Dschungel der gegenwärtigen und zukünftigen Ungewissheiten sind Gefühle. Gerade in männlichen Bewältigungsformen werden Gefühle oft ausgeblendet oder im Zuge männlicher Bedürftigkeiten externalisiert und delegiert. Wer sich nicht selbst spürt, erwartet entsprechende Rückmeldungen aus der Umwelt. Im kontrollierten Kontrollverlust in der Beratung wird den Einzelnen die Verantwortung für ihre Gefühle und alles, was daraus folgt, übergeben, ohne sie damit alleinzulassen.

Der kontrollierte Kontrollverlust in der Beratung

Die an männliche Identität herangetragenen widersprüchlichen Anforderungen verstärken Spannungsverhältnisse. In der Öffentlichkeit wird der für höhere Interessen opferbereite Mann gefordert, welcher eigene Interessen zurückstellt und im Kontext männlicher Rollenanforderungen stets auch noch dann Leistung erbringt, wenn er angeschlagen ist. Der männliche Körper gilt als Werkzeug oder auch die verlängerte Werkbank einer Ökonomie, die keine Pausen kennt. Den Gegenpart bilden private Arrangements, in denen der gefühlvolle, nach Konsens und Kooperation strebende Mann sich über Care-Aufgaben, den Hausputz und zweckfreie Spiele mit den Kindern jenseits von Leistungserwartungen ebenso gern austauscht wie über seine Gefühle. Diese Spannungsfelder zwischen widersprüchlichen Erwartungen auf Makro-, Exo- und Mesosystemebenen in Bezug auf die Funktionalität und auf den Mikrosystemebenen in Bezug auf die gefühlvolle Seite versetzen männliche Identitäten in eine Art Dauerkrise. Im Rückgriff auf Forschungsergebnisse wurde bereits angesprochen, dass Männer im Umgang mit kritischen Situationen in öffentlichen und privaten Sphären auf die jeweils gleichen Bewältigungsmodi zurückgreifen. Es geht dabei um die als Leistungsanforderung interpretierte Erfüllung von Erwartungen. Im Konzept der traditionellen Männlichkeit trägt die Orientierung an äußeren Erwartungen zur Externalisierung von Handlungsfolgen, zur Hilflosigkeit in eingeschränkten Handlungsoptionen, zur Bedürftigkeit in der Abwehr eigener Schwäche und auch zur Funktionalität im Streben nach der Erfüllung wahrgenommener Leistungsanforderungen bei. Böhnisch (2018) prägt dafür den Begriff der *modularisierten Männlichkeit.* Mit diesem Begriff umschreibt er, wie männliche Identitäten in Krisensituationen fragmentarisch in den unterschiedlichen Sphären entsprechend der herangetragenen Erwartungen modelliert und darin leistungsoptimiert collagiert werden. Was oberflächlich betrachtet wie eine Modernisierung männlicher Identität wirkt, verbleibt in Krisensituationen jedoch weitgehend in der Bewältigungsform durch traditionelle Männlichkeit, weil diese eine vermeintliche Sicherheit in männlichen Bewältigungsroutinen verheißt (Böhnisch 2018, S. 26–32, 139–144). In dieser Bewältigungsform kommt das Erfüllen widersprüchlicher Erwartungen den Trainingseffekten in der Ausweitung eigener Grenzen im Leistungssport gleich. Im Kern geht es nach wie vor um das Funktionieren innerhalb der wahrgenommenen maskulinen Parameter und damit die Erfüllung evaluierbarer Leistungsansprüche. Darin findet die in Beratungsgesprächen häufig reproduzierte Aussage, stets alles getan zu haben, ihren pragmatischen Ursprung. Als eine weitere männliche Bewältigungsform ist der Rückzug zu betrachten. Im Zuge der erweiterten Anforderungen an männliche Identität werden eigene Inseln der Handlungsmächtigkeit in der Hoffnung gewählt, die infrage gestellte Männlichkeit wie ein Schlechtwettergebiet vorüberziehen zu lassen. Denn auch hier gilt, sobald das Mann-Sein reflexiv hinterfragt wird, wird dieses als prekär wahrgenommen und ist damit bereits in die Krise geraten. Männlichkeit, so könnte es zum Ausdruck gebracht werden, steht als nicht hinterfragbare Normalität für sich selbst. Böhnisch (2015, S. 12–15) spricht das leibseelische Empfinden und die männliche Identität als Ganzheit in ihrer Lebenswelt an, die sich von ihrer geschlechtlichen Dimension nicht lösen lässt. Der im Kontext männlicher Bewältigung unlösbare Widerspruch liegt darin, dass einerseits der gefühlvolle und entgegenkommende Mann gefordert wird, der gleichzeitig aber auch ein richtiger Mann, »a man with balls«, sein, sich dementsprechend verhalten und den Rest mit sich selbst ausmachen soll. Damit wird unter der Oberfläche auch das Paradigma der naturgegebenen Unterschiedlichkeit von Männern und Frauen ausgespielt, in dessen Panorama die Geschlechter hineinwachsen (Bourdieu 2012). Die Tragik besteht darin, dass alle Beteiligten mit geschlechtsstereotypen sozial konstruierten Rollenzuschreibungen aufwachsen und damit mehr oder weniger fertig werden. Sie bleiben so Bestandteile einer geschlechtsdichotom wahrgenommenen Welt, in der männliche Bedürfnisse nach Zärtlichkeit und Nähe, Schwachheit oder Verletzlichkeit abgewehrt und im Gegensatz dazu als Männlichkeit im Kontext von Dominanz, Macht und Kontrolle verstanden werden (Bockshorn 2013, S. 21–34). Darin mag ein Grund liegen, aus dem zu beratende Männer aus der Situation der überforderten Männlichkeit in der Beratungsperson auch den Mann suchen, der Ihnen in der Übertragung auch das Mann-Sein in Momenten der Schwachheit und Verletzbarkeit zuspricht und gemeinsam mit Ihnen Wege aus dem Dilemma der Täter-Opfer-Dynamik der traditionell männlichen Bewältigung findet. Als wesentliche Kennzeichen für traditionell männliche Bewältigungsmodi zeigen sich die in der Täter-Opfer-Dynamik maskuliner Bewältigung genannten Phänomene. Zuflucht wird in einer durch Pragmatismus und Sachlichkeit geprägten Sprache, in mangelnder Empathie im Sinne eines Unverständnisses für die emotionalen Bedürfnisse anderer oder in der Verleugnung der darauf bezogenen Hilflosigkeit gesucht. Dies trägt zu einer Flucht in den Aktionismus bei, durch den gesellschaftlich anerkannte Bewertungsmaßstäbe durch eine Rückkehr in die männliche Verfügbarkeit reaktiviert werden (Böhnisch 2018, S. 139–144).

In den Beispielen aus der Beratung wird dies von Björn und Alexander genauso zum Ausdruck gebracht. Aus ihrer Sicht wurde bereits alles getan. Aus Björns Perspektive wird das in der Beratung zu klärende Dilemma der abseitigen Wirklichkeitswahrnehmung Ellas oder auch ihrer Undankbarkeit für seine Leistungen zugeschrieben. Der in der männlichen und weiblichen Wahrnehmung zum Ausdruck gebrachte Unterschied liegt unter anderem darin, dass sich Björn handlungsorientiert auf die Versorgung der Familie bezieht, während Ella eher den zwischenmenschlich-emotionalen Bereich fokussiert, in dem sie künftig keine Vorwürfe und damit auch keine hegemonial machtgeprägte Beziehungsform mehr akzeptiert. Ein weiteres Beispiel aus der Beratung bringt dieses Spannungsverhältnis noch trennschärfer zum Ausdruck und lässt sichtbar werden, dass Hegemonie kein rein männliches Konzept, sondern Ausdruck einer spezifischen Beziehungsform ist.

Beratungsbeispiel: »Jonas«

Emmy (47) vereinbart für sich und ihren Partner Jonas (45) einen gemeinsamen Beratungstermin. Ihre Themen sind das aggressive und aus ihrer Sicht auch übergriffige Verhalten von Jonas, welches situativ immer dann zum Vorschein kommt, wenn sich Jonas unter Druck gesetzt fühlt. Diese Zustände kommen häufig sowohl im privaten als auch im beruflichen Umfeld vor. Im Beratungsgespräch kann Jonas als Führungskraft in einem global agierenden Unternehmen nahezu unendlich viele Beispiele nennen, die ihn an Grenzen bringen. Dazu zählen Illustrationen, in denen Mitarbeitende mit anderen Führungskräften sprechen, sich Kunden auch nach ausgiebiger Beratung anders entscheiden, Budgets seitens des Top-Managements anders als von ihm angestrebt verteilt werden oder auch wenn Mitarbeitende Prozesse nicht wie erwartet und der Absprache gemäß umsetzen. Ähnliches spiegelt sich auch im privaten Bereich, wenn die Kinder (12 und 15) im Urlaub von einer ursprünglich getroffenen Wahl für eine Freizeitbeschäftigung situativ abweichen, sich im Restaurant plötzlich doch ein anderes Essen wünschen oder am Souvenirstand lange überlegen und dann mit ihrer Wahl doch nicht ganz zufrieden sind. Jonas gerät in solchen Situationen unter Druck. Er wird verbal beleidigend, laut und zieht sich zurück. Emmy deutet die Situationen für ihn stellvertretend – mit dem Ziel, dass der Moment entschärft wird und Jonas als Teil der Familie wieder am Alltag teilnimmt. Wird in der Beratung nach Standpunkten und Gefühlen gefragt, wendet sich Jonas nach nahezu jeder Fragestellung Emmy zu und erbittet von ihr eine Rückmeldung dazu, wie er sich fühlen solle. Emmy äußert dann Möglichkeiten: »Du bist bestimmt auch traurig, wenn die Kinder streiten. Darüber kannst du nicht glücklich sein, aber du rastest immer aus, wenn die Kinder beim Abendbrot über die Leistungsbewertung der Lehrerin schimpfen oder ein Mitarbeiter dich nicht sofort um Rat fragt oder sich mit jemand anderem abspricht. Es ist dann immer ganz schwer, dich wieder einzufangen, weil du dann schreist und den ganzen Abend in deinem Zimmer sitzt.«

Jonas nimmt die von Emmy erbetenen Äußerungen zunächst hin. Etwas später reinterpretiert er diese rational und sachlich unter anderem so: »Wenn wir davon ausgehen, dass die anderen mir gar nichts Böses wollen, warum tun sie das dann? In solchen Situationen kann ich mich gar nicht anders verhalten, außer zu schreien und alles niederzumachen.« Die Kommunikation zwischen beiden wird dann von Jonas wieder aufgenommen, wenn er sich mit einer sachlichen Frage an Emmy wendet. In der Beratung fragt Jonas nach Verhaltenstools, die ihm dabei helfen, mit ambivalent wahrgenommenen Situationen handlungsorientiert umzugehen.

In diesem Beispiel zeigt sich, wie die Bedürftigkeitsfalle zuschnappt. Die Wahrnehmung und das Verbalisieren von Gefühlen werden von Jonas weiblich attribuiert. Geht Emmy darauf ein, reproduziert sich in der Beziehung einen traditionell männlichen Bewältigungsmodus der Externalisierung. Ganz gleich wie Emmys Antwort ausfällt, sie wird von Jonas als unerfüllbare Leistungserwartung verstanden. Sie bricht einer in Vergleichsmaßstäben männlichen Bewertung Bahn, in der Jonas unterliegt. Da ihm ein Zugang zur eigenen Gefühlswelt weitgehend verschlossen ist, erscheint ihm eine Kommunikation mit Emmy erst auf der Sachebene wieder möglich. So findet die männliche Abwehr von Gefühlen neben der Externalisierung und Bedürftigkeit Zuflucht in der Rationalität. Das maskuline Bewältigungsmuster wird in öffentlichen und privaten Sphären gleichermaßen reaktiviert. Die Bedürftigkeitsfalle lädt zu Grenzüberschreitungen ein. Diese beginnen bei der weiblichen Resonanz auf den männlichen Wunsch nach stellvertretend interpretierten Gefühlen und der darauffolgend gewaltsamen verbalen oder auch körperlichen Wiederherstellung von Distanz. Beide Seiten sind gefangen in der Täter-Opfer-Dynamik maskuliner Bewältigung im Kontext als überfordernd wahrgenommener Erwartungen. Die Janusköpfigkeit von Macht und Gewalt im Beziehungsalltag zeigt sich in der Grenzüberschreitung der individuell angefragten und an die geäußerte Hilflosigkeit anschließend stellvertretend interpretierten Gefühle. Letztlich ist die Hegemonie Teil der Beziehung und den jeweiligen Personen lediglich im Kontext geschlechtstypischer Bewältigungsmodi zuzuschreiben. Für die schuldzuweisende Klärung dessen wäre ansonsten ein Ausgangspunkt zu wählen, dessen Bestimmung begründungsbedürftig ist. In hegemonial strukturierten Beziehungen sind sowohl machtausübende und untergeordnete Beteiligte gleichermaßen gewalttätig. Sie respektieren die Grenzen des jeweils anderen nicht. Sie verleugnen die Verantwortung für das eigene Verhalten, innerhalb dessen Gewalt als gewählte Entscheidung unter Alternativen gilt (Diekmann 2002a). Sobald Emmy stellvertretend für Jonas dessen Gefühle deutet, nimmt sie die Expertise dafür in Anspruch, wie er fühlt. Sie leugnet damit die eigene Hilflosigkeit, eben dies nicht wissen und für die Erfassung der Gefühle von Jonas auch nicht kompetent verantwortlich sein zu können. Sozialisatorisch betrachtet offenbart sich männliche Identität durch die Negation als nicht-weiblich. Im maskulinen Bewältigungsmodus wird das Weibliche zurückgewiesen. Im Beispiel zeigt sich dies in der Zurückweisung der von Emmy stellvertretend gedeuteten und Jonas zugeschriebenen Gefühle. Die von Jonas wahrgenommene Erwartung, eigene Gefühlsäußerungen zutage treten zu lassen, überfordert ihn. Im Modus traditioneller Männlichkeit bergen Gefühle die weiche, schwache und verletzbare Seite, welche die männliche Identität in der doppelten Unterscheidungslogik als *Nicht-Nicht-Mann* infrage stellt. So ist Jonas Flucht in die Rationalität und die Bitte nach Handlungstools in der Beratung als Versuch der Wiederherstellung einer brüchigen Maskulinität zu verstehen, in der das männliche Funktionieren im Vordergrund steht. Letztlich ist dies auch ein indirekter Versuch zur Herstellung hegemonialer Verhältnisse im Beratungsraum. Im Ruf nach der Expertise der beratenden Person werden eigene Lösungsansätze hintergangen, Gefühle müssen auch weiterhin nicht wahrgenommen werden und die männliche Bedürftigkeit kann auch zukünftig ausgelebt werden. Der hegemoniale Beziehungsmodus wird in die Beratung hinein verlängert und reproduziert sich erneut. Der Status quo einer maskulinen Bewältigungsroutine wird manifestiert und nicht transzendiert.

Eine Lösung, welche nicht erneut zu einem Problem im Kontext der Täter-Opfer-Dynamik werden soll, setzt daher an einer Veränderung der hegemonialen Beziehungsstruktur selbst an. In dieser Hinsicht darf der Wunsch nach Lösungstools und Handlungsalgorithmen in der Beratung nicht aufgegriffen oder allenfalls symbolisch unter Verweis auf eine gemeinsame Suche danach beantwortet werden. Das Ziel besteht darin, eigene Gefühle nicht länger abzuwehren und in der Hilflosigkeit nicht durch Unterordnung und Demütigung der Opfer zu beweisen, ein richtiger Mann zu sein, der solche Gefühle erst gar nicht hat oder gewaltsam rasch wieder in den Griff bekommt (Diekmann 2002b).

Neumann und Süfke (2004) plädieren auch hier für eine Renaissance der Gefühle. Sie tun dies, indem männliche Bewältigungsprinzipien durch die Entdeckung und Anerkennung der in der Täter-Opfer-Dynamik benannten Mechanismen herausgefordert werden. Hilflosigkeit und Bedürftigkeit sind elementare Bestandteile menschlicher Existenz. In der geschlechtlichen Einordnung als Mann werden diese abgewehrt. Somit geht es um die Wiederentdeckung der menschlichen Seiten, welche den Jungen auf dem Weg zum Mann weitgehend ausgetrieben werden. Beratungspersonen gelten für Neumann und Süfke als Anwälte und Anwältinnen der Ambivalenz, die ihre eigene Hilflosigkeit sichtbar machen und eben darin eingestehen können, kein Lösungstool, keinen Handlungsalgorithmus oder gar stellvertretend ein passgenau zugeschriebenes Gefühl parat zu haben. Vielmehr sollen zu Beratende in den Kontakt zu eigenen Gefühlen, beispielsweise im biografischen Erzählen, kommen. Es geht dann um das behutsame Freilegen der Bandbreite an Gefühlen, wie Schwäche, Verletzlichkeit, Trauer, Wut, Freude und Liebe, die eingebettet in Narrative im Leben zu Beratender eine Rolle spielen. In der Bitte um das Erzählen von Geschichten aus dem eigenen Leben, die primär eigene Gefühle aufgreifen, gerät das maskuline Bewältigungsmuster in der Beratung in ein Dilemma. Einerseits gibt dieses vor, bei Leistungserwartungen vergleichsweise bestmöglich zu performen. Dazu zählt die in der Beratung erbetene Reaktivierung lebensgeschichtlicher Erzählungen. Die Crux liegt im Fokus auf die eigenen Gefühle, welche maskulin verleugnet und externalisierend verdrängt werden. In der Konsequenz führt dies zu den Möglichkeiten, die Beratung selbst abzuwerten und abzubrechen und damit das eigene Scheitern an den Beratungsansprüchen herauszufordern. Eine weitere Möglichkeit liegt im Erkennen der Dysfunktionalität maskuliner Bewältigung und in der Erweiterung des eigenen Handlungsrepertoires, für das Gefühle als Navigatoren zugelassen werden. In diesem Dilemma, dem sich die maskuline Bewältigung ambivalenter Situationen nunmehr selbst ausgesetzt sieht, wird die erlebte Hilflosigkeit erneut in der Beratung greifbar. Die Anwaltschaft der

Beratungsperson für diese Ambivalenz bezeichnen Neumann und Süfke (2004, S. 50–108) als *beschützte Hilflosigkeit* mit dem Ziel der Reflexion der bislang routiniert angewandten Bewältigungsmodi. Im Erzählen wird das männliche Ringen um das Sprechen über Gefühle deutlich, für die in maskuliner Bewältigung die Worte fehlen. Männer lernen, dass Beratungspersonen auf Zwischentöne reagieren sowie verbalisierte und gezeigte Gefühle anerkennen. Auch hier geht es im Sinne des Trajectory-Modells um das behutsame Reflektieren von Konsequenzen und das Spiel mit den Möglichkeiten:

? Wenn Sie auf Ihr bisheriges Leben zurückblicken, in welchen Situationen
  - haben Sie Ihre Gefühle gezeigt?
  - haben Sie Ihre Gefühle eher verborgen?
  - waren Ihre Gefühle hilfreiche Wegweiser für Entscheidungen?
  - haben Sie Ihrem Bauchgefühl vertraut?
  - haben Sie nach Ihrem Bauchgefühl eine Entscheidung getroffen?
  - fiel es Ihnen zuletzt ganz leicht, Ihr Gefühl zu benennen?

? Mit welchen Konsequenzen rechnen Sie, wenn Sie Ihrem Gefühl vertrauen?

? In welchen Situationen war eine Bauchentscheidung von Ihnen mit positiven Konsequenzen verbunden?

? Wonach entscheiden Sie, mit welcher Person Sie einen Abend, eine längere Zeit oder vielleicht sogar Ihr Leben verbringen möchten?

? In welchen Situationen waren für Sie Gefühle deutlich wahrnehmbar?

? Wozu führt es aus Ihrer Sicht, wenn Sie selbst nicht wahrnehmen, wie Sie sich fühlen?

? Wozu führt es aus Ihrer Sicht, wenn Sie anderen Ihre Gefühle nicht zeigen?

? Wie wäre es, wenn Sie gelegentlich einen Einblick in Ihre Gefühle zulassen?

? Was wäre anders, wenn Sie Trauer, Wut, Liebe oder ein anderes Gefühl spüren?

? Wie würden Sie handeln, wenn Sie wahrnehmen, was Sie fühlen?

? Was würde es für Ihren beruflichen Kontext bedeuten, wenn Sie gelegentlich Ihre Gefühlslage ansprechen, anstatt ausschließlich rational zu agieren?

- ? In welchen Situationen spüren Sie, dass andere Menschen traurig, zornig oder glücklich sind?
- ? Was löst es in Ihnen aus, wenn Sie bei anderen Menschen Gefühle wahrnehmen?
- ? Wann haben Sie zuletzt eine Stimmung, ein Gefühl mit anderen geteilt?

Diese Kaskade an Fragen könnte unendlich fortgesetzt werden. In der Beratung lohnt es sich hingegen, allen Beteiligten Zeit zu lassen und das Schweigen auszuhalten. In den Modi maskuliner Bewältigung gibt es oft keine Worte und keinen Zugang zu Gefühlen, sondern nur die Flucht in die Externalisierung mit rationalen Erklärungen, die zu einem eindeutigen Befund ursächlicher Bedingungen führen und die eigene Hilflosigkeit in der Erwartung von Handlungstools verstärken. Darauf unreflektiert einzugehen, bestärkt maskuline Bewältigungsmuster, in denen es in Anlehnung an die Täter-Opfer-Dynamik situativ und dichotom jeweils darum geht, sich in einem der scheinbar polaren Gegensätze einzurichten. Erscheint die beratende Person dann zur Rettung des hilflosen Opfers oder nimmt in der Sprachlosigkeit selbst die Deutungshoheit in Anspruch, schließt sich in der Arena des Beratungsraums die maskuline Bewältigungsfalle in einer komplementären Beziehungsdynamik zwischen Täter und Opfer. Der Ausweg besteht in der Zurechnung der Verantwortung, die für die theoretische Reflexion und die methodische Umsetzung des Beratungsprozesses eindeutig auf der Seite der beratenden Person liegt. Für die Themen, die Fortschritte, eigene Gefühle, deren Ausdrucksmöglichkeit und Bewältigung liegt die Verantwortung auf der Seite der beratenen Personen. Es geht um das gemeinsame Konstruieren von Alternativen zu maskuliner Bewältigung, für die der Zugang zu und der Ausdruck von Gefühlen als Schlüssel gelten. Beratende Personen schaffen durch Fragen und Gedankenexperimente Kontexte für das Erleben, Empfinden und Wahrnehmen von Gefühlen. Sie belassen die Verantwortung für das konkret erlebte, empfundene und in Folge der Wahrnehmung Geäußerte jedoch bei den beratenen Personen. Dies ist durchaus mit einem kontrollierten Kontrollverlust zu vergleichen, in dem beratene Personen die Kontrolle über das Setting und beratende Personen die Kontrolle über die Inhalte und deren Bewertung aufgeben. Auch der kontrollierte

Kontrollverlust kann nicht maskulin bewältigt werden, weil dieser anderen Parametern folgt. Es geht um das Aushalten von Spannungen und um das Aushalten der Hilflosigkeit in jenen Momenten, in denen die Funktionalität in den Hintergrund tritt. Zudem geht es um das Einlassen auf Gefühle, die zwar wegweisend jedoch diffus keine rational begründbare Antwort bereithalten. Der kontrollierte Kontrollverlust erleichtert die Toleranz in Situationen, die als mehrdeutig wahrgenommen werden. In vieldeutigen Situationen scheint im kontrollierten Kontrollverlust die widersprüchliche Antwort auf, die Kontrolle über sich selbst im Eingeständnis dessen zu bewahren, dass die Situation und deren Rahmenbedingungen individuell nicht kontrolliert werden können und deren Komplexität auszuhalten ist. Die Konsequenz dessen zielt darauf, dass sich die Bedingungen in den Kooperationen vieler verändern. Letztlich liegt darin die Hoffnung, dass Menschen aufeinander angewiesen bleiben und in der Koevolution auch die individuelle Entwicklung möglich wird.

Resümee

»Sei kein Mann!« (Bola 2020)

Beratung ermöglicht das Thematisieren und Verändern der im Kontext komplexer Lebensverhältnisse, vielgestaltiger Beziehungsarrangements und alltäglich herausfordernder Entscheidungsoptionen in die Krise geratenen Bewältigungs- und Lebensgestaltungsroutinen. Im Zeitraum der Beratung selbst ist die zwischenmenschliche Kooperation gefragt. Beispiele zeigen, dass diese Routinen im Alltag Betreffender in der Regel bereits in Schwierigkeiten geraten sind und sich in der Vorsicht oder auch in den Verweigerungshaltungen Zu-Beratender widerspiegeln. In der Beratung gewaltbetroffener Männer zeigt sich die Janusköpfigkeit männlicher Normalität und die Bewältigung darin, dass außerhalb zwischenmenschlicher Ebenen die Funktionalität, Leistungs- und Opferbereitschaft mit der Konsequenz der Externalisierung von Gefühlen nach wie vor gefordert sind. Gründe dafür liegen in der Reproduktion ökonomischer Verhältnisse. Diese zielen darauf ab, dass die Arbeit erledigt wird. Im Gegenzug ist auf zwischenmenschlichen Ebenen der gefühlvolle und der Care-Arbeit zugewandte Mann gefragt. Auftretende Spannungsverhältnisse tragen zu einer männlichen Flucht in maskuline Bewältigungsformen als vermeintlich sicherem Hafen für männliche Geschlechtsidentität bei. Die Konsequenz dafür liegt in der Aufrechterhaltung hegemonialer Verhältnisse und der Unterordnung in den Beziehungen zu anderen Menschen. Mit Hegel lässt sich zeigen, dass im Kontext ungleicher Machtverhältnisse alle Opfer sind, sich darin auf einen Beziehungsmodus festlegen, welcher Abweichungen im Sinne der Gestaltung gegenwärtiger und künftiger ökologischer Herausforderungen nicht zulässt. Im Modell des Täter-Opfer-Dilemmas maskuliner Bewältigung ist grafisch verdeutlicht, dass gewalttätige Beziehungen ausschließlich Opfer produzieren. Dies gilt auch dann, wenn vordergründig eine Seite punktuell zu siegen scheint. Gewalttätige und gewaltbetroffene Männer sind dahingehend ebenso wie alle weiteren Beteiligten Opfer der hegemonialen Struktur von Verhältnissen, welche Beziehungskonstellationen der Versorgung in der Über- und Unterordnung von Menschen anstelle der Sorge für eine gemeinsame Zukunft in der Gegenwart nahelegen. Gewalttätige und gewaltbetroffene Männer sind jedoch auch Täter, solange sie unreflektiert an der Reproduktion der Verhältnisse beteiligt sind. Maskuline Bewältigungsformen lassen die Beratung zur Arena im Ringen um die Deutungshoheit werden.

In der Beratung trägt das Zusammenspiel der unterschiedlichen Expertisen strukturell zu einem kontrollierten Kontrollverlust bei. Diese widersprüchliche Denkfigur verdeutlicht die Ebenen der Verantwortung, welche auf Seiten der beratenden Person in der Strukturierung und im Bemühen um den Fortgang des Beratungsprozesses gesehen wird. Den Zu-Beratenden wird die Verantwortung für ihr Handeln überlassen, indem sich die beratende Person der Forderung nach Lösungs- und Handlungstools verweigert. Sie begibt sich damit selbst in eine Situation des Kontrollverlusts und regt gerade auf diese Weise die Emanzipation aus der heteronom helfenden Beziehung an. Gelingensbedingungen dafür liegen in der Reflexion anhand des Trajectory-Modells, indem wiederholt Systemebenen und der Handlungsprozess aus Bedingungen, Interaktionen und Konsequenzen aufeinander bezogen werden. Als darüber hinaus sichernde Möglichkeit gilt das Einbeziehen von Gefühlen als Navigatoren in komplexen Handlungssituationen. Dafür können beispielhaft die angeführten Fragestellungen herangezogen und kontextspezifisch abgewandelt werden. So lässt sich zeigen, dass die Beteiligten sowohl im Beratungsraum als auch im Alltag der Betreffenden aufeinander angewiesen sind. Dieses Aufeinander-angewiesen-Sein wird als zentrales Prinzip der Gegenseitigkeit benannt, in dem letztlich soziale Verantwortung gestärkt wird. Resümierend betrachtet erscheint traditionelle Männlichkeit im Lichte der gegenwärtigen Herausforderungen an das Mensch-Sein als Albtraum. Provokativ wird dies in dem Postulat »Sei kein Mann« von Bola (2020) zum Ausdruck gebracht, welcher damit maskuline Bewältigungsformen, die auf Macht und Kontrolle, die unreflektierte Pflichterfüllung als organisierte Verantwortungslosigkeit für die Folgen und Begleiterscheinungen der traditionellen Männlichkeit ausgerichtet sind, anspricht und zur Abkehr rät.

Darin schließt sich der Kreis der in diesem Buch eröffneten Debatte. Vom integrierten Methodenbegriff gerahmt, welcher ausgehend von theoretischen Reflexionen der Männlichkeit auf gesellschaftlichen Makro-, über Exo-, Meso- und zwischenmenschlichen Mikrosystemebenen die Arenen männlicher Bewältigung im Beratungsraum beleuchtet, wird die Vielschichtigkeit der Debatte deutlich. Im Aufeinander-angewiesen-Sein findet sich eine Entsprechung auf allen Ebenen, welche im kontrollierten Kontrollverlust die Emanzipation durch die Wahrnehmung eigener Grenzen und die Perspektive der Koevolution als Kunst des gemeinsamen Wachsens stärkt.

Beratungsbeispiel: »Johann«
Johann (32) ist von seiner Partnerin Marie (30) zur Beratung angemeldet worden. Im Telefonat schildert Marie einen seit längerer Zeit im Hintergrund schwelenden Konflikt. Dieser spannt sich zwischen ihr, Johann und dessen Eltern auf. Im Kern des Konflikts steht der Lebensort des Paares und die am jeweiligen Ort investierte Zeit. Die Eltern verbinden mit der investierten Zeit die Rituale an Feiertagen, wie Weihnachten oder Ostern, oder die als erforderlich erachtete Zeit auf dem elterlichen Bauernhof, die mit den zu erledigenden Arbeiten verbunden ist. In der Beratung spricht Johann davon, hin- und hergerissen zu sein. Er könne sich nicht für Zeitkontingente entscheiden, weil alle seine Zugehörigkeit davon abhängig machen würden, was er am jeweiligen Ort leiste. Seine Eltern würden von ihm als Sohn erwarten, dass er den Bauernhof fortführe. Er sei nun einmal der Sohn seiner Eltern, die mit ihm auf dem Bauernhof gerechnet hätten. In seiner Familie sei es stets darum gegangen, dass seine Eltern stolz auf seine Leistung sind. Bei seinem Schulabschluss mit dem Prädikat 2,0 zeigten sie sich enttäuscht. Umso mehr Hoffnung setzten sie in seine berufliche Karriere, für die sie klare Vorstellungen im bäuerlich-handwerklichen Bereich hegten. Nach der Schulzeit wählte Johann eine Mechanikerausbildung und zog in eine Großstadt. Dort lernte er Marie kennen, mit der er nun seit fünf Jahren in einer Beziehung lebt. Marie ist als Kauffrau für

Hotelmanagement tätig. Sie wünscht sich mit Johann Kinder. Auf die Frage, was er sich wünsche, wird Johann still. Er könne es spontan gar nicht sagen. Vielleicht wisse er es auch gar nicht, weil es ihn bisher niemand gefragt habe. Der Einladung in ein ihm unbekanntes Land seiner Gefühle folgt Johann. Eröffnet wird dies mit der Frage: »Wenn du dein Leben vom Ende her betrachtest, worauf möchtest du zurückblicken?« Johann erzählt von seiner Kindheit. Er habe Menschen bewundert, die einander nahe sein konnten. Meist wären dies Frauen gewesen, die sich trösten, in den Arm nehmen oder auch miteinander weinen oder glücklich sein konnten. Seine Großmutter habe im Landfrauenverein viele Freundschaften gehabt, auf die dies zutreffe. Er selbst habe immer nur Zuwendung und Anerkennung für Leistung erhalten. Er habe Fußball gespielt, sei immer gut im Sport gewesen und habe in vielen Wettkämpfen mit der Mannschaft Titel geholt. Er sei in der freiwilligen Feuerwehr, im Sportverein und im Gemeinderat. Er bekomme dafür viel Anerkennung und viele würden ihm auf die Schultern klopfen. Auf die Überlegung, was ihm fehle, meint Johann: »Nähe.« In der Beratung wird das Bedürfnis nach Nähe in den Fokus gerückt. Unter Tränen schildert Johann, dass er nur für seine Erfolge gesehen werde. Für Siege werde ihm auf die Schulter geklopft. Er wolle hingegen als Mensch gesehen werden. Er meint: »Ich bin nicht immer stark. Ich habe Zweifel. Vieles weiß ich nicht. Manchmal bin ich überfordert. Ich glaube nicht, dass ich es jemandem recht machen kann. Alle erwarten von mir, dass ich immer funktioniere.« Neben seinen Zweifeln ist die Verzweiflung an den von Johann wahrgenommenen Ansprüchen in der Beratung greifbar. Auf seinen Wunsch hin angesprochen äußert Johann, dass er sich danach sehne, von einer Person in den Arm genommen zu werden, die keine Ansprüche an ihn stelle und Nähe nicht an Voraussetzungen knüpfe. Er wolle keinen Sieg erringen und dafür Zuwendung erhalten. Das komme ihm wie eine Dienstleistung vor, in der Zuwendung unter bestimmten Voraussetzungen verteilt werde. Johann fragt: »Wie soll das weitergehen, wenn ich krank bin oder selbst Zuwendung brauche?« Die Beratung folgt der Spur der Gefühle. Nach mehreren Gesprächen findet Johann seine Antwort auf die Frage: »Wem möchtest du außerhalb des Beratungsraums deine Gefühle zeigen?« Johanns erste Antwort lautet »Marie«. In der Folge ringt er um weitere Antworten in einer Ambivalenz, ob er auch in seinen männlichen Freundschaften Gefühle zeigen könne, ohne aufgrund von Zuschreibungen als Mann degradiert zu werden. Ihm fällt nach längerer Suche eine und in der Folge eine weitere männliche Person ein, mit denen ein tiefergehendes Gespräch lohne. Johann wagt emotionale Schritte aus dem Beratungsraum hinaus. Es gelingt ihm, gemeinsam mit Marie seinen Lebensort jenseits des elterlichen Zugriffs auf seine Verfügbarkeit zu bestimmen. Für seine Eltern ist er dann da, wann und wie es ihm möglich ist. Er findet männliche Freunde, mit denen er seine Gefühle und auch körperliche Nähe teilen kann, ohne dafür etwas leisten zu müssen. Johann empfindet dies als ausgesprochen bereichernd und wertvoll für sein Leben. Als ich das letzte Mal mit Johann spreche, ist ihm die Botschaft wichtig, dass Menschen Menschen lieben können und dies nicht mit Sexualität verwechseln. Er habe heute Frauen, die beste Freundinnen sind, und Männer, die beste Freunde sind. Manche seiner männlichen Freunde seien ihm heute so nah, dass er mit ihnen weinen, lachen, sich gegenseitig in den Armen liegen kann, weil es gelingt, den anderen als einen Menschen mit seiner Trauer, seinem Glück und seinen Ambivalenzen zu sehen und in der Beziehung »Mann selbst« bleiben zu können.

Dank

Mein herzlicher Dank gilt den Mitarbeitenden des Projekts A4 in Jena, welche sich gewaltbetroffenen Männern seit Jahren intensiv in der Beratung zuwenden. Aus dem Projekt wurden mir mit Zustimmung aller Beteiligten Interviewdaten mit gewaltbetroffenen Männern zugänglich gemacht. Diese trugen letztlich dazu bei, dass jenes in der öffentlichen Debatte und der wissenschaftlichen Rezeption weitgehend unausgesprochene Thema in Lehrveranstaltungen zugänglich ist und auch in die Erkenntnisse in diesem Buch einfließen konnte. Das Alleinstellungsmerkmal in der Beratungslandschaft in Thüringen zeigt einmal mehr, wie unsichtbar männliche Gewaltbetroffenheit auch in der Praxislandschaft ist und sich an Projektfinanzierungen mit ungewissem Ausgang entlanghangelt. Die Mitarbeitenden im Projekt A4 unterstützen auf diese Weise die Sichtbarkeit der Thematik. Daher bleibt zu hoffen, dass mit diesem Buch auch verstärkt zu einer öffentlichen Debatte und zu einer Regelfinanzierung der Unterstützung Gewaltbetroffener beigetragen werden kann. Herzlichen Dank an den Verlag Vandenhoeck und Ruprecht. Jana Harle habe ich während der Schreibphase und Merle Tiaden für die hilfreichen Hinweise im Lektorat als ausgesprochen unterstützend wahrgenommen. Ich habe mich sehr gut aufgehoben gefühlt.

Zu weiterem Dank bin ich der Ernst-Abbe-Hochschule Jena verpflichtet, welche die Arbeit an diesem Buch durch eine Freistellung von den Lehrverpflichtungen durch die Gewährung eines Forschungssemesters unterstützt hat.

Literatur

Abram, Antje/Hirzel, Daniela (2013): Fühlen erwünscht. Praxishandbuch für alle sozialen Berufe. 88 Übungen für verschiedene Zielgruppen und Symptomatiken. Paderborn: Junfermann.

Alinsky, Saul (2010): Rules for Radicals. A Pragmatic Primer for Realistic Radicals. New York: Knopf Doubleday Publishing Group.

Alzinger, Jasmin (2016): Der »geschlagene Mann«. Männliche Opfer im Kontext häuslicher Gewalt. Hamburg: Diplomica Verlag GmbH.

Amos, Bernd (2006): Widerfahrnis. Eine Untersuchung im Ausgang von Martin Heideggers Sein und Zeit. Münster: Verl.-Haus Monsenstein und Vannerdat (MV-Wissenschaft).

Audi, Robert (2018): Analyse des Begriffs der Gewalt. In: Johannes Müller-Salo (Hg.): Gewalt. Texte von der Antike bis in die Gegenwart (S. 58–68). Ditzingen: Reclam.

Aufenanger, Stefan (1994): Geschlechtsspezifische Medienrezeption und Gewalt. Wie soll die Medienpädagogik mit dem Thema Gewalt unter geschlechtsspezifischem Aspekt umgehen? Medien praktisch, 18 (1), S. 22–24.

Bange, Dirk/Enders, Ursula (2000): Auch Indianer kennen Schmerz. Handbuch gegen sexuelle Gewalt an Jungen (3. Aufl.). Köln: Kiepenheuer & Witsch.

Bauer, Ullrich/Hurrelmann, Klaus (2021): Einführung in die Sozialisationstheorie. Das Modell der produktiven Realitätsverarbeitung (14., vollst. überarb. Aufl.). Weinheim: Beltz.

Baur, Nina/Luedtke, Jens (Hg.) (2008): Die soziale Konstruktion von Männlichkeit. Hegemoniale und marginalisierte Männlichkeiten in Deutschland. Opladen: Budrich.

Behnke, Cornelia (2000): »Und es war immer der Mann.« Deutungsmuster von Mannsein und Männlichkeit im Milieuvergleich. In: Hans Bosse (Hg.): Männlichkeitsentwürfe. Wandlungen und Widerstände im Geschlechterverhältnis (S. 124–138). Frankfurt a. M.: Campus-Verlag.

Behrensen, Maren (2020): Bedrohte Männlichkeit auf einem sterbenden Planeten. Klimawandelleugnung und Misogynie. Frauenfeindlichkeit mit System. Zur Logik der Misogynie in doch-nicht-post-patriarchalen Zeiten. Ethik und Gesellschaft, (2), S. 1–19.

Benson, Jan (2013): Männer und Muskeln. Über die soziale Konstruktion des männlichen Körperideals. Düsseldorf.

Bereswill, Mechthild/Ehlert, Gudrun (2020): Sozialisation und Geschlecht – strittige Positionen. Zeitschrift für Sozialisationsforschung, 1 (1), S. 1–15.

Bereswill, Mechthild/Neuber, Anke (Hg.) (2011): In der Krise? Männlichkeiten im 21. Jahrhundert. Münster: Verl. Westfälisches Dampfboot.

Berger, Peter L./Luckmann, Thomas/Plessner, Helmuth (2021): Die gesellschaftliche Konstruktion der Wirklichkeit. Eine Theorie der Wissenssoziologie (28. Aufl.). Frankfurt a. M.: Fischer Taschenbuch.

Bettighofer, Siegfried (2022): Übertragung und Gegenübertragung im therapeutischen Prozess (6., überarb. Aufl.). Stuttgart: W. Kohlhammer Verlag.

Bienek, Horst (1965): Werkstattgespräche mit Schriftstellern. München: Deutscher Taschenbuch-Verlag (dtv).

BMFSFJ (2004): Gewalt gegen Männer in Deutschland. Personale Gewaltwiderfahrnisse von Männern in Deutschland. https://www.bmfsfj.de/resource/blob/84590/a3184b9f324b6ccc05bdfc83ac03951e/studie-gewalt-maenner-langfassung-data.pdf (Zugriff am 08.05.2023).

Bockshorn, Stephanie (2013): Häusliche Gewalt gegen Männer. Wann ist ein Mann ein Mann? Saarbrücken: AV Akademikerverlag.

Böhnisch, Lothar (2000): Männer als Opfer – ein paradigmatischer Versuch. In: Hans-Joachim Lenz (Hg.): Männliche Opfererfahrungen. Problemlagen und Hilfeansätze in der Männerberatung (S. 70–78). Weinheim/München: Juventa-Verlag.

Böhnisch, Lothar (2015): Pädagogik und Männlichkeit. Eine Einführung. Weinheim/Basel: Beltz Juventa.

Böhnisch, Lothar (2018): Der modularisierte Mann. Eine Sozialtheorie der Männlichkeit. Bielefeld: transcript Verlag.

Böhnisch, Lothar (2019): Tiefenpsychische Dimensionen männlicher Sozialisation. Psychotherapie Forum, 23 (1–2), S. 31–37.

Böhnisch, Lothar (2022): Sozialpädagogik der Verantwortung. Nach Carl Mennicke. Weinheim/Basel: Beltz Juventa.

Böhnisch, Lothar/Wedel, Alexander/Winter, Reinhard (Hg.) (2013): Männliche Sozialisation. Eine Einführung (2., überarb. Aufl.). Weinheim/Basel: Beltz Juventa.

Bola, J. J. (2020): Sei kein Mann. Warum Männlichkeit ein Albtraum für Jungs ist. München: hanserblau.

Bourdieu, Pierre (2012): Die männliche Herrschaft. Frankfurt a. M.: Suhrkamp Verlag.

Bourdieu, Pierre (2018): Die symbolische Gewalt. In: Johannes Müller-Salo (Hg.): Gewalt. Texte von der Antike bis in die Gegenwart (S. 121–129). Ditzingen: Reclam Verlag.

Brandes, Holger (2001): Der männliche Habitus. Männer unter sich. Männergruppen und männliche Identitäten. 1 Band. Opladen: Leske + Budrich.

Bromberger, Christian (2006): Ein ethnologischer Blick auf Sport, Fußball und männliche Identität. In: Eva Kreisky (Hg.): Arena der Männlichkeit. Über das Verhältnis von Fußball und Geschlecht (S. 41–52). Frankfurt a. M.: Campus-Verlag.

Bundesfach- und Koordinierungsstelle Männergewaltschutz (2022): Kontaktlandkarte – Männergewaltschutz. https://www.maennergewaltschutz.de/beratungsangebote/maennerschutzeinrichtungen/ (Zugriff am 13.10.2022).

Bundeskriminalamt (Hg.) (2020a): Der Deutsche Viktimisierungssurvey 2017. Opfererfahrungen, kriminalitätsbezogene Einstellungen sowie die Wahrnehmung von Unsicherheit und Kriminalität in Deutschland. Unter Mitarbeit von Christoph Birkel, Daniel Church, Dina Hummelsheim-Doss, Nathalie Leitgöb-Guzy und Dietrich Oberwittler. https://www.bka.de/SharedDocs/Downloads/DE/Publikationen/Publikationsreihen/Forschungsergebnisse/2018ersteErgebnisseDVS2017.pdf;jsessionid=0FDAE9376F9D62C6C2AEDDF4B6F7738F.live301?__blob=publicationFile&v=13 (Zugriff am 07.10.2022).

Bundeskriminalamt (2020b): Kriminalstatistische Auswertung zu Partnerschaftsgewalt. Berichtsjahr 2019. https://www.bka.de/SharedDocs/Downloads/DE/Publikationen/JahresberichteUndLagebilder/Partnerschaftsgewalt/Partnerschaftsgewalt_2019.html?nn=63476 (Zugriff am 07.10.2022).

Bundeskriminalamt (2021): Partnerschaftsgewalt – Kriminalistische Auswertung: Berichtsjahr 2020. https://www.bka.de/SharedDocs/Downloads/DE/Publikationen/JahresberichteUndLagebilder/Partnerschaftsgewalt/Partnerschaftsgewalt_2020.html?nn=63476 (Zugriff am 07.10.2022).

Bundeskriminalamt (2022a): PKS 2021 – Richtlinien für die Führung der Polizeilichen Kriminalstatistik. https://www.bka.de/DE/AktuelleInformationen/StatistikenLagebilder/PolizeilicheKriminalstatistik/PKS2021/Interpretationshilfen/interpretationshilfen_node.html (Zugriff am 11.10.2022).

Bundeskriminalamt (2022b): PKS 2021 Bund-Opfertabellen. https://www.bka.de/DE/AktuelleInformationen/StatistikenLagebilder/PolizeilicheKriminalstatistik/PKS2021/PKSTabellen/BundOpfertabellen/bundopfertabellen.html (Zugriff am 06.10.2022).

Bundeskriminalamt (2022c): PKS 2021 Bund – Falltabellen. https://www.bka.de/DE/AktuelleInformationen/StatistikenLagebilder/PolizeilicheKriminalstatistik/PKS2021/PKSTabellen/BundFalltabellen/bundfalltabellen.html?nn=194208 (Zugriff am 06.10.2022).

Bündnis Sorgearbeit – fair teilen (2022): Fakten und Zahlen. https://www.sorgearbeit-fair-teilen.de/sorgearbeit/fakten-und-zahlen/ (Zugriff am 18.07.2022).

Bürger, Joachim H. (1992): Mann hat es eben. Die Begründung des Maskulinismus. München: Verlag Peter Erd.

Burmeister, Stefan (2019): Post Battle processes: Gewaltphänomene als psychologische Stressbewältigung und Befriedungsritual. In: Ferdinand Sutterlüty/Matthias Jung/Andy Reymann (Hg.): Narrative der Gewalt. Interdisziplinäre Analysen (S. 207–239). Frankfurt a. M./New York: Campus Verlag.

Chodorow, Nancy (1994): Das Erbe der Mütter. Psychoanalyse und Soziologie der Geschlechter (4. Aufl.). München: Verlag Frauenoffensive.

Clarke, Adele E. (1991): Social Worlds/Arenas Theory as Organizational Theory. In: Davir R. Maines (Hg.): Social organization and social process. Essays in Honor of Anselm Strauss (S. 119–158). New York: Aldine de Gruyter.

Clarke, Adele E./Keller, Reiner (2014): Engaging Complexities: Working Against Simplification as an Agenda for Qualitative Research Today. Adele Clarke in Conversation With Reiner Keller. Forum Qualitative Sozialforschung/Forum: Qualitative Social Research, 15 (2). DOI: 10.17169/fqs-15.2.2186.

Conen, Marie-Luise/Cecchin, Gianfranco/Klein, Rudolf (2022): Wie kann ich Ihnen helfen, mich wieder loszuwerden? Therapie und Beratung mit unmotivierten Klienten und in Zwangskontexten (8. Aufl.). Heidelberg: Carl-Auer Verlag.

Connell, Raewyn (2015): Der gemachte Mann. Konstruktion und Krise von Männlichkeiten (4. durchg. u. erw. Aufl.). Hg. v. Michael Meuser und Ursula Müller. Wiesbaden: Springer VS.

Connell, Robert (2000): Die Wissenschaft von der Männlichkeit. In: Hans Bosse (Hg.): Männlichkeitsentwürfe. Wandlungen und Widerstände im Geschlechterverhältnis (S. 17–28). Frankfurt a. M.: Campus-Verlag.

Crowe-Meichtry, Bettina (2012): Sozialarbeiterische Beratung in Zwangskontexten. Saarbrücken: AV Akademikerverlag.

David, Deborah Sarah/Brannon, Robert (Hg.) (1976): The Forty-nine percent majority. The male sex role. New York: Random House.

Deutscher Bundestag (2023): Drucksache 20/5963. Recht auf Kriegsdienstverweigerung als Menschenrecht in Russland, Belarus und in der Ukraine. https://dserver.bundestag.de/btd/20/059/2005963.pdf (Zugriff am 30.05.2023).

Deutschlandfunk Kultur (2017): Zur Opfer-Floskel »Darunter auch Frauen und Kinder« – Auch Männern gebührt Trauer! https://www.deutschlandfunkkultur.de/zur-opfer-floskel-darunter-auch-frauen-und-kinder-auch-100.html (Zugriff am 10.10.2022).

Deutschlandfunk Kultur (2018): Mann: Täter, Frau: Opfer? – Wie Geschlechterrollen unser Verhalten bestimmen. https://www.deutschlandfunkkultur.de/mann-taeter-frau-opfer-wie-geschlechterrollen-unser.976.de.html?dram:article_id=421848 (Zugriff am 04.06.2023).

Diekmann, Alexander (2002a): Hegemoniale Männlichkeit. Was Männer und Gewalt macht! In: Männer gegen Männer-Gewalt (Hg.): Handbuch der Gewaltberatung (S. 161–176). Hamburg: OLE-Verlag.

Diekmann, Alexander (2002b): Warum Freiwilligenberatung von Gewalttätern gefördert werden muss! In: Männer gegen Männer-Gewalt (Hg.): Handbuch der Gewaltberatung (S. 133–160). Hamburg: OLE-Verlag.

Dölling, Irene (1999): »Geschlecht« — eine analytische Kategorie mit Perspektive in den Sozialwissenschaften? Potsdamer Studien zur Frauen- und Geschlechterforschung, 3 (1), S. 17–27.

Eifler, Christine (2004): Militär und Geschlechterverhältnis. In: Heinrich-Böll-Stiftung/Forum Männer in Theorie und Praxis der Geschlechterverhältnisse (Hg.): Männlichkeit und Krieg. Dokumentation einer Fachtagung des Forum Männer in Theorie und Praxis der Geschlechterverhältnisse und der Heinrich-Böll-Stiftung am 7./8. November 2003 in Berlin (S. 26–34). Berlin: Heinrich-Böll-Stifung.

Enders, Ursula (1998): Ein Indianer kennt keinen Schmerz! oder: Der blinde Fleck der Therapeuten. In: Ursula Enders (Hg.): Zart war ich, bitter war's. Handbuch gegen sexuelle Gewalt an Mädchen und Jungen (5. Aufl., überarb. und erw. Neuausg.; S. 248–251). Köln: Kiepenheuer & Witsch.

Engels (2021): Häusliche Gewalt gegen Männer. Zur Wahrnehmung von und dem Umgang mit häuslicher Gewalt gegen Männer in heterosexuellen Beziehungen. München: Grin Verlag.

Farrell, Warren/Gray, John (2018): The boy crisis. Why our boys are struggling and what we can do about it. Dallas, TX: BenBella, BenBella Books, Inc.

Faßauer, Uwe (2010): 1. Axiom: existentiell anthropologisches Axiom. In: Mina Schneider-Landolf (Hg.): Handbuch Themenzentrierte Interaktion (TZI) (2., durchges. Aufl.; S. 80–85). Göttingen: Vandenhoeck & Ruprecht.

Foucault, Michel (2020): Der Wille zum Wissen (23. Aufl.). Frankfurt a. M.: Suhrkamp Verlag.

Frauenhauskoordinierung e. V. (2022): Frauenhaus- und Fachberatungsstellensuche. https://www.frauenhauskoordinierung.de/hilfe-bei-gewalt/frauenhaus-und-fachberatungsstellensuche (Zugriff am 13.10.2022).

Freiberger, Harald/Nienhaus, Lisa/Schreiber, Meike (2023): Bankenkrise: Müssen wieder die Steuerzahler ran? https://www.sueddeutsche.de/wirtschaft/bankenkrise-credit-suisse-first-republic-bankenrettung-svb-finanzkrise-1.5770956 (Zugriff am 31.03.2023).

Frisse, Juliane (2022): Russische Invasion: Auch Männer haben ein Recht auf Weglaufen. https://www.zeit.de/zeit-magazin/leben/2022-03/ukraine-russland-krieg-maenner-widerstand-flucht?utm_referrer=https%3A%2F%2Fwww.google.com%2F (Zugriff am 11.10.2022).

Galtung, Johan (1984): Strukturelle Gewalt. Reinbek b. Hamburg: Rowohlt.

Galuske, Michael (2011): Methoden der Sozialen Arbeit. Eine Einführung (9., erg. Aufl.). Weinheim: Beltz Juventa.

Garver, Newton (2018): Was Gewalt ist. In: Johannes Müller-Salo (Hg.): Gewalt. Texte von der Antike bis in die Gegenwart (S. 52–57). Ditzingen: Reclam Verlag.

Geißler, Karlheinz A./Hege, Marianne (2001): Konzepte sozialpädagogischen Handelns. Ein Leitfaden für soziale Berufe (10. Aufl.). Weinheim/Basel: Beltz Verlag.

Germain, Carel Bailey/Gitterman, Alex (1988): Praktische Sozialarbeit. Das »life model« der sozialen Arbeit (2., unveränd. Aufl.). Stuttgart: Enke.

Gesterkamp, Thomas (2003): 2Krise der Kerle«. Männer auf dem Hartz-Weg. In: Heinrich-Böll-Stiftung (Hg.): Geschlechterdemokratie wagen (S. 19–26). Königstein, Taunus: Ulrike Helmer Verlag.

Gilmore, David D. (1991): Mythos Mann. Rollen, Rituale, Leitbilder. München/Zürich: Artemis & Winkler.

Gilmore, David D. (1993): Mythos Mann. Wie Männer gemacht werden. Rollen, Rituale, Leitbilder. München: Deutscher Taschenbuch-Verlag.

Ginzburg, Natalia (1995): Nie sollst du mich befragen. Erzählungen. Frankfurt a. M.: Fischer Taschenbuch Verlag. (Fischer-Taschenbücher, 12330).

Goffman, Erving (2022): STIGMA. Notes on the management of spoiled identity. London: Penguin.

Goffman, Erving/Dahrendorf, Ralf (2021): Wir alle spielen Theater. Die Selbstdarstellung im Alltag (19. Aufl.). München: Piper Verlag.

Gottzén, Lucas/Bjørnholt, Margunn/Boonzaier, Floretta (Hg.) (2021): Men, masculinities and intimate partner violence. London/New York: Routledge Taylor & Francis Group.

Grass, Günter (2007): Beim Häuten der Zwiebel. Augsburg: Weltbild.

Gross, Peter (2016): Die Multioptionsgesellschaft. Berlin: Suhrkamp Verlag.

Gruen, Arno (1992): Der Verrat am Selbst. Die Angst vor Autonomie bei Mann und Frau (7. Aufl.). München: Deutscher Taschenbuch Verlag.

Hagemann-White, Carol (1984): Sozialisation: Weiblich – männlich?. Opladen: Leske + Budrich.

Heesen, Boris von (Hg.) (2018): Männeraufbruch. Jahrbuch für Männer in der Gegenwart. Darmstadt: Menslit Verlag by Anywab GmbH.

Heesen, Boris von (2022a): Was Männer kosten. Leipzig: Lagato.

Heesen, Boris von (2022b): Was Männer kosten. Der hohe Preis des Patriarchats. Originalausgabe. München: Wilhelm Heyne Verlag.

Hegel, Georg Wilhelm Friedrich/Holzinger, Michael (2013): Phänomenologie des Geistes (2. Aufl.). Berlin: Berliner Ausgabe: Suhrkamp.

Helfferich, Cornelia (2012): Agency-Analyse und Biografieforschung. Rekonstruktion von Viktimisierungsprozessen in biografischen Erzählungen. In: Stephanie Bethmann/Debora Niermann (Hg.): Agency. Qualitative Rekonstruktionen und gesellschaftstheoretische Bezüge von Handlungsmächtigkeit (S. 201–237). Weinheim: Beltz.

Hildenbrand, Bruno (1993): Eingefrorene Geschichten und auftauende. Beschreibungen – begriffliche Überlegungen. System Familie, 6 (3), S. 130–138.

Hildenbrand, Bruno (2007): Einführung in die Genogrammarbeit (2. Aufl.). Heidelberg: Carl-Auer Verlag.

Hollstein, Walter (1999): Männerdämmerung. Von Tätern, Opfern, Schurken und Helden. Göttingen: Vandenhoeck & Ruprecht.

Hollstein, Walter (2012): Was vom Manne übrig blieb. Das missachtete Geschlecht (2., komplett überarb. Neuaufl.). Stuttgart: opus magnum.

Hollstein, Walter (2017): Ein Geschlecht in der Krise: Männer haben keine Zukunft. https://www.faz.net/aktuell/feuilleton/debatten/maenner-haben-keine-zukunft-14942443-p4.html (Zugriff am 04.06.2023).

Horlacher, Stefan (2018): Die Krise der Männlichkeit. Oder: Die ewige Wiederkunft des Gleichen. In: Boris von Heesen (Hg.): Männeraufbruch. Jahrbuch für Männer in der Gegenwart (S. 138–145). Darmstadt: Menslit Verlag by Anywab GmbH.

Huber, Johannes (2019): »Vater, wo bist Du?« Eine interdisziplinäre Spurensuche zum relationalen Phänomen väterlicher An- und Abwesenheit. Weinheim: Beltz.

Huxel, Karin (2008): Ethnizität und Männlichkeitskonstruktion. In: Nina Baur/Jens Luedtke (Hg.): Die soziale Konstruktion von Männlichkeit. Hegemoniale und marginalisierte Männlichkeiten in Deutschland (S. 61–78). Opladen: Verlag Barbara Budrich.

Jacobitz, Robin (1991): Antonio Gramsci – Hegemonie, historischer Block und intellektuelle Führung in der internationalen Politik. Marburg: Philipps-Universität Marburg.

Janssen, Angela (2020): Verletzbarkeit und Geschlecht. In: Eva Breitenbach/Walburga Hoff/Sabine Toppe (Hg.): Geschlecht und Gewalt. Diskurse, Befunde und Perspektiven der erziehungswissenschaftlichen Geschlechterforschung (S. 31–46). Opladen/Berlin/Toronto: Verlag Barbara Budrich.

Javaid, Aliraza (2021): Behind closed doors. Hegemonic masculinities, romantic love and sexual violence in gay relationships. In: Lucas Gottzén/Margunn Bjørnholt/Floretta Boonzaier (Hg.): Men, masculinities and intimate partner violence (S. 97–111). London/New York: Routledge Taylor & Francis Group.

Jösting, Sabine (2005): Jungenfreundschaften. Zur Konstruktion von Männlichkeit in der Adoleszenz. Wiesbaden: Springer VS.

Jösting, Sabine (2008): Männlichkeit und geschlechtshomogene Praxis bei Jungen. In: Nina Baur/Jens Luedtke (Hg.): Die soziale Konstruktion von Männlichkeit. Hegemoniale und marginalisierte Männlichkeiten in Deutschland (S. 45–60). Opladen: Verlag Barbara Budrich.

Junge, Matthias (2010): Ambivalente Individualisierung und die Entstehung neuer Soll-Normen. In: Ronald Hitzler (Hg.): Individualisierungen. Ein Vierteljahrhundert »jenseits von Stand und Klasse«? (S. 265–274). Wiesbaden: Springer VS.

Jungnitz, Ludger (Hg.) (2007): Gewalt gegen Männer. Personale Gewaltwiderfahrnisse von Männern in Deutschland. Opladen/Farmington Hills: Verlag Barbara Budrich.

Jürgens, Petra (2018): »Love is a battle field«. Grabenkämpfe im Schlachtfeld Ehe. In: Gorch Pieken (Hg.): Gewalt und Geschlecht. Männlicher Krieg – Weiblicher Frieden? Essays (S. 55–61). Dresden: Sandstein Verlag.

Kähler, Harro Dietrich (1987): Anamneseerhebungen in Erstgesprächen der Sozialarbeit – Sherlock Holmes als Anreger. Archiv für Wissenschaft und Praxis der sozialen Arbeit, 18 (4), S. 249–272.

Kähler, Harro Dietrich (2005): Soziale Arbeit in Zwangskontexten. Wie unerwünschte Hilfe erfolgreich sein kann. München/Basel: Ernst Reinhardt Verlag.

Kanitz, Katharina (2020): Geschlecht, Schule und Ungleichheit – Rekonstruktion und Diskussion geschlechtsspezifischer Benachteiligung in Schule und Unterricht. In: Dominik Wagner-Diehl/Birthe Kleber/Katharina Kanitz (Hg.): Bildung, Biografie, Ungleichheit. Beiträge der Biografieforschung zum Verhältnis von Bildung und sozialer Ungleichheit (S. 195–211). Opladen/Berlin/Toronto: Verlag Barbara Budrich.

Kastein, Mara (2019): Gleichstellungsorientierte Männerpolitik unter Legitimationsdruck. Eine wissenssoziologische Diskursanalyse in Deutschland, Österreich und der Schweiz. Opladen: Verlag Barbara Budrich.

Kasten, Hartmut (2003): Weiblich – männlich. Geschlechterrollen durchschauen (2., überarb. Aufl.). München/Basel: Ernst Reinhardt Verlag.

Keupp, Heiner (2010): Individualisierung. Riskante Chancen zwischen Selbstsorge und Zonen der Verwundbarkeit. In: Ronald Hitzler (Hg.): Individualisierungen. Ein Vierteljahrhundert »jenseits von Stand und Klasse«? (S. 245–264). Wiesbaden: Springer VS.

Kleiser, Thomas (2022): Männer und Männlichkeit in Kriegen. https://www.kupferblau.de/2022/07/23/maenner-und-maennlichkeit-in-kriegen/ (Zugriff am 04.06.2023).

Klug, Wolfgang/Zobrist, Patrick (2021): Motivierte Klienten trotz Zwangskontext. Tools für die Soziale Arbeit (3., überarb. Aufl.). München: Ernst Reinhardt Verlag.

Knöbl, Wolfgang (2019): Jenseits des situativen Paradigmas der Gewaltforschung. In: Ferdinand Sutterlüty/Matthias Jung/Andy Reymann (Hg.): Narrative der Gewalt. Interdisziplinäre Analysen (S. 31–49). Frankfurt a. M./New York: Campus Verlag.

Krämer, Markus (1996): Gestalttherapie mit Männern. In: Holger Brandes/Hermann Bullinger (Hg.): Handbuch Männerarbeit (S. 181–194). Weinheim: Beltz.

Kunczik, Michael (2017): Medien und Gewalt. Überblick über den aktuellen Stand der Forschung und der Theoriediskussion. Wiesbaden: Springer VS.

Langemeyer, Ines (2009): Antonio Gramsci: Hegemonie, Politik des Kulturellen, geschichtlicher Block. In: Andreas Hepp/Friedrich Krotz/Tanja Thomas (Hg.): Schlüsselwerke der Cultural Studies (S. 72–82). Wiesbaden: VS Verlag für Sozialwissenschaften.

Laqueur, Thomas Walter (1996): Auf den Leib geschrieben. Die Inszenierung der Geschlechter von der Antike bis Freud. München: Deutscher Taschenbuch Verlag (dtv).

Lehnert, Esther (2006): Auf der Suche nach Männlichkeiten in der sozialpädagogischen Arbeit mit Fans. In: Eva Kreisky (Hg.): Arena der Männlichkeit. Über das Verhältnis von Fußball und Geschlecht (S. 83–96). Frankfurt a. M.: Campus-Verlag.

Lenz, Hans-Joachim (1996): Spirale der Gewalt. Jungen und Männer als Opfer von Gewalt. Berlin: Morgenbuch-Verlag.

Lenz, Hans-Joachim (Hg.) (2000): Männliche Opfererfahrungen. Problemlagen und Hilfeansätze in der Männerberatung. Weinheim/München: Juventa-Verlag.

Lenz, Hans-Joachim (2004): Männer als Opfer von Gewalt. https://www.bpb.de/shop/zeitschriften/apuz/27889/maenner-als-opfer-von-gewalt/ (Zugriff am 10.10.2022).

Lenz, Hans-Joachim (2007a): Gewalt und Geschlechterverhältnis aus männlicher Sicht. In: Silke Birgitta Gahleitner/Hans-Joachim Lenz (Hg.): Gewalt und Geschlechterverhältnis. Interdisziplinäre und geschlechtersensible Analysen und Perspektiven (S. 21–52). Weinheim/München: Juventa-Verlag.

Lenz, Hans-Joachim (2007b): Mann oder Opfer? Jungen und Männer als Opfer von Gewalt und die kulturelle Verleugnung der männlichen Verletzbarkeit. In: Gabriele Kawamura-Reindl/Lydia Halhuber-Gassner/Cornelius Wichmann (Hg.): Gender Mainstreaming – ein Konzept für die Straffälligenhilfe? (S. 220–231). Freiburg i. Br.: Lambertus Verlag.

Lenz, Hans-Joachim (2012a): Die kulturelle Verleugnung der männlichen Verletzbarkeit als Herausforderung für die Männerbildung. In: Meike Baader/Johannes Bilstein/Toni Tholen (Hg.): Erziehung, Bildung und Geschlecht. Männlichkeiten im Fokus der Gender-Studies (S. 317–328). Wiesbaden: Springer VS.

Lenz, Hans-Joachim (2012b): Männer als Opfer von Gewalt — Ein Plädoyer wider die Sprachlosigkeit. Hg. v. Landeskoordination Integration NRW, Fachbereich Gender und Sucht. Arbeitsgruppe Männerspezifische Suchtarbeit der Fachgruppe Gender und Sucht NRW. https://silo.tips/download/impulse-mnner-und-sucht (Zugriff am 03.03.2023).

Liebl, Karlhans (2019): Dunkelfeldstudien im Vergleich. Bewertung der Aussagekraft von Untersuchungen zur Kriminalitätsbelastung. Wiesbaden/Heidelberg: Springer.

Lüscher, Kurt/Bronfenbrenner, Urie (Hg.) (1993): Die Ökologie der menschlichen Entwicklung. Natürliche und geplante Experimente. Frankfurt a. M.: Fischer Taschenbuch Verlag.

Marschik, Matthias (2006): »It's a Male Ball« – Über Fußball und Maskulinität, Cultural Studies und Kulturwissenschaften. In: Eva Kreisky (Hg.): Arena der Männlichkeit. Über das Verhältnis von Fußball und Geschlecht (S. 53–65). Frankfurt a. M.: Campus-Verlag.

Mau, Søren: Stummer Zwang. Dissertation. Syddansk Universitet: Karl Dietz Verlag Berlin GmbH.

Mead, Margaret (1958): Mann und Weib. Das Verhältnis der Geschlechter in einer sich wandelnden Welt. Hamburg: Rowohlt Verlag.

Messerschmidt, James W. (2018): Hegemonic masculinity. Formulation, reformulation, and amplification. Lanham/Boulder/New York/London: Rowman & Littlefield.

Meuser, Michael (2001): Männerwelten. Zur kollektiven Konstruktion hegemonialer Männlichkeit. Duisburg: Universität Duisburg.

Meuser, Michael (2003): Gewalt als Modus von Distinktion und Vergemeinschaftung. Zur ordnungsbildenden Funktion männlicher Gewalt. In: Siegfried Lamnek/Manuela Boatcă (Hg.): Geschlecht – Gewalt – Gesellschaft (S. 37–54). Opladen: Leske + Budrich.

Meuser, Michael (2006): Geschlecht und Männlichkeit. Soziologische Theorie und kulturelle Deutungsmuster. Wiesbaden: VS Verlag für Sozialwissenschaften.

Meuser, Michael (2008a): Ernste Spiele. Zur Konstruktion von Männlichkeit im Wettbewerb der Männer. In: Nina Baur/Jens Luedtke (Hg.): Die soziale Konstruktion von Männlichkeit. Hegemoniale und marginalisierte Männlichkeiten in Deutschland (S. 33–44). Opladen: Verlag Barbara Budrich.

Meuser, Michael (2008b): Ernste Spiele: zur Konstruktion von Männlichkeit im Wettbewerb der Männer. In: Karl-Siegbert Rehberg (Hg.): Die Natur der Gesellschaft. Verhandlungen des 33. Kongresses der Deutschen Gesellschaft für Soziologie in Kassel 2006. Unter Mitarbeit von Dana Giesecke und Thomas Dumke (S. 5171–5176). Frankfurt a. M./New York: Campus Verlag.

Meuser, Michael/Scholz, Sylka (2011): Krise oder Strukturwandel hegemonialer Männlichkeit. In: Mechthild Bereswill und Anke Neuber (Hg.): In der Krise? Männlichkeiten im 21. Jahrhundert (S. 80–103). Münster: Verlag Westfälisches Dampfboot.

Miller, Alice (2016): Du sollst nicht merken. Die Realität der Kindheit und die Dogmen der Psychoanalyse (20. Aufl.). Frankfurt a. M.: Suhrkamp Verlag.

Mitterer, Bernhard (2013): Geschlechtstypische Verhaltenstendenzen und Schulleistung in der Sekundarstufe I. Dissertation zur Erlangung des akademischen Doktorgrades der Philosophischen Fakultät im Fach Erziehungswissenschaft an der Universität Passau. https://opus4.kobv.de/opus4-uni-passau/files/186/Mitterer_Bernhard.pdf (Zugriff am 10.01.2023).

Morandini, James S./Dacosta, Liam/Dar-Nimrod, Ilan (2021): Exposure to continuous or fluid theories of sexual orientation leads some heterosexuals to embrace less-exclusive heterosexual orientations. Scientific reports, 11 (1), S. 16546. DOI: 10.1038/s41598-021-94479-9.

Müller, Burkhard (2012): Sozialpädagogisches Können. Ein Lehrbuch zur multiperspektivischen Fallarbeit (7., überarb. und erw. Aufl.). Freiburg i. Br.: Lambertus-Verlag.

Müller, Burkhard (2017): Sozialpädagogisches Können. Ein Lehrbuch zur multiperspektivischen Fallarbeit. Unter Mitarbeit von Ursula Hochuli-Freund (8., überarb. u. erw. Aufl.). Freiburg i. Br.: Lambertus Verlag.

Müller-Salo, Johannes (Hg.) (2018): Gewalt. Texte von der Antike bis in die Gegenwart. Ditzingen: Reclam Verlag.

Nef, Susanne (2020): Ringen um Bedeutung. Dissertation. Weinheim/Basel: Beltz Juventa.

Neuber, Anke (2008): Gewalt und Männlichkeit bei inhaftierten Jugendlichen. In: Nina Baur/Jens Luedtke (Hg.): Die soziale Konstruktion von Männlichkeit. Hegemoniale und marginalisierte Männlichkeiten in Deutschland (S. 201–221). Opladen: Verlag Barbara Budrich.

Neumann, Wolfgang/Süfke, Björn (2004): Den Mann zur Sprache bringen. Psychotherapie mit Männern (2., korr. Aufl.). Tübingen: Dgvt-Verlag.

Oevermann, Ulrich (2002): Klinische Soziologie auf der Basis der Methodologie der objektiven Hermeneutik – Manifest der objektiv hermeneutischen Sozialforschung. Die Methodologie der objektiven Hermeneutik als Paradigma. https://www.ihsk.de/publikationen/Ulrich_Oevermann-Manifest_der_objektiv_hermeneutischen_Sozialforschung.pdf (Zugriff am 04.06.2023).

Oevermann, Ulrich (2016): »Krise und Routine« als analytisches Paradigma in den Sozialwissenschaften. In: Roland Becker-Lenz/Andreas Franzmann/Axel Jansen/Matthias Jung (Hg.): Die Methodenschule der Objektiven Hermeneutik (S. 43–114). Wiesbaden: Springer Fachmedien Wiesbaden.

Opielka, Michael (2017): Soziale Nachhaltigkeit. Auf dem Weg zur Internalisierungsgesellschaft. München: oekom Verlag.

Opratko, Benjamin (2012): Hegemonie. Politische Theorie nach Antonio Gramsci (3. erw. Aufl.). Münster: Westfälisches Dampfboot.

Pfister-Wiederkehr, Daniel (2020): Hochstrittige Eltern. Praxisbewährte Lösungsansätze radikal kindorientiert. Norderstedt: BoD.

Pieken, Gorch (Hg.) (2018): Gewalt und Geschlecht. Männlicher Krieg – Weiblicher Frieden? Essays. Dresden: Sandstein Verlag.

Pinker, Steven (2018): Gewalt. Eine neue Geschichte der Menschheit (3. Aufl.). Frankfurt a. M.: Fischer Taschenbuchverlag.

Popitz, Heinrich (2009): Phänomene der Macht. Nachdr. der 2., stark erw. Aufl. von 1992. Tübingen: Mohr Siebeck Verlag.

Popitz, Heinrich (2018): Phänomene der Macht. In: Johannes Müller-Salo (Hg.): Gewalt. Texte von der Antike bis in die Gegenwart (S. 111–120). Ditzingen: Reclam Verlag.

Quest, Hendrik/Messerschmidt, Maike (2017): Männlichkeiten im Konflikt: Zum theoretischen Verhältnis von militarisierter Männlichkeit, militärischer Männlichkeit und Hypermaskulinität. Zeitschrift Für Friedens- Und Konfliktforschung, 6 (2), S. 259–290.

Reemtsma, Jan Philipp (2009): Vertrauen und Gewalt. Versuch über eine besondere Konstellation der Moderne. München: Pantheon.

Richter, Horst-Eberhard (2006): Die Krise der Männlichkeit in der unerwachsenen Gesellschaft. Gießen: Psychosozial-Verlag.

Richterich, Lukas (1996): Männer in der Systemischen (Paar- und Familien) Therapie. In: Holger Brandes/Hermann Bullinger (Hg.): Handbuch Männerarbeit (S. 195–204). Weinheim: Beltz.

Rieske, Thomas Viola/Budde, Jürgen (2020): Männlichkeit und Gewalt in pädagogischen Kontexten – aktuelle Befunde und neue theoretische Impulse. In: Eva Breitenbach/Walburga Hoff/Sabine Toppe (Hg.): Geschlecht und Gewalt. Diskurse, Befunde und Perspektiven der erziehungswissenschaftlichen Geschlechterforschung (S. 47–60). Opladen/Berlin/Toronto: Verlag Barbara Budrich.

Sander, Gudrun/Nentwich, Julia C./Offenberger, Ursula (2010): Die Finanzkrise unter Genderaspekten. Von einer Krise der Finanzmärkte zu einer Krise der Männlichkeit. In: Philippe Mastronardi/Mario von Cranach (Hg.): Lernen aus der Krise. Auf dem Weg zu einer Verfassung des Kapitalismus (S. 95–105). Bern/Stuttgart/Wien: Haupt Verlag.

Sartre, Jean-Paul (2017): Überlegungen zur Judenfrage (2. Aufl.): Reinbek b. Hamburg: Rowohlt.

Sauer, Birgit (2011): Restrukturierung von Männlichkeit. Staat und Geschlecht im Kontext von ökonomischer Globalisierung und politischer Internationalisierung. In: Mechthild Bereswill/Anke Neuber (Hg.): In der Krise? Männlichkeiten im 21. Jahrhundert (S. 80–103). Münster: Westfälisches Dampfboot.

Schaarschmidt, Theodor (2022): Der Weg des starken schwachen Mannes. https://www.psychologie-heute.de/leben/artikel-detailansicht/42366-der-weg-des-starken-schwachen-mannes.html (Zugriff am 10.02.2023).

Scheub, Ute (2010): Heldendämmerung. Die Krise der Männer und warum sie auch für Frauen gefährlich ist (2. Aufl.). München: Pantheon.

Scholz, Sylka (2004): Männlichkeit erzählen. Lebensgeschichtliche Identitätskonstruktionen ostdeutscher Männer. Münster: Westfälisches Dampfboot.

Schröttle, Monika (2017): Gewalt in Paarbeziehungen. Expertise für den Zweiten Gleichstellungsbericht der Bundesregierung. https://www.gleichstellungsbericht.de/kontext/controllers/document.php/35.b/6/895b92.pdf (Zugriff am 04.06.2023).

Schubert, Franz-Christian/Rohr, Dirk/Zwicker-Pelzer, Renate (2019): Beratung. Grundlagen, Konzepte, Anwendungsfelder. Wiesbaden/Heidelberg: Springer.

Schumpeter, Joseph A./Kurz, Heinz D. (2020): Kapitalismus, Sozialismus und Demokratie (10., vervollst. Aufl.). Tübingen: Narr Francke Attempto Verlag.

Schütze, Fritz (2016a): Das Konzept der Sozialen Welt Teil 1: Definition und historische Wurzeln. In: Michael Dick/Winfried Marotzki/Harald A. Mieg (Hg.): Handbuch Professionsentwicklung (S. 74–87). Bad Heilbrunn: Verlag Julius Klinkhardt.

Schütze, Fritz (2016b): Das Konzept der Sozialen Welt Teil 2: Theoretische Ausformung und Weiterentwicklung. In: Michael Dick/Winfried Marotzki/Harald A. Mieg (Hg.): Handbuch Professionsentwicklung (S. 88–105). Bad Heilbrunn: Verlag Julius Klinkhardt.

Schwithal, Bastian (2005): Weibliche Gewalt in Partnerschaften. Eine synontologische Untersuchung. Norderstedt: BoD.

Sen, Amartya (2020): Identität und Gewalt. Mit einem Nachwort zur deutschen Neuausgabe. München: C. H. Beck.

Senff, Maximilien (2020): Gleichberechtigung im Job beutet Frauen aus. https://www.spiegel.de/start/care-krise-wie-man-care-arbeit-gerecht-verteilt-a-7db4c3ce-3ee2-4c8b-8fdf-2f791b9cf449 (Zugriff am 04.06.2023).

Sommers, Christina Hoff (2013): The war against boys. How misguided policies are harming our young men. New York/London/Toronto: Simon & Schuster.

Soßdorf, André (2008): Der Gewaltbegriff bei Johan Galtung. Definition, Entwicklung und Relevanz für die deutsche Friedens- und Konfliktforschung. Saarbrücken: VDM-Verlag.

Spitaler, Georg (2006): Fernsehfußball als maskulines Melodrama. In: Eva Kreisky (Hg.): Arena der Männlichkeit. Über das Verhältnis von Fußball und Geschlecht (S. 140–154). Frankfurt a. M.: Campus-Verlag.

Stamm, Ingo (2021): Ökologisch-kritische Soziale Arbeit. Geschichte, aktuelle Positionen und Handlungsfelder. Opladen/Berlin/Toronto: Verlag Barbara Budrich.

Statista (2021): Vergleich der Geschlechter der Mörder im Tatort und laut Polizeilicher Kriminalstatistik im Jahr 2018. https://de.statista.com/statistik/daten/studie/526455/umfrage/todesarten-der-opfer-im-muenchener-tatort/ (Zugriff am 01.03.2021).

Statistisches Bundesamt (2021): Drei von vier Müttern in Deutschland waren 2019 erwerbstätig. https://www.destatis.de/DE/Presse/Pressemitteilungen/2021/03/PD21_N017_13.html (Zugriff am 04.06.2023).

Staub-Bernasconi, Silvia (1995): Das fachliche Selbstverständnis Sozialer Arbeit – Wege aus der Bescheidenheit. »Soziale Arbeit als Human Rights Profession«. In: Wolf Rainer Wendt (Hg.): Soziale Arbeit im Wandel ihres Selbstverständnisses: Beruf und Identität. 2. Band (S. 57–104). Freiburg i. Br.: Lambertus.

Stokowski, Margarete (2016): S. P. O. N. – Oben und unten: Es ist ein Junge. https://www.spiegel.de/kultur/gesellschaft/gewalt-der-taeter-ist-fast-immer-ein-mann-kolumne-a-1097493.html (Zugriff am 04.06.2023).

Strauss, Anselm L. (1974): Spiegel und Masken. Die Suche nach Identität. Frankfurt a. M.: Suhrkamp Verlag.

Strauss, Anselm L. (1993): Continual Permutations of Action. New Jersey: Transaction Publishers.

Striebing, Clemens (2021): Karriere-Killer Gender Bias. https://blog.iao.fraunhofer.de/karriere-killer-gender-bias/ (Zugriff am 04.06.2023).

Süddeutsche Zeitung (2022): Katar: ZDF-Interview mit WM-Botschafter abgebrochen. https://www.sueddeutsche.de/medien/wm-katar-zdf-interview-khalid-salman-homophob-abbruch-1.5688977 (Zugriff am 04.06.2023).

Süfke, Björn (2010): Männerseelen. Ein psychologischer Reiseführer (5. Aufl.). München: Goldmann.

Süfke, Björn (2018): Männer. Was es heute heißt, ein Mann zu sein. München: Goldmann.

Sutterlüty, Ferdinand/Jung, Matthias/Reymann, Andy (Hg.) (2019): Narrative der Gewalt. Interdisziplinäre Analysen. Frankfurt a. M./New York: Campus Verlag.

Szekely, Dasa (2016): Das Schweigen der Männer. Warum der Mann in der größten Krise seines Bestehens ist und wie er wieder herauskommt. München: Blanvalet Verlag.

Taylor, Matthew/Smiler, Andrew (Hg.) (2020): Ist Männlichkeit toxisch? Große Fragen des 21. Jahrhunderts. München: DK.

Terzi, Pia von (2020): A man's world? – Wie sich Frauen in Männerberufen behaupten. https://www.psy.lmu.de/evidenzbasiertesmanagement/dokumente/ebm_dossiers/ebm_36_a-man_s-world.pdf (Zugriff am 04.06.2023).

Thelen, Raphael (2022): Toxische Männlichkeit: Dieses Männerbild bringt uns noch um. https://www.zeit.de/green/2022-03/klimakrise-toxische-maennlichkeit-zukunft-kinder-patriarchat?utm_referrer=https%3A%2F%2Fwww.google.com%2F (Zugriff am 04.06.2023).

Theweleit, Klaus (2019): Männerphantasien. Berlin: Matthes & Seitz.

Thiersch, Hans (2009): Lebensweltorientierte soziale Arbeit. Aufgaben der Praxis im sozialen Wandel. Weinheim: Beltz Juventa.

Thiersch, Hans (2014): Lebensweltorientierte Soziale Arbeit. Aufgaben der Praxis im sozialen Wandel (9. Aufl.). Weinheim: Beltz Juventa.

Thiersch, Hans (2020): Lebensweltorientierte Soziale Arbeit revisited. Grundlagen und Perspektiven. Weinheim/Basel: Beltz Juventa.

Tietge, Ann-Madeleine (2019): Make Love, Don't Gender!? Heteronormativitätskritik und Männlichkeit in Heterosexuell definierten Paarbeziehungen. Wiesbaden: Springer Fachmedien Wiesbaden GmbH.

Uhlig, Tom (2021): Mythen der Männlichkeit. https://www.psychologie-heute.de/gesellschaft/artikel-detailansicht/41054-mythen-der-maennlichkeit.html (Zugriff am 10.02.2023).

United Nations Office on Drugs and Crime (2019): Global Study on Homicide. Gender related killing of women and girls. https://www.unodc.org/documents/data-and-analysis/gsh/Booklet_5.pdf (Zugriff am 09.06.2023).

Urwin, Jack (2017): Boys don't cry. Identität, Gefühl und Männlichkeit. Hamburg: Edition Nautilus.

Wagner, Hans-Josef (2001): Objektive Hermeneutik und Bildung des Subjekts. Mit einem Text von Ulrich Oevermann: »Die Philosophie von Charles Sanders Peirce als Philosophie der Krise«. Weilerswist: Velbrück Wissenschaft.

Walter, Klaus (2006): The Making of Männlichkeit in der Kabine. In: Eva Kreisky (Hg.): Arena der Männlichkeit. Über das Verhältnis von Fußball und Geschlecht (S. 99–112). Frankfurt a. M.: Campus-Verlag.

Walter, Willi (2004): Der Krieg ist der Vater aller Dinge. Männer kriegen – keine Kinder. Zur Psychoanalyse der kulturellen Affinität von Männlichkeit und Krieg. In: Heinrich-Böll-Stiftung/Forum Männer in Theorie und Praxis der Geschlechterverhältnisse (Hg.): Männlichkeit und Krieg. Dokumentation einer Fachtagung des Forum Männer in Theorie und Praxis der Geschlechterverhältnisse und der Heinrich-Böll-Stiftung am 7./8. November 2003 in Berlin (S. 7–25). Berlin: Heinrich-Böll-Stiftung.

Walther, Juliane (2018): Zur Krise der Männlichkeit. http://koerperliche-psychosomatik.de/wp-content/uploads/2018/08/Walther-Juliane-HA-Maennlichkeit-M9.pdf (Zugriff am 04.06.2023).

Weber, Max (1972): Wirtschaft und Gesellschaft. Grundriß der verstehenden Soziologie. (5., rev. Aufl.). Tübingen: Mohr Siebeck Verlag.

Wendt, Wolf Rainer (2018): Wirtlich handeln in Sozialer Arbeit. Die ökosoziale Theorie in Revision. Opladen/Berlin/Toronto: Verlag Barbara Budrich.

Willi, Jürg (2007): Die Kunst gemeinsamen Wachsens. Ko-Evolution in Partnerschaft, Familie und Kultur. Freiburg i. Br./Basel/Wien: Herder Verlag.

Wimbauer, Christine/Motakef, Mona (2020): Prekäre Arbeit, prekäre Liebe. Über Anerkennung und unsichere Lebensverhältnisse. Frankfurt a. M./New York: Campus Verlag.

Winter, Reinhard (2013): Jungen brauchen Helden!? In: Lothar Böhnisch/Alexander Wedel/Reinhard Winter (Hg.): Männliche Sozialisation. Eine Einführung (2., überarb. Aufl.; S. 158–169). Weinheim/Basel: Beltz Juventa.

Woolf, Virginia (2020): A Room of One's Own. Ballingslöv: Wisehouse Classics Edition.

Yalom, Irvin (2015): Theorie und Praxis der Gruppenpsychotherapie. Stuttgart: Leben lernen.

Zeit online (2022): Frauen in MINT-Berufen: Geschlechterklischees prägen weiter Berufswahl von Azubis. https://www.zeit.de/news/2022-03/10/geschlechterklischees-praegen-weiter-berufswahl-von-azubis?utm_referrer=https%3A%2F%2Fwww.google.com%2F (Zugriff am 04.06.2023).

Zifonun, Dariuš (2016): Versionen. Soziologie sozialer Welten. Weinheim/Basel: Beltz Juventa.

Zitzmann, Ellen M. (2014): Opfer Mann? Männer im Spannungsfeld von Täter und Opfer. Marburg: Tectum-Verlag.

Zobrist, Patrick/Kähler, Harro Dietrich (2017): Soziale Arbeit in Zwangskontexten. Wie unerwünschte Hilfe erfolgreich sein kann (3., vollst. überarb. Aufl.). München/Basel: Ernst Reinhardt Verlag.

Abbildungen